Aktion Garten ohne Gift

© BUND für Umwelt und Naturschutz Deutschland e. V.

DAS BUND-BUCH
ZUR AKTION

AKTION

GARTEN OHNE GIFT

Ein Praxis-Handbuch von
Ernst Hoplitschek
und Bodo M. Tegethoff

Gesunde Umwelt
durch natürlichen Pflanzenschutz

FALKEN

Die Autoren

Professor Dr. Gerhard Thielcke ist Zoologe mit den Spezialgebieten Ornithologie, Verhaltensbiologie und Grundlagenforschung für den Naturschutz. Er arbeitet am Max-Planck-Institut für Verhaltensphysiologie in Radolfzell am Bodensee und hat eine Professur an der Universität Konstanz. Prof. Thielcke ist Autor von einschlägigen Werken wie „Rettet die Vögel", „Naturschutz in der Gemeinde" und „Rettet die Vogelwelt".
Beim BUND ist er stellvertretender Vorsitzender (Bundesverband) und Landesvorsitzender des BUND in Baden-Württemberg.

Ingolf Spickschen, Volljurist, Ministerialrat. Studium der Geschichte, Philosophie und Jura. Seit 1983 Mitglied im Bundesvorstand des BUND. Dort fachlich zuständig für Fragen der toxischen Gesamtbelastung von Mensch und Umwelt, insbesondere für die Pflanzenschutz-, Chemikalien-, Abfall-, Gewässer- und Ernährungspolitik. Ingolf Spickschen ist der Autor des Beitrages „Pestizide und Recht – Gesundheit und Umwelt weitgehend schutzlos".

Dr. Ernst Hoplitschek, Studium der Biologie und Politologie. I. und II. Staatsexamen für das Lehramt an Gymnasien. Promovierter Politologe. Ernst Hoplitschek ist Leiter der Kampagnenabteilung des BUND (Bundesverband) in Bonn und dort verantwortlich für die Planung und Durchführung von Naturschutzkampagnen. Ernst Hoplitschek hat das Kapitel „Pestizidbelastete Umwelt und Natur" verfaßt.

Bodo M. Tegethoff, Dipl.-Agraringenieur, Fachgebiet Phytomedizin. Wissenschaftlicher Mitarbeiter in der Kampagnenabteilung des BUND (Bundesverband) in Bonn. Bodo M. Tegethoff hat die Kapitel „Pestizide im Überblick", „Pestizide und die Folgen", „Ausstieg aus der agrochemischen Giftwirtschaft", „Ökologisch verträglicher Pflanzenschutz" sowie „Obst-", „Gemüse-" und „Ziergarten" geschrieben.

Eva Scholl, Dipl.-Biologin, Fachgebiet Integrierte Schädlingsregulierung. Expertin für Schädlingsbekämpfungen. Mitglied im BUND-Arbeitskreis Umweltchemikalien/Toxikologie. Eva Scholl ist die Autorin des Beitrags „Giftfreie Schädlingsbekämpfung im Haus".

Günter Riethmacher, Diplom-Biologe. War Projektleiter für die Kampagne „Rettet die Obstwiesen" im Naturschutzzentrum Hessen e. V. in Wetzlar. Seit Oktober 1988 Doktorand in Manila/Philippinen mit dem Arbeitsgebiet Biologische Schädlingsbekämpfung. Günter Riethmacher hat beim Kapitel „Obstgarten" beratend zur Seite gestanden.

CIP-Titelaufnahme der Deutschen Bibliothek

Hoplitschek, Ernst:
Aktion Garten ohne Gift: gesunde Umwelt durch natürlichen Pflanzenschutz; ein Praxis-Handbuch/von Ernst Hoplitschek und Bodo M. Tegethoff. – Niedernhausen/Ts.: FALKEN, 1989
(FALKEN Sachbuch)
ISBN 3-8068-4425-9
NE: Tegethoff, Bodo M.:

ISBN 3 8068 4425 9

Titelbild: Hintergrundmotiv: TLC-Foto-Studio GmbH, Bocholt
Aktionslogo Marienkäfer: Gerald Borgwardt, Essen
Motiv Sonnenblume: Ingrid Gabriel, Wiesbaden-Naurod
Grafische Gestaltung: Elke Lodenkämper, Essen

Satz: Fotosatz-Studio Creatype GmbH, 6236 Eschborn/Ts.
Druck: Ernst Kaufmann GmbH, Lahr/Baden

817 2635 4453 6271

Bildquellenverzeichnis:
Falken-Archiv: 146 u. (E. Gerlach)
Toni Angermayer, Holzkirchen (Pfletschinger): 56/57, 78 li.o. und li. u., 79 zweites v.o., 81, 84/85, 94 re., 168 li.u.
BASF AG, Landw. Versuchsstation, Limburgerhof: 75 o., 79 viertes v.o., 90, 97 u., 120, 121 li., M. und re. u., 134 o., 138 li., 144 u.re., 145 o.li., 150 u., 153 re.o. und re.u., 159
Rolf Bühl, Stuttgart: 135 re.u.
BUND-Archiv, Bonn: 17 u., 23, 24 o., 40, 44, 46/47, 77, 82
dpa, Frankfurt/Main: 9 o. (Wieseler) und 9 u. (Ossinger), 13 (Rehm), 17 o. (Ossinger), 25 (Scholz), 39 u., 43 (Schumann), 47 o. (Ansa), 62 u., 71 (Stackmann), 75 u.li. (Oschwald), 75 re. u. (Kruse)
Ingrid Gabriel, Wiesbaden-Naurod: 37 li., 73 o. und u., 85 M., 96 li.o., 112 re., 119 o., 132, 133 o., 137 o.li., 143, 149 re.o., 151 li.u., 165 u., 166 re.
Dieter Gebhardt, Grafic- und Foto-Design BFF, Asperg: 28, 38 li.u., 42, 76, 83 o.
Ellen Henseler, Bonn: 85 o. und u., 86–89, 91, 92 u., 93, 95, 96 li.M., li.u., re. o., 98 o.re. und u., 99, 101, 102, 109, 117, 118, 119 li., 122 u., 123 u., 124 re., 125 u.li. und u.re., 126, 129 li., 135 re.o. und re. M., 139 re.o., 140 u., 144 o. und u.li., 145 o.re., 148 o., 152 u., 154, 155 u., 157 li.u., 158 u., 163 o., 164 li.o., li. M., li.u., 165 o., 166 li.o. und li.u., 167 o., 168 li.o., 169 M., 171 re.o. und re.u.
Friedrich Jantzen, Arolsen: 113 u., 115 u., 116, 121 o., 123 o., 124 li.o. und li.u., 131 o. und M., 133 u., 134 u., 136, 137 re.u., 138 re., 139 u.li. und u.re., 140 o., 145 o.M. und u., 146 o., 147 re.o. und re.u., 148 u., 149 li., 150 o., 151 li.o. und re., 152 o., 153 li., 155 o., 157 o.li., 158 o.
Keystone Pressedienst GmbH, Hamburg: 8/9, 31, 41 u.
Kroschke GmbH, Braunschweig: 62 o.,
Landesanstalt für Pflanzenschutz, Stuttgart: 15 u. (Dr. H. Ganzelmeier)
Reinhard-Tierfoto, Heiligkreuzsteinach-Eiterbach: 24 u., 41 o., 47 u., 72/73, 94 li., 107, 110, 111, 112 li.o. und li.u., 114/115, 122 o., 125 o.li. und o.re., 128, 129 re., 131 u., 135 o.li., 141, 147 li., 149 re.u., 157 o.re., 161 o. und u., 162 li.o., 163 u.
Silvestris Fotoservice, Kastl/Obb.: 16/17, 29, 35 o. (W. Wittner), 35 u. (Schiersmann), 38 li.o. (S. Dietrich), 39 o. (H. Wörle), 45 o. (Dietrich/Lindenburger), 51 o. (Kerscher), 68, 69 o. (M. Wendler), 73 M. (D. Bohler), 162 u. (Stadler)
Bodo M. Tegethoff, Bonn: 74, 169 u., 171 u.li.
Gerhard Wendl, Puchheim: 162 li.u.
Max F. Wetterwald, Offenburg: 2/3, 104, 113 o., 115 o. und M., 130/131, 137 re.o., 142, 160/161, 161 M., 164 re., 166 M., 167 u., 168 u., 170
XENIEL-Dia, Stuttgart: 79 erstes und drittes v.o., 97 o. (Manfred Kage)
Zembsch' Werkstatt, München: 45 u.

Zeichnungen und Grafiken:
Astrid Brandt, Braunschweig: 36, 52, 78, 80, 92, 96, 98, 100, 105
FALKEN-Archiv: 32, 33 und 58 (Studio Gebhardt, Korntal); 127 und 169 (Horst Lünser, Berlin)
Gerhard Wawra, Wiesbaden: 18; 20 (verändert nach: Statistisches Jahrbuch Landwirtschaft, Münster-Hiltrup 1988); 21 (verändert nach: Predicasts. World Pesticides, o. J.); 22 (verändert nach: Bölsche, J. (Hrsg.), Natur ohne Schutz, Reinbek 1982); 26 (verändert nach: Koch, E., in: Bild und Wissenschaft 7/1980); 38 (verändert nach: Chemical Specialities Manufacturing Association, o. J.); 48 (verändert nach: Stürmer, H.-D., Chemikalien in der Umwelt, Freiburg 1984); 49 (verändert nach: Bölsche, J. (Hrsg.), Natur ohne Schutz, Reinbek 1982); 50; 51 (verändert nach: Bölsche, J. (Hrsg.), Natur ohne Schutz, Reinbek 1982); 53; 54 (verändert nach: Nachrichtenblatt Deutscher Pflanzenschutzdienst 39/1987, Ulmer Verlag Stuttgart); 64, 65 und 67 (verändert nach: BUNDpositionen 6); 69 (verändert nach: IMF, World Economic Outlook, Washington 1988); 70; 83 (verändert nach: Michel, E., in: SEITA, Annales Section 2, p. 183–190, 1964)

Karikaturen: Jupp Wolter, Lomar: 27, 37

Tabellen:
10: Statistisches Jahrbuch Landwirtschaft, Münster-Hiltrup 1988;
19: Wasser und Boden 5/1988, Verlag Paul Parey Hamburg/Berlin;
55: Nachrichtenblatt Deutscher Pflanzenschutzdienst 39/1987, Ulmer Verlag Stuttgart; 59: Berndt Heydemann, Die Beurteilung von Zielkonflikten zwischen Landwirtschaft, Landschaftspflege und Naturschutz in: Zeitschrift für ökologische Landwirtschaft 56/57 1986

INHALT

VORWORT

Bürger müssen handeln

Liebe Leserin, lieber Leser,

immer häufiger erscheinen Umweltgifte in den Schlagzeilen der Medien. Diese Gifte werden zu einem großen Teil in der Landwirtschaft, in Kleingärten und im Haushalt gegen Pflanzenkrankheiten und Schädlinge eingesetzt. Wir nennen diese Gifte Pestizide. Nicht nur Unglücke wie bei Sandoz lenken den Blick auf Pestizide; vielmehr belasten sie zunehmend flächendeckend unsere gesamten Lebensgrundlagen.

Pestizide sind mittlerweile allgegenwärtig. Ob im Grundwasser, im Regenwasser oder in Nahrungsmitteln – überall konnten Wissenschaftler bereits Pestizidwirkstoffe nachweisen. Die Fülle dieser Belastungen zwingt die Bundesbehörden zunehmend, amtlich zugelassene Pestizide zu verbieten oder ihren Gebrauch einzuschränken. Um diesen Prozeß zu forcieren, braucht der Staat die Unterstützung handelnder Bürger.

Wer sinnvoll handeln will, benötigt das entsprechende Wissen. Dieses Wissen vermittelt Ihnen das vorliegende Buch. Es richtet sich an alle, die eine Wohnung, Zimmer- und Balkonpflanzen oder einen Garten besitzen. Wir alle sind angesprochen, denn hier treten immer wieder „Schädlinge“ auf, die unseren Unmut erregen, die wir entfernen wollen und die uns bisher allzuoft verleitet haben, zur Giftspritzdose zu greifen.

Dieses Buch erklärt Ihnen nicht nur, um welche Gifte es sich bei Pestiziden handelt und wie sie auf Pflanzen und Tiere wirken, sondern auch, wie gefährlich sie für unsere Gesundheit sind. Nach der Lektüre werden Sie feststellen, wie einfach und wirkungsvoll giftfreie Maßnahmen im Haushalt und im Garten sind.

Unterstützen Sie unser Anliegen – handeln Sie als mündige Bürgerinnen und Bürger!

Prof. Dr. Gerhard Thielcke
Stellvertretender Vorsitzender des
Bundes für Umwelt und Naturschutz
Deutschland e. V. (BUND)

Unil

PESTIZIDE IM ÜBERBLICK

WAS SIND PESTIZIDE?

Unter „pest“ versteht man im angloamerikanischen Sprachraum eine lästige Sache oder Plage. Der dort ebenfalls verwendete Begriff „pesticide“ hat seinen Ursprung im lateinischen „pestis“ (Seuche, Gestank) und „caedere“ (fällen, töten). Seit einiger Zeit wird das Wort „Pestizid“ auch bei uns benutzt und bedeutet etwa: „Mittel, das gezielt eingesetzt wird, um Organismen (Schädlinge und Krankheitserreger) auf chemischem Wege abzutöten oder zu schädigen.“

Die US-amerikanische Umweltbehörde EPA (United States Environmental Protection Agency) gibt für die Vereinigten Staaten etwa 45000 im Handel befindliche pestizidhaltige Produkte mit rund 1400 verschiedenen Wirkstoffen an. Sinnvollerweise ist in den USA nur eine einzige Behörde, die EPA, für den Bereich Pestizide zuständig, während die Kompetenzen in der Bundesrepublik auf mehrere Behörden und unterschiedliche Rechtsgrundlagen „verteilt“ sind.

In der Bundesrepublik sind zur Zeit allein für den Bereich „Land- und Forstwirtschaft“ 1724 Handelspräparate mit 295 unterschiedlichen Wirkstoffen von der zuständigen Behörde, der Biologischen Bundesanstalt für Land- und Forstwirtschaft (BBA), als Pflanzenschutzmittel, Schädlingsbekämpfungsmittel, Unkraut-

Als Basis für die in der Tabelle aufgeführten Pflanzenschutzmittel gibt es rund 300 Wirkstoffe

Zugelassene Pflanzenschutzmittel in der Bundesrepublik

Mittelbezeichnung	1970	1975	1980	1982	1983	1984	1985	1986
Insektizide	448	376	414	410	376	354	341	345
Akarizide	25	17	16	15	15	14	14	16
Nematizide	10	9	13	16	16	16	16	17
Molluskizide	36	54	58	39	45	45	42	44
Rodentizide	126	150	151	114	112	110	111	112
Fungizide	304	179	225	230	230	278	248	195
Herbizide	476	549	735	781	815	817	744	748
Mittel gegen andere Schadorg.	23	26	–	–	–	–	–	1
Saatgutbehandlungsmittel	79	53	73	52	56	56	69	74
Abschreckungsmittel	42	40	47	39	40	34	46	47
Keimbehandlungsmittel	20	10	10	8	8	9	8	8
Sonstige Wachstumsregler	–	34	42	46	45	47	51	51
Mittel zur Veredlung und Wundversch.	–	–	30	27	34	34	35	35
Zusatzstoffe	–	7	7	7	8	9	11	13
Zusammen	1589	1504	1821	1784	1800	1823	1736	1706

vernichtungsmittel, Wachstumsregler und Keimungshemmer offiziell zugelassen. Die Zulassung solcher „Pflanzenschutzmittel" regeln das Gesetz zum Schutz der Kulturpflanzen (Pflanzenschutzgesetz – PflSchG vom 15. September 1986) und entsprechende Verordnungen.

Zu den Pestiziden rechnet man weiterhin Entseuchungs-, Desinfektions- und Konservierungsmittel sowie Stoffe zur Behandlung von Textilien. Ferner Mittel zur Bekämpfung von Haushaltsschädlingen und -lästlingen (zum Beispiel Präparate zur Kleidermottenbekämpfung und Fliegensprays) sowie Produkte zur Zimmerpflanzenpflege, soweit sie deren Schädlinge oder Krankheitserreger abtöten. Auch die gegen Pilze an feuchten Wänden eingesetzten Mittel gehören in die Gruppe der Pestizide.

Vielfach wird parallel zu Pestizid auch der Begriff „Biozid" (Lebensgift) oder „Ökozid" (Umweltgift) gebraucht.

Da alle Pestizide bestimmte Organismen oder Organismengruppen abtöten, kann man sie auch als Biozide betrachten, der umgekehrte Fall gilt jedoch nicht immer. Die wegen ihrer Langlebigkeit weltweit verbreitete, gefährliche Gruppe der polychlorierten Biphenyle (PCB), die oft in einem Atemzug mit DDT genannt wird, findet zum Beispiel keine Anwendung als Pestizid.

Aus Organismen gewonnene Pestizide wie Pyrethrum, Niembaumextrakt oder Rotenon werden auch als Biopestizide bezeichnet. Mit dieser Bezeichnung wird treffend angedeutet, daß auch diese Stoffe nicht generell harmlos sein müssen.

In diesem Buch haben wir das Augenmerk auf Pestizide gerichtet, die in der konventionellen Landwirtschaft und im Garten Verwendung finden; ein separater Abschnitt (siehe Seite 78ff.) ist den Stoffen gewidmet, die im Haus zur Bekämpfung verschiedener Insekten gebraucht werden.

Wirkstoffe

Käufliche Pestizide bestehen aus einem oder mehreren Wirkstoffen, die auch aktive Inhaltsstoffe genannt werden. Ihr Anteil im Handelspräparat liegt etwa zwischen 7 und 80 Prozent. Diese Substanz beziehungsweise Substanzen besitzen eine chemische Bezeichnung, die zwar sehr genau den Aufbau des Wirkstoffmoleküls beschreibt, aber in der Regel sehr lang ist. So verbirgt sich beispielsweise hinter dem wissenschaftlichen Namen 0,0-Diethyl-0-4-nitrophenylthiophosphat ein Stoff mit der sogenannten Trivialbezeichnung PARATHION. Als Handelspräparat, das neben dem Wirkstoff noch weitere Zusatzstoffe enthält, finden wir das Mittel unter den verschiedensten Markennamen wieder, etwa als E 605 forte (Bayer). Die Wirkstoffkombination von BROMACIL und DIURON (ebenfalls Trivialnamen) wird von besonders vielen Firmen angeboten und heißt dann unter anderem Compo Total-Unkrautvernichter (Compo), Detia-Total (Freyberg, Detia), Eimü D 80 (Eimermacher), Etisso Unkraut-frei Gieß (Celamerck), Krovar I (Du Pont) oder Substral Unkraut-weg (Barnängen).

PARATHION

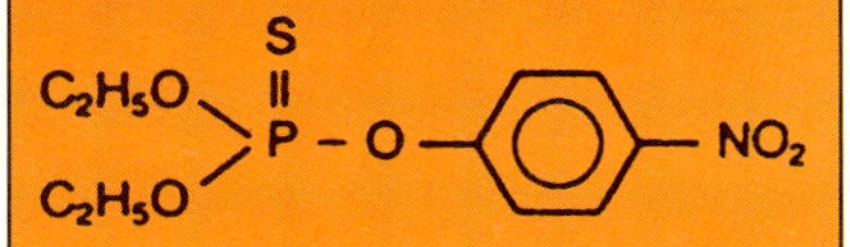

Strukturformel von PARATHION (chemische Bezeichnung: 0,0 Diethyl-0-4-nitrophenylthiophosphat)

Pestizidpräparate mit mehreren, sich in der Regel ergänzenden, aktiven Inhaltsstoffen können auf Organismen drastischer wirken als die gleichen Stoffe, wenn sie einzeln angewendet werden. Solche Wirkungen werden synergistische (vervielfachende) Effekte genannt.

Zusatzstoffe

Nur sehr wenige Pestizide, etwa Netzschwefel (ein Mittel gegen bestimmte Pilze), bestehen aus dem reinen Wirkstoff. Alle anderen werden entsprechend der Anwendung mit bestimmten Zusatzstoffen versehen. In diesem Zusammenhang spricht man dann von der Formulierung eines Wirkstoffes. Die Art der Zusätze ist in erster Linie abhängig von der Anwendungsmethode, der Ausbringungsform und den chemischen Eigenschaften des Wirkstoffes.

Feste, staubförmige Präparate enthalten als Trägerstoff Gesteins- oder Tonmehle, Talkum oder Kieselgur.

Flüssigen Präparaten werden organische Lösungsmittel, Mineralöl oder Wasser zugesetzt.

Hilfsstoffe wie Seifen verbessern die Wasserlöslichkeit bestimmter Wirkstoffe, Emulgatoren verteilen wasserunlösliche Wirkstoffe zu feinsten Tröpfchen in der wäßrigen Spritzbrühe. Mit Stabilisatoren werden diese am Zusammenfließen gehindert, damit sich die Emulsion nicht trennen kann.

Netzmittel verbessern die Verteilung auf der Blattoberfläche. Haftmittel sorgen für die Beständigkeit des Pestizides auf der Pflanze. Antioxidantien verhindern das Verderben der Präparate. Einige Formulierungen enthalten auch Entschäumer zur Verhinderung der Schaumbildung beim Anrühren der Spritzbrühe.

Synergisten schließlich sind Stoffe, die im günstigsten Fall selbst nicht giftig sind, jedoch die Wirksamkeit des eigentlichen Wirkstoffes erhöhen.

Sowohl die Zusatzstoffe wie auch die Teilchengröße bei Stäubemitteln beeinflussen die Wirksamkeit eines Pestizides. Damit kommt ihnen allerdings auch eine Bedeutung in bezug auf unerwünschte Wirkungen zu. Die Gefährlichkeit verschiedener Zusatzstoffe ist erwiesen, obwohl sie mit dem Fachbegriff „inerts", das bedeutet unwirksam, versehen werden.

Die US-amerikanische Umweltbehörde EPA führt mittlerweile eine Liste mit verbotenen – weil potentiell schädlichen – inerts. Ein Beispiel hierfür ist der auch im Kunststoff Polyvinylchlorid (PVC) vorkommende Weichmacher DEHP. Andere Stoffe (vor allem Lösungsmittel) sind extrem feuergefährlich oder giftig.

EINTEILUNGSPRINZIPIEN

Ordnung ist das halbe Leben, so natürlich auch in der Welt der Pestizide.

Pestizide sind Chemikalien, die mit unterschiedlichen Methoden gegen bestimmte Lebewesen eingesetzt werden. Ihre Wirkung beruht auf Eingriffen in den Stoffwechsel dieser Organismen. Von verschiedenen Pestiziden ist bisher noch nicht genau bekannt, wie sie wirken.

Ein mögliches Einteilungsprinzip richtet sich nach den Zielorganismen, das sind die Tier- oder Pflanzengruppen, gegen die ein Präparat eingesetzt wird. Am bekanntesten dürfte der Ausdruck „Insektizid", Gift gegen Insekten, sein. Dieser Begriff wird, wie die Bezeichnung für die anderen „-zide" auch, gebildet, indem man den wissenschaftlichen Namen für die Organismengruppe der Endsilbe „-zid" einfach voranstellt.

Man kann die Pestizide demnach in folgende Gruppen einteilen:

1. Zur Bekämpfung von Tieren:
Insektizid – gegen Insekten
Akarizid – gegen Milben
Avizid – gegen Vögel
Molluskizid – gegen Schnecken
Nematizid – gegen Fadenwürmer
Rodentizid – gegen Nager
2. Zur Bekämpfung von Pflanzen:
Herbizid – gegen Pflanzen
Gramicid – gegen Gräser
Wachstumsregler – Eingriff in den Stoffwechsel von Pflanzen, ohne sie abzutöten
3. Zur Bekämpfung von Mikroorganismen:
Algizid – gegen Algen
Bakterizid – gegen Bakterien
Fungizid – gegen Pilze (hierzu können auch Saatgutbeizmittel gerechnet werden)
4. Mittelgruppen, die nicht abtötend wirken, zum Beispiel:
Pheromone – Lock-, Warn- und Abhaltungsstoffe
Sterilantien – Mittel zur Unfruchtbarmachung
Keimungshemmer

Eine Reihe von Pestiziden wirkt auf mehrere Organismengruppen. Manche Insektizide sind gleichzeitig gegen Fadenwürmer (Nematoden) wirksam, von einigen Fungiziden ist eine akarizide Nebenwirkung bekannt.

Eine andere Einteilung bezieht sich auf die stoffliche Natur. Dann werden die Pestizide als (mit wenigen Ausnahmen) synthetisch hergestellte Chemikalien nach den chemischen Eigenschaften ihrer Wirkstoffe eingeteilt. Die überwiegende Mehrzahl aller Pestizide stammt aus gut zwei Dutzend organischen Stoffgruppen. An dieser Stelle wollen wir nur einige wenige nennen:

Dieser Winzer spritzt Pestizide – die am weitesten verbreitete Anwendungstechnik

Zu den ältesten synthetischen Pestiziden gehören einige Vertreter aus der Gruppe der Chlorierten Kohlenwasserstoffe (CKW). Ein anderer Ausdruck lautet daher auch Organochlorpestizide. Hier findet man zum Beispiel die Wirkstoffe (in Trivialnamen) DDT, LINDAN, DIELDRIN und TOXAPHEN. Alle genannten Stoffe sind mittlerweile verhältnismäßig „umwelterprobt". Neuere CKW-artige Verbindungen tauchen bei den Pyrethroiden auf, das sind Stoffe mit ähnlich wirksamer Struktur wie sie im Naturpyrethrum vorkommen, einem aus Chrysanthemenarten gewonnenem Biopestizid. Dies ist deswegen wichtig zu wissen, weil Chlorierte Kohlenwasserstoffe aufgrund ihrer Chlorbindungen in der Regel sehr langlebig sind. Je langlebiger eine Verbindung aber ist, desto größer ist die Gefahr einer Anreicherung in Organismen. Chlorierte Kohlenwasserstoffe häufen sich aufgrund ihrer guten Fettlöslichkeit im Fettgewebe von Tier und Mensch an. Die meisten

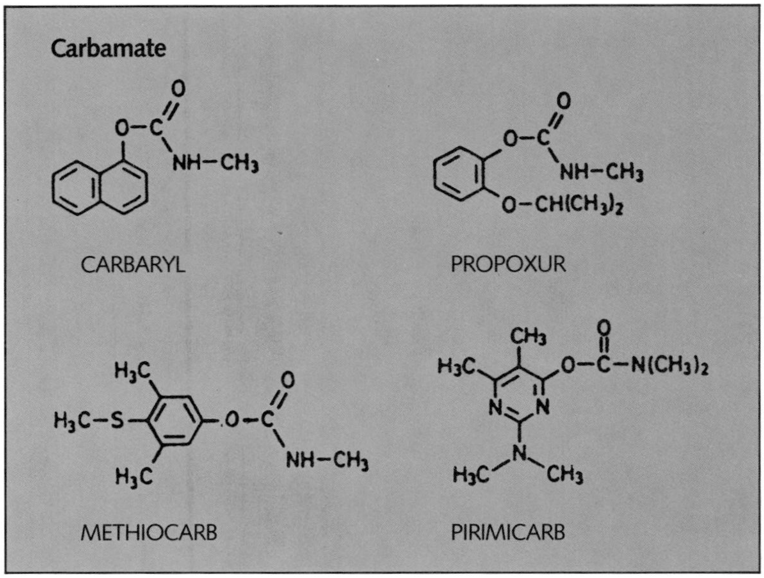

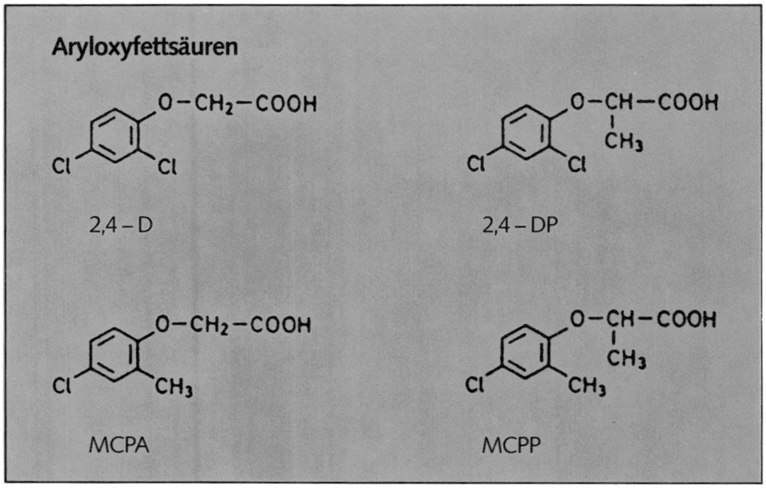

Oben: Strukturformel verschiedener Carbamate

Unten: Beispiele für Aryloxyfettsäuren, sogenannte Wuchsstoffe

der heutzutage produzierten Organochlorpestizide wirken insektentötend.

Organische Phosphorverbindungen stellen eine weitere Pestizidgruppe dar. Bekannte Vertreter dürften PARATHION, DICHLORVOS (DDVP) und MALATHION sein. Organophosphorverbindungen sind leicht abbaubar und reichern sich daher nicht im Körpergewebe von Warmblütlern an, sie sind jedoch oft giftiger. Auch wegen anderer Nebenwirkungen sind sie keineswegs harmlos. Die organischen Phosphorsubstanzen gehören zu den am weitesten verbreiteten Insektiziden.

Carbamate stellen ebenfalls eine Stoffgruppe dar, die im wesentlichen Insektizide, aber auch Nematizide hervorbingt. ALDICARB und CARBOFURAN sind hier stellvertretend für letztere zu nennen, reine Insektizide sind dagegen METHOMYL und PROPOXUR. Die den Carbamaten stofflich nahe verwandten Thiocarbamate und Thiurame sind sehr vielseitige Pestizide mit fungizider (MANCOZEB), herbizider (PHENMEDIPHAM), insektizider und nematizider Wirkung. Obwohl Carbamate ebenfalls nicht langlebig sind, sind durch sie verursachte Langzeitschäden sowohl bei Tieren als auch dem Menschen nachgewiesen.

Amide finden vor allem als Bodenherbizide Verwendung, das heißt, sie wirken nach der Aufnahme durch die Pflanzenwurzel. ALACHLOR und PROPYZAMID seien hier genannt.

Wuchsstoffherbizide zählen zu den am meisten angewandten Pflanzenvernichtungsmitteln. Der chemischen Einteilung zufolge gehören sie zu den sogenannten Phenoxyalkansäuren, seltener auch Aryloxyfettsäuren genannt. Wenn diese Begriffe auch den meisten unbekannt sein dürften, so kennen doch viele die Wirkstoffe 2,4-D, MCPA oder MCPP.

Allen Wuchsstoffen ist gemeinsam, daß sie nicht gegen Gräser (das heißt, nicht gegen Einkeimblättrige Pflanzen) wirken. Derartige Wirkungen gegen einen Teil einer Organismengruppe nennt man selektiv. Von den Wuchsstoffen, die in den Kohlenhydrathaushalt (also die Bildung von Zucker und Stärke) der Pflanze eingreifen, ist bekannt, daß auch Diabetiker sehr empfindlich auf sie reagieren.

Triazine sind, etwa unter den Trivialnamen ATRAZIN oder SIMAZIN, seit einiger

Zeit aufgrund der Grundwasserbelastung, die von ihnen ausgeht, in die öffentliche Diskussion geraten. Sie werden von der Pflanze über die Wurzel, seltener auch über das Blatt, aufgenommen und hemmen die Photosynthese der Pflanzen.

Phenylharnstoffverbindungen liefern ebenfalls herbizide Wirkstoffe. Die Aufnahme und Wirkung in der Pflanze entspricht in etwa dem Schema der Triazine. Einige Herbizide in dieser Gruppe sind sehr langlebig, etwa der Wirkstoff MONURON. LINURON und METABENZTHIAZURON sind weitere Vertreter dieser Gruppe.

Ein drittes mögliches Einteilungsprinzip stellt die Anwendungstechnik dar. Man unterscheidet dann Spritz- und Sprühmittel, Stäubemittel, Granulate, Begasungs- und Räuchermittel sowie Aerosole. Einige Wirkstoffe werden in mehreren Formulierungen hergestellt. E 605 ist beispielsweise sowohl als Pulver in Stäubedosen wie auch als wasserverdünnbare Lösung im Handel.

In der Landwirtschaft werden Pestizidmischungen größtenteils in Wasser ausgebracht. Hierbei kann es sich um echte Lösungen, wässrige Emulsionen oder Suspensionen handeln. Letztere bestehen aus kleinsten Festpartikeln, die durch entsprechende Hilfsstoffe und technische Apparaturen (etwa Rührwerke in den Feldspritzen) in wässriger Form verwendet werden. Im kommerziellen Gartenbau unter Glas kommen darüber hinaus auch Räuchermittel zum Einsatz. Lebensmittellager im industriellen und gewerblichen Bereich werden gegen Vorratsschädlinge begast. Im Klein- und Hausgarten wiederum finden Spritz- und Gießmittel sowie stäubbare Formulierungen Verwendung.

Für den Balkon- und Zimmerpflanzensektor und zur Bekämpfung von Lästlingen (Stubenfliegen, Silberfischchen) in Privathaushalten werden unter anderem Sprays angeboten. Einige Hersteller verkaufen zur Zimmerpflanzen„pflege" auch dünger- und pestizidhaltige Stäbchen mit Langzeitwirkung. Gegen Kleidermotten gibt es auch Mottenpapiere. Zur Abtötung von Mücken im Innenraumbereich werden vom Handel Elektroverdampfer angeboten, die, in die Steckdose gebracht, Insektizide erwärmen und verdampfen.

Triazinabkömmlinge

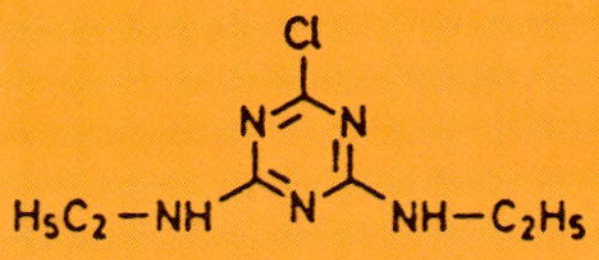

SIMAZIN

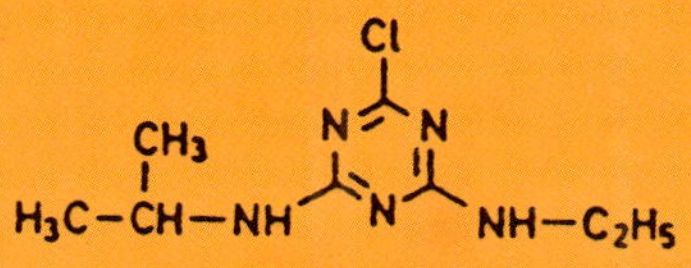

ATRAZIN

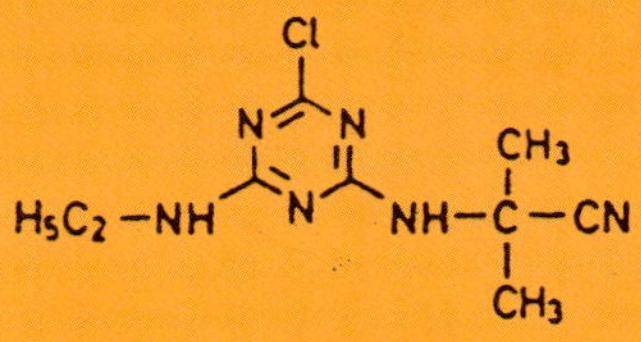

CYANAZIN

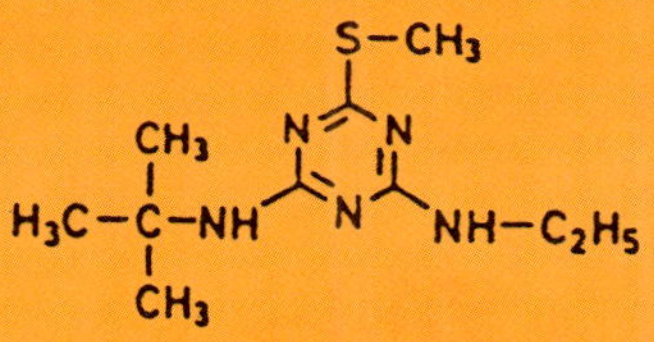

TERBUTRYN

Beispiele für Triazinabkömmlinge, die als Herbizide eingesetzt werden

Pflanzenschutzmittel kommen häufig als Konzentrat in den Handel, das dann mit Wasser gemischt wird

BELASTETE UMWELT UND NATUR

DIE ALLGEGENWÄRTIGKEIT DER PESTIZIDE

„Pestizide auch im Regenwasser" – So simpel lautete die Überschrift einer Presseerklärung der „Internationalen Arbeitsgemeinschaft der Wasserwerke im Rheineinzugsgebiet" vom 21. Juni 1988.

Obgleich die Öffentlichkeit und speziell der naturwissenschaftliche Laie hierzulande von dieser Pressemeldung überrascht worden sein mögen, in Kreisen der Fachwelt wußte man schon länger von diesem Tatbestand. In den USA, wo die Pestizidanwendung zwischen 1966 und 1981 um 280 Prozent zugenommen hat, wurden bereits 1984, wie etwa in Ohio, deutliche Konzentrationen im Regenwasser gemessen. Auch die Messungen im Nebel, die man zwischen Mai 1984 und Januar 1985 an verschiedenen Stellen in Maryland und Kalifornien durchführte, offenbarten hohe Konzentrationen von Insektiziden, in erster Linie aber von Herbiziden.

Pestizide gefährden nicht nur den Boden, sondern auch die Luft

Der Pestizidkreislauf

Insofern sind diese Erkenntnisse sicher nicht neu; für die Bundesrepublik bedeuten sie lediglich, so lapidar dies klingen mag, daß hierzulande die gleichen Naturgesetze gelten wie in den USA; Pestizide belasten nicht nur den Boden, sondern auch die Luft. Für die Schutzmaßnahmen folgt aus dem Nachweis von Pestiziden im Regenwasser konkret, daß der Verzicht auf die Ausbringung, etwa in Wasserschutzgebieten, das Problem nur teilweise lösen hilft. Den nunmehr allgegenwärtigen Pestiziden ist nur durch radikale Maßnahmen beizukommen. Der Präsident der oben zitierten Arbeitsgemeinschaft, Professor Dr. Ing. Gerhard Naber, fordert deshalb unmißverständlich, daß der Schutz von Grund- und Oberflächenwasser vor dem Eintrag von Pestiziden und anderen Giftstoffen hohe Priorität bekommen muß, um ökologische Schäden zu vermeiden und eine sichere Trinkwassergewinnung auch im nächsten Jahrhundert zu gewährleisten.

Daß sofortiges Handeln notwendig ist, zeigen die Trinkwasseruntersuchungen einzelner Bundesländer. Das baden-württembergische Landwirtschaftsministerium beispielsweise hatte bereits im Jahre 1987 die Untersuchungsergebnisse von aufbereitetem Trinkwasser von 200 Gemeinden bekanntgegeben. In 35 Prozent aller Quellen wurden überhöhte Konzentrationen von Pestiziden nachgewiesen. Am häufigsten, so heißt es in dem Bericht, habe man DESETHYLATRAZIN, das möglicherweise krebserregend und ein Abbauprodukt des ATRAZIN ist, gefunden.

Auch im Zusammenhang einer weiteren Schlagzeile des Sommers 1988, „Massensterben von Robben in der Nordsee", fand man einen Hinweis auf Pestizide. Schwedische Wissenschaftler, die Reihenuntersuchungen an den verendeten Robben vorgenommen haben, fanden „massenweise" Pestizide unter den 150 festgestellten Umweltgiften.

Schließlich berichtete die Presse über ein weiteres Problem, zumeist mit der Schlagzeile: „Pestizide sind immer noch ohne Beratung zu haben."

Was war geschehen? Seit dem 1. Juli 1988 dürfen keine Pestizide mehr in Selbstbedienungsläden verkauft werden. Die Händler hatten seit dem September 1986 Zeit, sich auf diese Verordnung einzustellen, wozu, wie eine Stichprobe von Mitarbeitern des BUND für die Zeitschrift NATUR ergab, jedoch die wenigsten Geschäftsinhaber in der Lage waren. 26 Geschäfte in neun Städten wurden überprüft; nur zwei Läden erhielten für ihre Verkaufspraxis ein „akzeptabel", 14 Firmen wurden mit „bedenklich" bewertet, und bei zehn Geschäften lautete das Urteil „unverantwortlich".

Diese drei Schlagzeilen aus dem Sommer 1988 belegen, welch gravierende Probleme mit der Anwendung von Pestiziden verbunden sind und welche Folgen dies aus ökologischer und gesundheitlicher Sicht hat. Es verwundert deshalb nicht, daß in der Bevölkerung eine hohe Sensibilität gegenüber den Gefahren, die allgemein mit Umweltgiften zusammenhängen, existiert. Umfragen bestätigen dies immer wieder. Bereits 1979 äußerten von 100 Befragten 70, daß sie Angst vor Giften in Lebensmitteln hätten. Immerhin stand diese Angst an dritter Stelle der „wichtigsten persönlichen Probleme", nach denen gefragt worden war. Es ist zu vermuten, daß diese Angst angesichts der Meldungen über Umweltgifte eher zu-, als abgenommen hat. Immerhin kann man daraus den Schluß ziehen, daß eine überragende Mehrheit der Bevölkerung rückstandsfreie Nahrungsmittel konsumieren will und von den staatlichen Stellen erwartet, daß diese für einen umfassenden Lebensschutz eintreten.

Wirkstoffe von Pflanzenschutzmitteln in Brunnen, Quellen, Grund- und Trinkwasser

Wirkstoff	Fundorte in folgenden Bundesländern						
	BW	By	He	NW	NS	RP	SH
Herbizide							
ATRAZIN	●	●	–	●	●	x	●
BENTAZON	x	x	–	●	–	x	–
BROMACIL	x	–	–	–	–	–	–
CHLORIDAZON	–	x	–	–	–	–	–
CHLORTOLURON	–	–	–	x	–	–	–
CLOPYRALID	–	–	–	–	–	–	●
2,4 D	–	–	–	x	–	–	–
DINOSEB-ACETAT	–	–	–	–	–	–	x
ISOPROTURON	x	–	–	–	–	–	–
MCPA	–	–	–	–	–	●	–
MECOPROP	●	–	–	x	–	x	–
METAZACHLOR	–	–	–	x	–	–	–
METHABENZTHIAZURON	–	–	–	–	x	–	–
METOBROMURON	–	–	–	x	–	–	–
METOLACHLOR	–	–	–	x	–	–	–
METOXURON	–	–	–	x	–	–	–
PENDIMETHALIN	–	–	–	–	–	x	–
PROPAZIN	–	–	–	x	–	–	–
PYRIDAT	–	–	–	x	–	–	–
SIMAZIN	x	x	●	●	–	x	–
TERBUTHYLAZIN	–	–	–	●	–	–	–
2,4,5-T	●	–	–	–	–	–	–
Insektizide							
AZINPHOS-ETHYL	–	–	–	x	–	–	–
CHLORFENVINPHOS	–	x	–	–	–	–	–
DIMETHOAT	–	–	–	–	–	x	–
LINDAN	–	–	–	x	–	–	–
Nematizide							
1,2 DICHLORPROPAN	–	–	–	–	–	–	●
1,3 DICHLORPROPAN	●	–	–	–	●	–	●
METHYLISOTHIOCYANAT	–	x	–	–	–	–	–

Erläuterungen zur Tabelle: x = über 0,1 Mikrogramm pro Liter; ● = über 0,5 Mikrogramm pro Liter; BW = Baden-Württemberg, By = Bayern, He = Hessen, NW = Nordrhein-Westfalen, NS = Niedersachsen, RP = Rheinland-Pfalz, SH = Schleswig-Holstein

DAS GIFTGESCHÄFT

Die Produktion und der Verbrauch von Pestiziden laufen aber weiter auf Hochtouren. Nach Angaben des „Pestizidaktions-Netzwerkes" (PAN) wurden 1965 weltweit 2750000 Tonnen (t) Pestizide produziert; im Jahre 1980 waren es bereits über 4 Millionen Tonnen, und nach Schätzungen werden es im Jahre 1990 über 6 Millionen Tonnen sein; dabei kommen gut die Hälfte des Weltverbrauchs in nur vier Kulturen, nämlich im Anbau von Mais, Reis, Soja und Baumwolle, zur Anwendung. Die Hälfte aller auf der Erde eingesetzten Pestizide werden in nur drei Ländern ausgebracht: USA, Japan und Brasilien. Der Weltumsatz im Jahre 1990, so besagen Schätzungen, wird einen Umfang von 30 Milliarden DM haben. Ausgaben für Pestizide in den Entwicklungsländern haben einen hohen Stellenwert. Indien etwa hat in den letzten 25 Jahren (seit 1962) 3 Milliarden DM ausgegeben.

Von den in der Bundesrepublik eingesetzten Pestiziden machen Herbizide bei weitem den größten Anteil aus

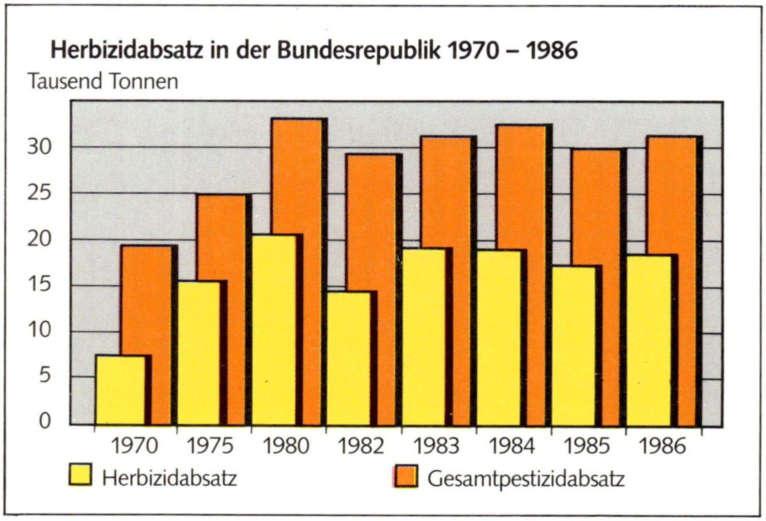

Der Pestizidmarkt ist auf wenige große Chemie-Multis konzentriert. Die fünf größten Firmen Bayer, Ciba Geigy, Shell, Monsanto und ICI kontrollieren allein 50 Prozent, mit weiteren fünf Firmen (darunter auch Hoechst) 60 Prozent des Weltmarktes. Die Bundesrepublik ist weltweit mit Abstand der wertmäßig größte Exporteur von Pestiziden: Rund 25 Prozent aller Pestizidexporte stammen aus der Bundesrepublik.

In der Bundesrepublik wurden 1987 rund 30000 Tonnen Pestizide (Wirkstoffe) abgesetzt. Davon 18000 Tonnen Herbizide (gegen unerwünschten Pflanzenwuchs, also „Unkräuter"), 8300 Tonnen Fungizide (gegen Pilze), 2000 Tonnen Insektizide (gegen Insekten) und 2300 Tonnen andere. Obgleich die Zahlen für den Absatz im Inland gelten, kann vermutet werden, daß insgesamt tatsächlich 30000 Tonnen Pestizid-Wirkstoffe pro Jahr auch eingesetzt werden. Die bundesdeutschen Hersteller geben an, daß sie im Jahre 1987 Pestizide im Wert von 4,18 Milliarden DM verkauft haben. Der im Inlandsmarkt der Bundesrepublik im Jahre 1987 erzielte Umsatz – mit ungefähr 300 Wirkstoffen in etwa 1700 zugelassenen Präparaten – betrug 1,5 Milliarden DM.

Im Verhältnis zu früheren Jahren ist der Inlandsabsatz von Pestiziden um 4,9 Prozent zurückgegangen. Dies liegt zum Teil daran, daß bei neuen Präparaten deutlich niedrigere Aufwandmengen pro Hektar benötigt werden, als bei älteren Präparaten, was besonders für die Gruppe der Herbizide gilt. Sieht man sich die Entwicklung der pro Hektar und Jahr eingesetzten Pestizide in der Bundesrepublik an, so zeigt sich, daß 1987 durchschnittlich 2,7 Kilogramm Wirkstoff eingesetzt worden sind. Zum Vergleich: 1950 waren es im Durchschnitt 0,7 Kilogramm.

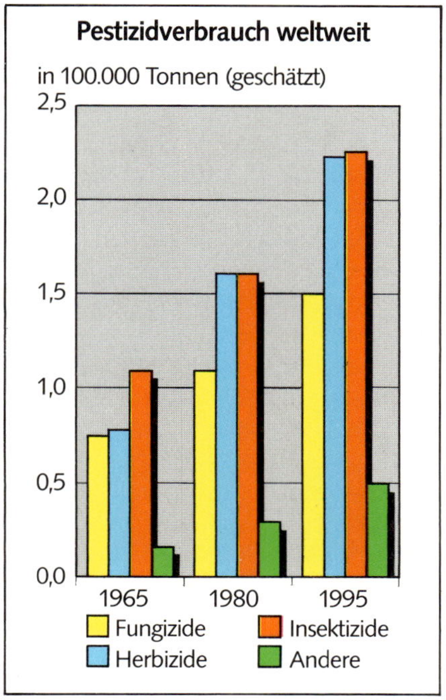

Links: Weltweiter Pestizidverbrauch (Wirkstoffe) nach einer amerikanischen Untersuchung (Schätzung)

Auch in der DDR ist der Einsatz von Pestiziden immens hoch. Zugelassen sind dort derzeit 410 Pestizidpräparate auf der Grundlage von 300 Wirkstoffen. Wie der Generaldirektor des „VEB Kombinat Agrochemie Piesteritz" mitteilt, soll der Einsatz noch gesteigert werden. Im Jahre 1985 wurden in der DDR Pestizide im Wert von 1,44 Milliarden Mark (Ost) produziert und Fertigerzeugnisse im Wert von 74 Millionen Mark (Ost) importiert. Wie amtliche DDR-Stellen weiter mitteilen, sollen bis zum Jahre 1990 55 Prozent mehr Pestizide in der Landwirtschaft gegenüber 1985 eingesetzt werden.

Wer nun glaubt, daß allein die Landwirte die „Giftsprüher" der Nation seien, irrt sich. Zwar sind die deutschen Landwirte an führender Stelle der Verbraucher, zu ihnen gesellen sich aber auch die Forstwirte, die gewerblichen Gärtner, die Hobby- und Kleingärtner, die Kommunen – die Sportplätze, Parks und Wege „sauber" halten –, die Balkonpflanzen- und Zimmerpflanzenliebhaber, die privaten und professionellen Kammerjäger bei ihrem Kampf gegen Motten und anderes sogenanntes Ungeziefer, staatliche Stellen wie Bundesbahn, Bundespost und Bundeswehr, ja sogar die Kirchen (im Hinblick auf Pfarrhausgärten und Friedhöfe) und die Sportvereine.

Zu den hier genannten Anwendern von Pestiziden, über die im Detail ab Seite 31ff. berichtet werden soll, kommt noch der private Verbraucher dazu, der sich in Kaufhäusern, in Gartencentern und in Super- und Baumärkten mit allerlei Giften gegen „Unkräuter", „Ungräser", Motten und anderes Getier bedienen kann und hemmungslos sprüht, begast und bestäubt.

Wer will da noch beweisen können, von wem das Pestizid stammt, welches sich im Trinkwasser, im Apfel oder im Körper der Robbe angereichert hat? Es hilft wenig, über den Tod der Robben zu klagen, wenn im eigenen Garten weiter gegen ein harmloses Moos oder gegen Silberfischchen mit der chemischen Keule vorgegangen wird.

„STUMMER FRÜHLING" DURCH PESTIZIDE

Schon sehr früh haben Wissenschaftler in den USA – insbesondere Ornithologen – den Rückgang bestimmter Vogelarten mit Pestiziden in Verbindung gebracht (besonders beim Fischadler, beim Sperber und beim Turm- und Wanderfalken).

Was war geschehen? Genauere Untersuchungen förderten die Erkenntnis zutage, daß DDT, ein in den 60er Jahren sehr intensiv eingesetztes Insektizid, die Ursache für das Artensterben war. Der Entdecker des DDT, der Chemiker Paul Hermann Müller, wurde mit dem Nobelpreis ausgezeichnet, weil es erstmals mit DDT gelungen war, die Überträger der Malaria und des Fleckfiebers zuverlässig zu bekämpfen. Heute wissen wir, daß

Strukturformel von DDT (Dichlordiphenyltrichlorethan)

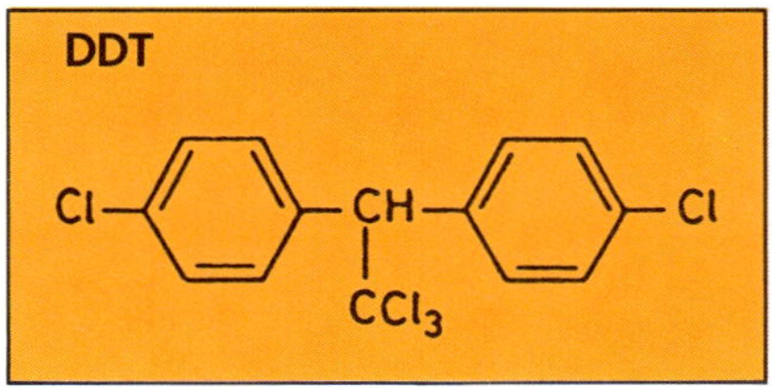

Pestizide tragen in hohem Maße zum Artenschwund bei

Rote Liste ausgestorbener und gefährdeter Insektenarten

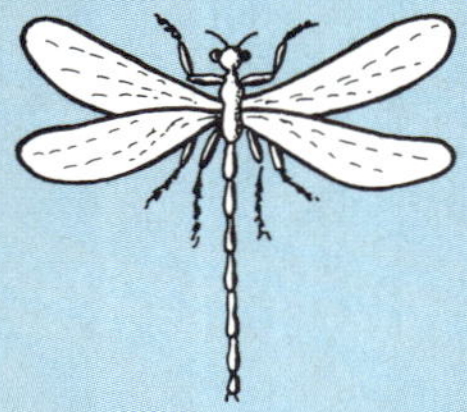

LIBELLEN

○ Arten insgesamt	70
● davon ausgestorben	2
● gefährdet	34

WESPEN – IMMEN

○ Arten insgesamt	1800
● davon ausgestorben	25
● gefährdet	610

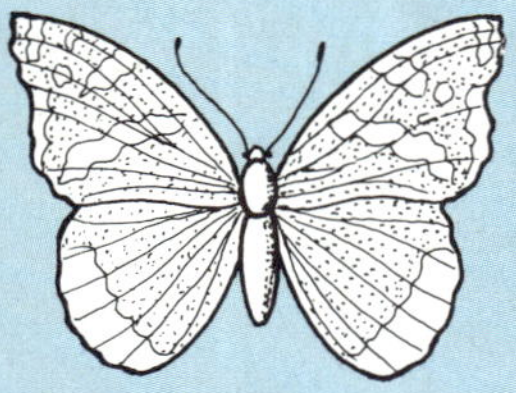

GROSSSCHMETTERLINGE

○ Arten insgesamt	1420
● davon ausgestorben	6
● gefährdet	469

DDT im Endeffekt kaum weiterhilft: Viele Malaria-Überträger werden zunehmend resistent, das heißt widerstandsfähig gegen das Insektizid.

Seit 1960 mehren sich die Beobachtungen über einen verstärkten, sich zum Teil dramatisch beschleunigenden Rückgang vieler Tier- und Pflanzenarten auf der ganzen Welt. 1977 wurde in der Bundesrepublik Deutschland zum ersten Mal eine „Rote Liste" erstellt, eine Art Logbuch über den nationalen Bestand von Flora und Fauna. Diese Liste brachte ein erschütterndes Ergebnis darüber, welche der Pflanzen- und Tiergruppen als „ausgestorben", „vom Aussterben bedroht", „stark gefährdet" und „potentiell gefährdet" zu gelten hatten. Danach müssen in diese Gefährdungsstufen

- 44 Prozent aller Wirbeltiere,
- 33 Prozent aller Großschmetterlingsarten,
- 51 Prozent aller Libellen und
- 26 Prozent der Blüten- und Farnpflanzen

eingeordnet werden. Die 1984 erschienene Neubearbeitung der „Roten Liste" hat die obigen Zahlen nicht nur bestätigt, sondern darüber hinaus eine Zunahme der gefährdeten Arten um jeweils 2 bis 5 Prozent festgestellt.

Viele Menschen fragen sich heute noch, warum so viel Aufhebens um „Unkräuter" oder Insekten gemacht wird, also aus menschlicher Sicht oftmals lästige und störende Erscheinungen – man denke an Disteln und Brennesseln oder etwa an die berüchtigten Schnaken am Rhein. Und in der Tat: Traditionell ist die Bedeutung von Pflanzen- und Tierarten zuerst immer an menschlichen Interessen gemessen worden. Auf ihnen beruht die Einteilung beziehungsweise Bewertung der Arten in nutzbare oder nützliche (zum Beispiel Getreide, Marienkäfer), in angenehme (Rosen), lästige (Stechmücken) und schädliche (Kartoffelkäfer, Kletten). (Hieraus ergibt sich, daß die Begriffe „Schädling" und „Nützling" grundsätzlich in Anführung zu lesen sind.) Warum betonen die Naturschützer dennoch so verhement den Schutz dieser Arten?

1. Alle wildlebenden Pflanzen- und Tierarten stellen vor dem Hintergrund des ökologischen Gleichgewichts ein kaum ermeßbares Potential für neue Nutzorganismen dar, unter anderem als

- Rohstoff-,
- Energie-,
- Nahrungs- und
- Heilmittellieferanten.

2. Vorhandene Nutzpflanzen und -tiere bedürfen zur Resistenzzüchtung und Erbgutauffrischung immer wieder der Einkreuzung von Wildarten; auch im Zusammenhang mit der biologischen Schädlingskontrolle muß man auf wildlebende Arten zurückgreifen.

3. Darüber hinaus dienen bestimmte Pflanzen und Tiere als Anzeiger von Umweltschäden, so etwa die Flechten.

4. Schließlich sollten wir uns immer vor Augen halten, daß die „wilde" Natur auch ästhetische Bedürfnisse befriedigt, da die Erlebniswelt der Menschen im technischen Zeitalter vielleicht mehr denn je zuvor mit ihr verbunden ist. Nicht zuletzt haben wir nämlich auch eine Verantwortung für künftige Generationen, und diese Verantwortung gebietet, keine irreversiblen Veränderungen auf der Erde zu schaffen oder zuzulassen. Denn: Artenverluste sind unwiederbringlich, da keine Art neu geschaffen werden kann.

Als Hauptverursacher für den drastischen Artenrückgang – und darin sind sich alle Experten einig – erweisen sich die Landwirtschaft und die mit ihr verbundenen Maßnahmen wie Flurbereinigung, Wirtschaftswegebau und die Verwendung von Düngemitteln und Pestiziden.

Seit Rachel Carsons bahnbrechendem Buch über den „Stummen Frühling" (1962) und den darin aufgezeigten Folgen des Pestizideinsatzes in den USA hat man allmählich auch hierzulande begonnen, sich dem Problem wissenschaftlich zu stellen. Dennoch ist die Datenlage über

Ausgeräumte Agrarlandschaft

Typische Wildkräuterwiese

den Zusammenhang von Pestizideinsatz und den Artenverlusten immer noch sehr lückenhaft. Man geht heute von der Schätzung aus, daß seit 1950 vor allem die Herbizidanwendung am Artenrückgang der Ackerbegleitflora wesentlich beteiligt ist. Manche Autoren schreiben dieser Anwendung einen Rückgang von 68 Prozent der Arten zu, während 26 Prozent keine Veränderungen zeigten und 6 Prozent der Arten zunähmen, darunter Ackerschachtelhalm, Ackerkratzdistel und andere.

Feldhasen sind in ihrem Bestand durch unsere ausgeräumte Agrarlandschaft gefährdet

Die stärkste Artenverarmung, wen verwundert dies, wird in den hochertragsfähigen Getreidekulturen und insbesondere im Bereich des Rüben- und Maisfeldanbaus festgestellt. Die ununterbrochene Verwendung der Herbizide ATRAZIN und SIMAZIN im Maisanbau wirkt sogar auf die nachfolgenden Kulturen. Für den Landkreis Osnabrück hat eine 1979 durchgeführte Untersuchung über den Einsatz von Herbiziden ergeben, daß dadurch alleine 32 Arten zurückgegangen sind. Wenn man weiß, daß, wie Wissenschaftler errechnet haben, beim Ausfall einer Pflanzenart mit dem Verschwinden von 10 bis 12 Tierarten zu rechnen ist, so zeigt dies, daß die Einwirkungen der Landwirtschaft auf die Tierarten überproportional größer sein können. Diese Abhängigkeit zeigt sich zum Beispiel am Rebhuhn, das in seinem Bestand ebenfalls stark zurückgegangen ist. Die Küken des Rebhuhns sind auf Insektennahrung angewiesen, diese waren aber an Ackerwildkräuter (die sogenannten Unkräuter) gebunden. Ähnliches gilt für den Feldhasen, der unter den großflächigen, fast wildkrautfreien Mais-, Rüben- und Weizenfeldern an Nahrungsmangel zu leiden hat.

Angesichts unserer ausgeräumten Agrarlandschaften verwundert es nicht, daß von den 300 Arten, die zur Ackerbegleitflora zählen, 87 Arten auf der Roten Liste stehen, wovon 15 bereits als verschollen gelten.

Die starke Wirkung der Pestizidanwendung auf den Artenbestand zeigt sich in folgendem Umkehrversuch: Nachdem man in der Eifel zwei bis drei Meter breite Ackerrandstreifen nicht mehr mit Pestiziden behandelt hatte, führte dies innerhalb von drei Jahren zu einer Zunahme der Wildkrautarten um 70 bis 100 Prozent und zu einer Verdoppelung bis zur Verdreifachung der Individuenzahl bereits vorhandener Arten. Einen weiteren Beweis liefern die Erfahrungen, die sich beim ökologischen Landbau ergeben. In den dortigen Äckern ist die Artenzahl der Ackerwildkräuter häufig mehr als doppelt so hoch wie in den mit Herbiziden behandelten Kulturen.

Ackerwildkräuter können sich sogar positiv auf den Ertrag auswirken. Aber auch bei Ertragseinbußen ist im Hinblick auf die EG-weite Überproduktion eher mit einem positiven Effekt zu rechnen. Die Landwirte werden gegebenenfalls für die Mindereinnahmen entschädigt.

Was für die Landwirtschaft gilt, trifft auch auf die mit Pestiziden behandelten Klein- und Hobbygärten zu, die wertvolle Rückzugsrefugien für bedrohte Pflanzen- und Tierarten sein könnten. Viele der heute noch dort lebenden einheimischen Arten sind überdies bedroht und sterben lokal aus, nur weil „Ordnung" und „Sauberkeit" im deutschen Garten herrschen müssen.

Schließlich werden durch Pestizideinsatz nicht nur Nahrungsketten unterbrochen und Gleichgewichte gestört, sondern viele der vom Menschen bekämpften sogenannten Schädlinge werden wegen der hohen und zeitlich kurzen Vermehrungsraten zunehmend resistent. Diese Erscheinung wiederum macht den Einsatz neuer und größerer Mengen an Pestiziden erforderlich: Das Spiel beginnt von neuem.

Es bleibt zu hoffen, daß sich naturverträglichere Methoden und Maßnahmen durchsetzen, die teilweise sehr einfach und wirkungsvoll sind (siehe hierzu die Seiten 84ff.), gerade dann, wenn man sie im eigenen Garten zur Anwendung bringt. Die Chemiespritze aus der Hand zu legen, bedeutet praktischen Umweltschutz und ist auch ein aktiver Beitrag für den Schutz von Natur und Umwelt, die weit weg von der eigenen Haustür liegen. Nichts anderes ist mit der Losung „global denken, lokal handeln" gemeint.

DIE OHNMACHT DER BETROFFENEN

Machen Pestizide krank? „90 bis 95 Prozent unserer Bevölkerung ist bisher schwer vermittelbar, daß unser Forschungsziel der Suche nach wirksamen und sicheren Pflanzenschutzmitteln gilt." So lautet die Klage von Managern der Firma Hoechst AG. Zu Recht, möchte man meinen, wenn man die täglich über uns hereinbrechenden Schreckensmeldungen über Umweltgifte und deren Gefahren für die menschliche Gesundheit registriert.

„Ein Gestank, ähnlich dem einer Chemiefabrik, stach uns in die Nase. Wo wir auch hinfuhren, überall dasselbe. Während der Fahrt plötzlich ein stichartiger Schmerz im Kopfbereich... am nächsten Tag Stechen in beiden Ohren. Tagelang fühlten wir uns elend..."

Die Familie, die dies berichtete, hatte einen Spaziergang gemacht – inmitten

Ein Kartoffelacker wird besprüht

landwirtschaftlich genutzter Flächen. Sie waren offensichtlich auf direktem Wege der Giftdusche ausgesetzt worden.

Über solche Symptome klagen aber nicht nur Spaziergänger, sondern auch viele Bürger, die in ihren Haushalten mit Pestiziden hantieren. Bereits Anfang der 80er Jahre hatte eine Umfrage ergeben, daß 7 Prozent der Pestizidverbraucher über Kopfschmerzen, Übelkeit und Brechreiz klagten; auf die Gesamtbevölkerung der Bundesrepublik hochgerechnet, müßten demnach etwa 2 Millionen Menschen derartige gesundheitliche Beeinträchtigungen verspüren. Soviel steht jedenfalls fest: Trotz festgesetzter Pestizid-Höchstmengen und „Toleranzschwellen" in Lebensmitteln (Näheres hierzu Seite 60ff.) sind Vergiftungen durch Pestizide in nahezu allen elementaren Lebensvorgängen und Zellfunktionen nachgewiesen. Es treten Schäden des Stoffwechsels, des Energiehaushaltes, Störungen der Nervenreizleitung und Schäden am Erbmaterial auf.

Langlebige Pestizide können sich über die Nahrungsaufnahme im menschlichen Körper anreichern

In den USA wurde das DDT, als es noch nicht verboten war, in der Muttermilch mit so hohen Rückstandswerten (das 4fache der erlaubten Höchstmenge) nachgewiesen, daß diese nach dem US-Lebensmittelgesetz als Handelsprodukt nicht hätte verkauft werden dürfen. In der Bundesrepublik ist DDT seit 1972 verboten. Auch heute werden in der Muttermilch Pestizidrückstände nachgewiesen, vor allem solche Pestizide, für die in der Bundesrepublik ein Produktions- und Anwendungsverbot besteht.

Vor der endgültigen Aufklärung steht wohl eine der größten Katastrophen, die mit großer Wahrscheinlichkeit durch Pestizide verursacht worden ist. Gemeint sind die Menschen, die in Spanien seit 1981 Opfer von angeblich vergiftetem Olivenöl wurden. Zunächst gingen Presseberichte davon aus, daß durch den Verzehr dieses Olivenöls 600 Tote und rund 25000 zum Teil schwer Erkrankte zu beklagen seien. Mittlerweile deutet einiges darauf hin, daß mit dem Pestizid NEMACUR unsachgemäß umgegangen worden ist: Mit diesem Pestizid behandelte Tomaten sollen auf Wochenmärkten verkauft worden sein, nachdem die Bauern die Wartezeit der Ernte nicht eingehalten hätten.

Man muß aber nicht auf das Ausland verweisen. In Hamburg mußten die Behörden (für den Zeitraum von 1979 bis 1984) ein Vermarktungsverbot für Gemüse aus den Vier- und Marschlanden der Umgebung aussprechen. Das Gemüse stammte aus der Nachbarschaft eines inzwischen stillgelegten Werkes des Chemieunternehmens Boehringer und war mit Umweltgiften belastet. Makabrerweise stolperten die Behörden dabei in eine der vielen Lücken der Gesetzgebung: Weil die Rückstände nicht durch die „landwirtschaftliche Praxis", sondern durch Emissionen des Pestizid-Herstellers verursacht worden seien, wurde das Vermarktungsverbot per Gerichtsbeschluß wieder aufgehoben.

Die Angst der Bevölkerung vor Gift in Lebensmitteln haben sich einige US-

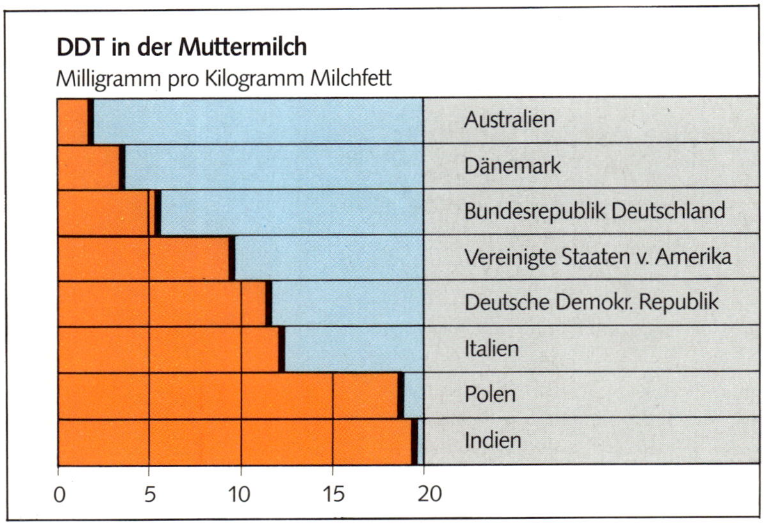

Lebensmittelmärkte zu eigen gemacht. So wird zum Beispiel in Kalifornien das zum Verkauf anstehende Obst und Gemüse auf eigene Kosten auf Pestizidrückstände untersucht; die Ergebnisse fließen in die Kundenwerbung ein. Manche Firmen, so wird berichtet, hätten auf diese Weise ein Umsatzplus von mehr als 5 Prozent erzielt.

Welcher Verbraucher in der Bundesrepublik, wo immer er sein Obst und Gemüse auch kauft, weiß schon, mit wieviel Rückständen in welcher Konzentration dieses belastet ist? Kann er sich dabei auf wirksame Gesetze und Kontrollen des Staates verlassen? Hier sind manchmal Zweifel angebracht, wie die Diskussion über die Grenzwerte von Pestiziden im Trinkwasser zeigt: Erst seit Übernahme der EG-Trinkwasserrichtlinien, die einen Grenzwert von 0,1 Mikrogramm pro Liter (µg/l) für jedes einzelne Pestizid vorsehen, begann man in den europäischen Ländern, systematisch nach Pestiziden im Wasser zu suchen. Die ersten Befunde in der Bundesrepublik nahmen die Regierungen noch nicht ernst. Dann aber entdeckte man ATRAZIN in immer mehr Brunnen, weitere Pestizide kamen hinzu. Das Scheitern eines vom nordrhein-westfälischen Umweltministerium verfügten Verbots von ATRAZIN für das riesige Einzugsgebiet des Halterner Stausees machte klar, daß dem Problem regional kaum beizukommen war. Dies sehen mittlerweile auch die Landwirtschaftsminister von Baden-Württemberg und Rheinland-Pfalz; auch sie fordern heute ein bundesweites ATRAZIN-Verbot.

All dies läßt den Bundesminister für Landwirtschaft, Ignaz Kiechle, völlig ungerührt (noch!). Auf einer Pressekonferenz im Juli 1988 betonte er, daß das Trinkwasser „bedenkenlos" getrunken werden könne. Entschieden verneinte er die Behauptung des BUND, daß das Grundwasser in der Bundesrepublik vor allem

„Jetzt aber fix einen Vorrat angelegt; wer weiß, wie verseucht es morgen wieder ist!"

durch die in der Landwirtschaft eingesetzten Chemikalien verseucht sei.

Wer hat nun Recht, die Naturschützer und Länderminister oder der Bundesminister? Wem soll der Verbraucher, und das sind wir alle im Falle des Trinkwassers, vertrauen? Die für die Überwachung zuständigen staatlichen Stellen kommen ihrer Informationspflicht nur ungenügend nach; völlig zugeknöpft gibt sich die Biologische Bundesanstalt, die für die Zulassung der Pestizide verantwortlich ist.

Vor Rückständen von Pestiziden in Lebensmitteln scheint niemand mehr sicher zu sein. Ob beim Genuß von Trinkwasser, Obst oder Gemüse, überall herrscht große Unsicherheit beim Verbraucher. Ist diese Ohnmacht berechtigt, und wenn ja, welche Möglichkeiten hat der Verbraucher, sich vor Umweltgiften in Lebensmitteln zu schützen?

Die Entdeckung von Pestizidrückständen nunmehr bereits im Regenwasser verdeutlicht besonders, daß es ohne wirksamere Gesetze und deren konsequente Anwendung keine nachhaltige Besserung geben wird. Was nutzt es, so könnte man fragen, wenn der ökologische Landbau bewußt auf die Verwendung von Pestiziden verzichtet, aber Obst und Gemüse

Die Pressemeldungen über unser schadstoffbelastetes Wasser häufen sich

sozusagen „von oben" – aus der Luft – besprüht werden, weil die konventionell betriebene Landwirtschaft auf Gifte nicht verzichtet? Was nutzt es, wenn diese Landwirtschaft darüber hinaus noch mit Abermilliarden subventioniert wird, obwohl sie an der Zerstörung der Lebensräume und am Rückgang der Arten und an der Verseuchung der Gewässer wesentlichen Anteil hat.

So bleibt als sofortige Maßnahme, die dem Verbraucher Sicherheit bietet, der Konsum von Produkten des ökologischen Landbaus. Letzterer greift auf pestizidfreie Rohstoffe zurück und bietet mittlerweile vom Brot über die Milch bis hin zum Bier alle möglichen Nahrungsmittel an, obgleich nicht alles für bare Münze zu nehmen ist, was unter dem Etikett „Bio" und „Natur" auf einem wachsenden Markt angeboten wird. Die zunehmende Akzeptanz der Produkte des ökologischen Landbaus durch immer mehr Verbraucher kann dazu beitragen, nicht nur das Marktvolumen dieser Betriebe und die Bedeutung kritischer Verbraucherverbände zu fördern, sondern auch deren Einfluß im politischen Raum, um ihre Anliegen gegenüber den politischen Entscheidungsträgern, den Regierungen, Parlamenten und Parteien, durchzusetzen. Dies tun die traditionellen Bauern- und Verbraucherverbände ja bereits seit Jahrzehnten erfolgreich.

Exkurs: Pestizide und Recht – Gesundheit und Umwelt weitgehend schutzlos

Pestizide und Recht, dies ist wirklich ein Kapitel für sich. Kaum ein anderes Umweltproblem ist derart unübersichtlich und von einer Unmenge unterschiedlichster Vorschriften geregelt. Da gibt es zum einen das Pflanzenschutzrecht mit dem Pflanzenschutzgesetz, seinen Ausführungsverordnungen und dem DDT-Gesetz. Zum anderen spielen aber auch beispielsweise das Lebensmittel-, Wasser-, Abfall- und Strafrecht eine Rolle. Nicht zu vergessen sind das Schadensersatz- und Haftungsrecht.

Im Zentrum steht jedoch das Pflanzenschutzgesetz. Welch ein Titel für ein Gesetz, das unter anderem die Zulassung, den Handel und die Anwendung von Herbiziden regelt, Stoffen also, die als chemische Lebensvernichter in der Gesetzessprache dann auch konsequenterweise „Pflanzenschutzmittel" heißen. Diese Täuschung hat Methode: Sie soll davon ablenken, daß die Produktion und vor allem die Anwendung von Pestiziden nach wie vor mit kaum kalkulierbaren Risiken für den Anwender, seine Angehörigen, die Umwelt und die Verbraucher von Wasser und Lebensmitteln verbunden sind.

Anhand einiger Beispielfälle aus der täglichen Praxis des Klein- und Hobbygärtners möchte ich dies verdeutlichen.

Fall 1: Herr A., ein Gartenfreund, der in seinem Garten weder mit Kompost noch mit zusätzlichem Mineraldünger gespart hat, sieht vor lauter Blattläusen seine geliebten Stauden- und Gemüsepflanzen nicht mehr. Was tun? Er geht, wie stets in solchen Zweifelsfällen, ins Gartencenter.

Der Verkäufer, dem er sein Läuseproblem schildert, bietet ihm sofort mehrere Insektizide an. Falsch, aber typisch, wie eine Überprüfung des BUND in über 20 Pestizid-Verkaufsstellen vor kurzem ergeben hat. Denn nach dem neuen Pflanzenschutzgesetz müssen Verkäufer von Pestiziden ausreichende Fachkenntnisse besitzen, um die Käufer jeweils sachgerecht informieren zu können. Und dies setzt voraus, daß er mit dem Käufer zunächst erörtert, ob die Pestizidanwendung überhaupt erforderlich ist oder das Problem nicht auf einfachere und ungefährlichere (etwa biologische) Weise zu beheben sein könnte. Unter Umständen kann nämlich die Pestizidanwendung verboten sein, insbesondere dann, wenn Gefahren für Mensch und Tier oder die Umwelt nicht auszuschließen sind (grundsätzlich untersagt ist der Pestizideinsatz im übrigen immer in oder unmittelbar an stehenden beziehungsweise fließenden Gewässern).

Der Verkäufer in unserem Fall hat jedenfalls durch sein Verhalten bewiesen, daß er die gesetzlich geforderte Sachkenntnis offenbar nicht besitzt. Man sollte sich in einem solchen Fall unverzüglich mit der zuständigen Behörde, dem Städtischen Ordnungsamt oder dem Pflanzenschutzamt in Verbindung setzen. Zwar kann man die Behörde kaum zum Eingreifen zwingen, aber ihr gegebenenfalls so lange beharrlich auf die Füße treten, bis sie dafür Sorge trägt, daß die gesetzlichen Bestimmungen beim Verkaufsgespräch berücksichtigt werden.

Was tut Herr A., unser Gartenfreund, nun? Er wendet sich an eine der örtlichen Umweltschutzgruppen, zum Beispiel des BUND oder des DBV (Deutscher Bund für Vogelschutz). Dort erfährt er, wie er giftfrei erfolgreich gärtnern kann. Natürlich auch, wie er und seine nützlichen natürlichen Helfer im Garten mit den Blattläusen fertig werden und leben können.

Ein Landwirt bringt Pestizide aus

Fall 2: Frau B. ist seit Jahrzehnten eine begeisterte und erfolgreiche Biogärtnerin. Eines Tages, nach einem Platzregen am Vortag, betritt sie ihren Kleingarten und traut ihren Augen nicht: Die Hälfte ihrer Gemüsekulturen zum höhergelegenen Nachbargrundstück hin liegt schlaff und vergilbt am Boden. Was war geschehen? Der Platzregen hatte vom benachbarten Acker, den sein Besitzer kurze Zeit vorher mit Herbiziden gespritzt hatte, Schlamm und Niederschlagswasser auf Frau B.s Gartengrundstück gespült. Dabei waren auch die Pflanzenvernichtungsmittel in ihren Garten gelangt.

Was tat Frau B.? Sie klagte vor Gericht auf Schadenersatz und Unterlassung künftiger Giftsschädigungen gegen den Nachbar. Mit Erfolg? In diesem authentischen Fall sah der Bundesgerichtshof als letzte Instanz die Schadenersatz- und Unterlassungsansprüche der Klägerin als berechtigt an. Unwesentliche Beeinträchtigungen hätte sie zwar hinnehmen müssen, ebenso die Vernichtung der Hälfte ihrer Kulturen, wenn dem Bauern bei Verzicht auf Herbizide größerer wirtschaftlicher Schaden gedroht hätte. Dies war hier aber nicht der Fall gewesen. Das Urteil zeigt im Kern jedoch, daß der Bundesgerichtshof noch sehr wenig Verständnis für die letztlich unübersehbaren gesundheitlichen und ökologischen Auswirkungen des Pestizideinsatzes zeigt.

Vergleichbare Schäden können bei starkem Wind ebenso durch Überwehungen von Nachbargrundstücken entstehen. Auch hier hat man gegebenenfalls entsprechende Schadenersatz- und Unterlassungsansprüche gegen benachbarte Giftspritzer.

Fall 3: Herr C., ebenfalls ein Gartenfreund und inzwischen überzeugter Biogärtner, hat einen Teil seines Gartens in eine Naturwiese umgewandelt. Eines Tages giftet ihn der Nachbar über den Zaun an. „Wann spritzen oder mähen Sie denn endlich ihr Unkraut, lange sehe ich mir das nicht mehr an. Wenn das am Montag nicht weg ist, gehe ich aufs Amt und zeige Sie an!"

Fährt Herrn C. nun der Schreck in die Knochen? Mitnichten. Denn er weiß: Die Zeiten, in denen die meisten Kommunen „Unkrautsatzungen" oder „Unkrautverordnungen" hatten, sind vorbei. Sie verpflichteten Grundstückseigentümer zur Beseitigung von „Unkraut", das meist als Störung der öffentlichen Ordnung eingestuft wurde. „Unkrautsündern" drohten Bußgelder.

Herr C. kann also bei seinem Nachbarn eine Retourkutsche fahren und ihm entgegnen, daß er ihn demnächst bei der Polizei wegen Gesundheitsgefährdung durch Giftspritzen anzeigen wird. Dies kann nämlich nach dem Strafgesetz mit Freiheitsstrafen von 3 Monaten bis 5 Jahren geahndet werden. Schon der Versuch ist strafbar. In besonders schweren Fällen kommt sogar eine Freiheitsstrafe bis zu 10 Jahren in Betracht.

Fall 4: Der Vorstand eines Kleingartenvereins ruft am schwarzen Brett für nächsten Samstag zur Gemeinschaftsaktion auf: Die Gehwege in der Gartenkolonie sollen „von Unkraut gesäubert" werden. Am Samstag rücken tatsächlich einige mit der Giftspritze an.

Was tut Herr D., ein benachbarter Gartenbesitzer? Er erkundigt sich zunächst beim Vorsitzenden, ob der etwa eine Ausnahmegenehmigung vom Pflanzenschutzamt hat. Denn er weiß, daß nach dem neuesten Pflanzenschutzgesetz die Anwendung von Herbiziden zwar in Kleingärten – leider – noch immer nicht verboten ist, wohl aber auf Freilandflächen wie Straßen, Wegen und anderen Verkehrsflächen. Nur dann, wenn die zuständige Behörde ausnahmsweise das Spritzen genehmigt, ist es auch heute noch erlaubt. Das darf sie – überflüssigerweise – aber nur, wenn das „Unkraut" nicht auf andere Weise mit zumutbarem Aufwand beseitigt werden kann und keine überwiegenden öffentlichen Interessen, insbesondere des Tier- und Pflanzenschutzes, entgegenstehen. Natürlich lag in unserem konkreten Fall keine Genehmigung vor.

Unklarheiten können dann bestehen, wenn die Wege in der Kleingartenkolonie keine öffentlichen Wege sind, sondern Privatwege des Vereins. Aber auch in solchen Fällen muß der Grundsatz gelten: Im Zweifel auch aus Eigennutz auf chemischen Pflanzenschutz verzichten.

Fall 5: Frau E., überzeugte Biogärtnerin, trifft überraschend in ihrem Kleingarten ein und sieht gerade noch, wie ihre Nachbarin die Restbrühe aus ihrer Giftspritze in ein Maulwurfsloch abläßt. Darf sie das?

Frau E. kennt die Antwort: natürlich nicht. Damit hat sich die Nachbarin möglicherweise strafbar gemacht. Denn wer giftige Abfälle – und Pestizidreste und -verpackungen sind stets Abfälle – vorschriftswidrig abläßt oder auf andere Weise beseitigt und dabei nachhaltig ein Gewässer, die Luft oder den Boden verunreinigt, kann mit Freiheitsstrafen bis zu 3 Jahren oder mit einer Geldstrafe belangt werden. Der Versuch allein ist schon strafbar.

Wie man als Kleingärtner mit solchen Giftabfällen richtig verfährt, ist leider nirgendwo eindeutig und rechtsverbindlich geregelt. Es gibt zwar ein von einer Arbeitsgemeinschaft der Bundesländer verfaßtes Merkblatt „Beseitigung von Pflanzenbehandlungsmittel-Resten", das jedoch unter ökologischen Gesichtspunkten kaum zu empfehlen ist. (So sieht es unter anderem vor, daß Pestizidreste und -verpackungen grundsätzlich der Müllverbrennung zuzuführen sind, und dies, obwohl dabei das Supergift Dioxin entstehen kann.)

Die vernünftigste Regelung, nämlich Hersteller und Verkäufer von Pestiziden zur Rücknahme von Resten und Verpackungen gesetzlich zu verpflichten, wird wohl noch lange auf sich warten lassen. Der BUND fordert sie schon seit Jahren, aber die Bundesregierung steht offenbar unter dem Druck der einflußreichen Chemie-Lobby.

Aus unserer Sicht beherzigt man am besten folgende Regeln: Wenn man überhaupt spritzt, sollte man den Bedarf richtig berechnen, damit keine Brühreste mehr übrigbleiben. Sollte dies dennoch der Fall sein, so sollten sie in einen verschließbaren Behälter gefüllt werden, den man sofort eindeutig als „Gift" kennzeichnet, und mit dem Verpackungsmaterial entweder bei Sondermülldeponien oder dem mobilen Giftmüllabholdienst abgegeben werden. Vielleicht lohnt sich auch der Versuch, sie dort wieder loszuwerden, wo man das Mittel gekauft hat (man kann dabei ja auf das Beispiel der Apotheken verweisen, die inzwischen auch alte Medikamente zurücknehmen). Auskünfte über die nächstgelegene Sondermülldeponie oder die Termine für den Giftmüll-Fahrzeugdienst müssen von der Stadtverwaltung oder dem Landratsamt verbindlich genannt werden.

DER EINSATZ VON PESTIZIDEN

Wie oben erwähnt, wurden im Jahre 1987 in der Bundesrepublik Deutschland etwa 30000 Tonnen Pestizidwirkstoffe abgesetzt. Der Eintrag dieser Pestizide beschränkt sich allerdings keineswegs auf die Landwirtschaft, sondern erfolgt zu unterschiedlichen Zwecken und durch verschiedene Anwender. Im Überblick betrachtet, sind dies im einzelnen:

- die Landwirtschaft (inklusive Wein-und Hopfenanbau),
- die Forstwirtschaft,
- der gewerbliche Gartenbau,
- die Hobby- und Kleingärtner (inklusive Hausgärten),
- die Träger der öffentlichen Grünpflege,
- die Balkonpflanzen- und Zimmerpflanzenliebhaber,
- die gewerblichen Schädlingsbekämpfer,
- die privaten Haushalte (gegen Hausinsekten und so weiter),

Der Einsatz von Pestiziden ist keinesfalls nur auf die Landwirtschaft beschränkt

- staatliche Stellen (Bundesbahn, Bundespost und Bundeswehr),
- private Grundstücksverwaltungen und solche von Religionsgemeinschaften (Liegenschaften, Friedhöfe),
- Sportvereine.

Die Pestizid-Problematik beginnt nicht erst mit der Anwendung. Bereits bei der Herstellung können gefährliche Nebenprodukte entstehen, die Mensch und Umwelt gefährden

Die Liste ist sicher nicht vollständig. Dies ist aber für unser Anliegen deshalb unerheblich, weil wir meinen, daß die wesentlichen Pestizidanwender genannt sind. Obgleich es bisher an Veröffentlichungen mangelt, die der Frage nach Art und Umfang des Pestizideinsatzes durch diese verschiedenen Anwender systematisch nachgegangen sind, wollen wir dennoch den Versuch machen, hierauf einige Antworten zu finden. Viele der jetzt vorgestellten Zahlen haben wir durch eigene Recherchen gewonnen, die zum Teil zum ersten Mal der breiten Öffentlichkeit bekannt werden. Da hier nicht der Platz und die Zeit sind, alle erdenklichen Aspekte zu berücksichtigen, müssen wir uns auf wenige Punkte beschränken.

Landwirtschaft

Nach Erhebungen des „Rates von Sachverständigen für Umweltfragen", der sich in einem Sondergutachten zu „Umweltproblemen in der Landwirtschaft" (1985)

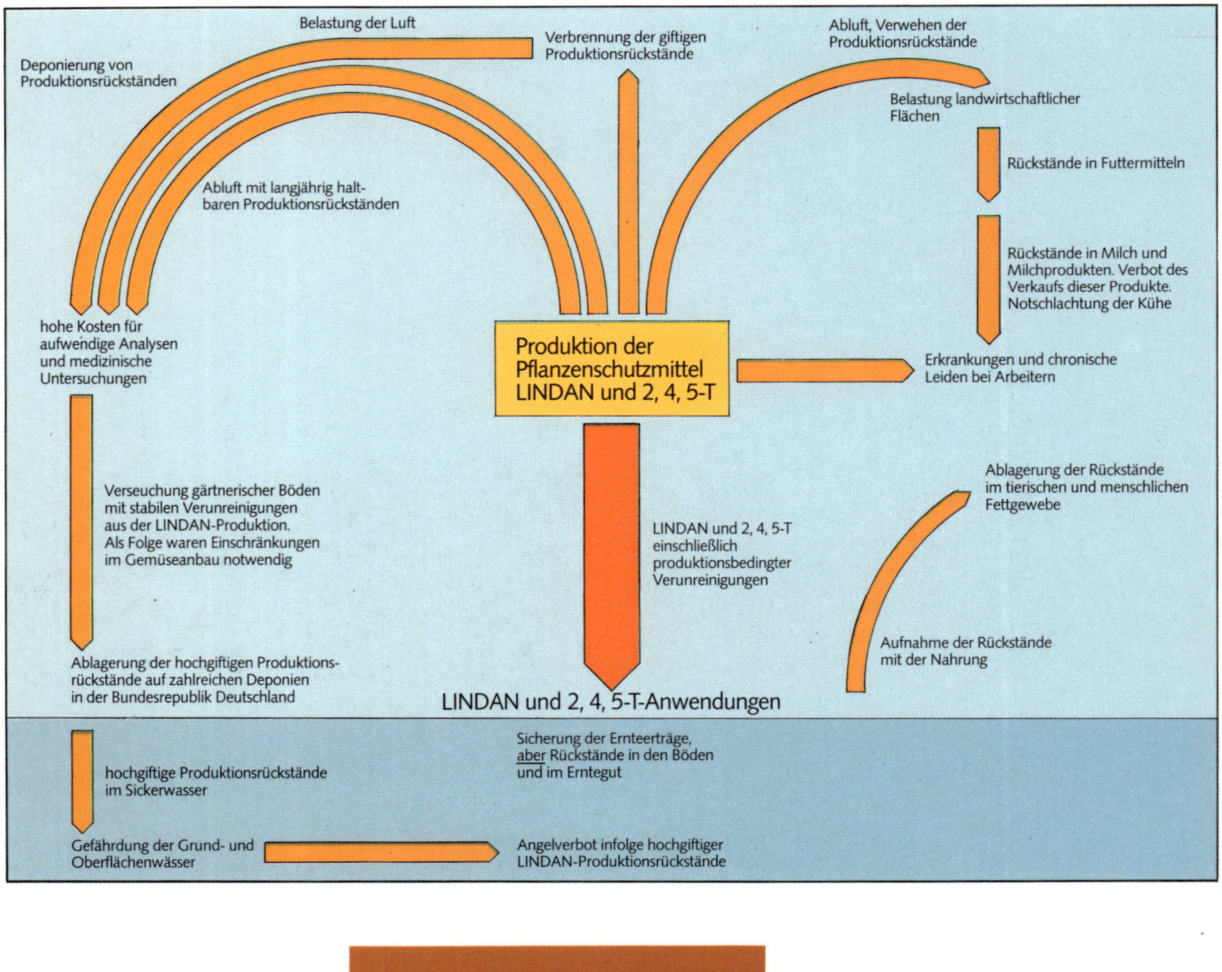

auch der Pestizidproblematik gewidmet hat, liegt der Hauptanwendungsbereich von Herbiziden im Ackerbau – vor allem im Getreide-, Rüben-, Mais-, Raps- und Kartoffelanbau. 70 bis 80 Prozent der Getreideflächen werden bereits mit Herbiziden behandelt.

Im Bundesdurchschnitt werden 90 Prozent der Maisanbaufläche mit dem Herbizid ATRAZIN behandelt, die durchschnittliche Ausbringungsmenge beträgt 1,3 Kilogramm pro Hektar/pro Jahr (1,3 kg/ha/a). Etwa die Hälfte der gesamten Wirkstoffmenge entfällt auf Bayern, dem größten Maisanbaugebiet in der Bundesrepublik (Anbaufläche: 48 Prozent). Die Ausbringung eines anderen Herbizides, PHENMEDIPHAM, das vor allem im Zuckerrübenanbau Verwendung findet, konzentriert sich auf die Anbaugebiete in Nord- und Westdeutschland. Mehr als drei Viertel der geschätzten Wirkstoffmenge (106 t) entfallen auf die Länder Schleswig-Holstein, Niedersachsen und Nordrhein-Westfalen.

Im Umweltgutachten 1978 wurde der mit Fungiziden behandelte Getreideflächenanteil in der Bundesrepublik mit schätzungsweise 15 bis 20 Prozent angegeben. Die für das Jahr 1979 ermittelten Ergebnisse zeigten schon alleine am Beispiel des Wirkstoffs TRIADEMIFON, daß dieser Anteil gestiegen ist. 1979 waren es 32 Prozent der Getreidefläche insgesamt, 45 Prozent der Anbaufläche für Winterweizen. Ein wichtiger fungizider Wirkstoff im Kartoffelanbau ist MANEB. Er wird gegen Kraut- und Knollenfäule in der Regel mehrfach angewendet. Während die mit diesem Wirkstoff behandelten Flächenanteile in den Bundesländern relativ gering um den Durchschnitt von 34 Prozent schwanken, ergeben sich für das jährliche Ausbringungsvolumen (Durchschnitt: 5,5 kg/ha/a) erhebliche regionale Unterschiede. In Bayern, dem größten Kartoffelanbaugebiet, ist die Intensität (3 kg/ha/a) am höchsten. In Hessen sind es zum Beispiel weniger als 1 Kilogramm pro Hektar im Jahr.

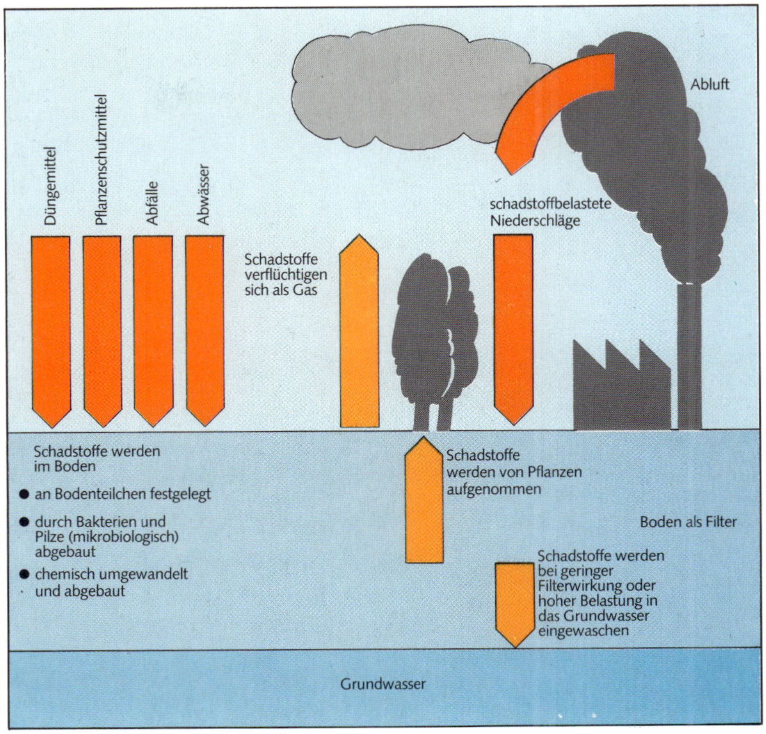

Der Boden ist ein wichtiger Filter für Schadstoffe aus der Umwelt. Pestizide können ihn so stark schädigen, daß er diese Funktion nicht mehr zu erfüllen vermag

Insektizide sind in den Ackerbaukulturen weit verbreitet. Eine starke Konzentration des Wirkstoffs LINDAN besteht so zum Beispiel im niedersächsischen Zuckerrübenanbau. Bezogen auf die geschätzte Wirkstoffmenge im Ackerbau (ungefähr 120 t) entfallen rund 42 Prozent allein auf die Zuckerrübenflächen in Niedersachsen, die nur 2 Prozent der gesamten Ackerbaufläche des Bundesgebietes ausmachen. Ein anderer insektizider Wirkstoff, PARATHION, der auch auf Winterweizen- und Zuckerrübenanbauflächen vor allem in Nord- und Westdeutschland ausgebracht wird, findet gezielt im Rapsanbau Verwendung, besonders in Schleswig-Holstein.

Regionale Untersuchungen bestätigen, daß mitunter bis zu 90 Prozent der landwirtschaftlich genutzten Flächen mit Pestiziden behandelt werden, wie etwa im Raum Ingolstadt. Um in Erfahrung zu bringen, wieviel Wirkstoffmengen (Herbizide, Fungizide und Insektizide) in den wichtigsten Ackerbaukulturen in der Bundesrepublik ausgebracht werden, hat die Biologische Bundesanstalt im Jahr 1979 eine Befragung unter Landwirten durchgeführt. Hier das Ergebnis:

Wirkstoffmengen in Tonnen (t)			
Kultur	Herbizide	Fungizide	Insektizide
Winterweizen	4221,9	1387,3	87,7
Sommerweizen	202,9	79,6	5,7
Wintergerste	2913,6	302,6	2,1
Sommergerste	1602,8	78,1	5,7
Roggen	1003,1	103,2	0,7
Hafer	1233,0	35,0	8,4
Körnermais	178,2	1,1	3,9
Silomais	816,7	6,3	15,2
Raps	448,4	1,4	43,2
Kartoffeln	275,2	1073,2	86,6
Zuckerrüben	1560,4	6,5	211,0
Futterrüben	492,5	1,3	31,0
Insgesamt	15038,7 (t)	3075,6 (t)	501,2 (t)

Übersicht über die in den wichtigsten Anbaukulturen ausgebrachten Wirkstoffmengen (Herbizide, Fungizide, Insektizide)

Bei steigenden Umfangszahlen des Pestizideinsatzes in der Landwirtschaft – im Jahr 1960 wurden pro Hektar 0,7 Kilogramm, im Jahr 1986 bereits 2,6 Kilogramm ausgebracht – und steigenden Kosten – pro Hektar gaben die deutschen Bauern im Jahr 1987 65,00 DM für Pestizide aus – werden die Folgeprobleme weiter zunehmen. Nach Angaben von Professor Dierks, dem langjährigen Leiter des Bayerischen Pflanzenschutzdienstes, haben viele Bauern große Probleme beim Umgang mit Pestiziden. In einem Gutachten für den Sachverständigenrat für Umweltfragen hat er hierzu unter anderem ausgeführt:

- 68 Prozent der Bauern in der Bundesrepublik haben Schwierigkeiten bei der Auswahl der Pestizide,
- 61 Prozent haben Probleme mit der Diagnose von Schaderregern,
- 54 Prozent haben Probleme bei der Auswahl und der Entscheidung über den Einsatz von Pestiziden und
- nur 12 Prozent der Landwirte geben ihre Pestizid- und Sprühreste als Sondermüll ab oder schaffen sie wenigstens auf eine Deponie.

Auch „deutsches Bier" und „deutscher Wein" sind lange nicht so rein, wie es dem Konsumenten stets vorgesäuselt wird. Deutsche Bierbrauer heben immer wieder hervor, daß sie nur nach dem seit Jahrhunderten bestehenden „Reinheitsgebot" ihr Bier brauen. Dennoch werden im Hopfenanbau umfangreiche Mengen von Pestiziden eingesetzt. Nach einer Studie von NATUR (10/1987) werden pro Hektar Hopfenanbaugebiete:

- 600 Liter Wirkstofflösung gegen Flughafer, Quecken und andere standorttypische „Ungräser" beziehungsweise „Unkräuter" eingesetzt,
- 16 Liter hochkonzentriertes Kontaktherbizid in 16 Kubikmetern Wasser zum „chemischen Hopfenputzen", dem Entfernen unerwünschter Triebe knapp über dem Boden, eingebracht,
- 4 bis 6 Spritzungen gegen Blattläuse mit zum Teil extrem bienengefährlichen Insektiziden,
- durchschnittlich eine Spritzung gegen die Rote Spinne, eine Milbenart und
- weitere Insektizidspritzungen gegen den Liebstöckelrüßler und den Schattenwickler vorgenommen.

Hinzu kommen noch große Menge von Fungiziden.

Beim Weinanbau sieht es kaum anders aus. Die Spritzhubschrauber, mindestens viermal im Jahr unterwegs, versprühen besonders Fungizide gegen Pilzbefall. Man schätzt, daß in der Bundesrepublik

Deutschland etwa 38000 Hektar Weinbaufläche auf diese oder eine vergleichbare Weise „gepflegt" werden.

Fazit: Nur ganz wenige Brauer und Winzer greifen bei der Produktion von Bier und Wein auf pestizidfreie Rohstoffe zurück.

Forstwirtschaft

Ein Forstexperte bemerkt in einem Aufsatz in der „Allgemeinen Forstzeitschrift" von Juli 1988, daß man in der Vergangenheit schwere Sünden begangen habe und sich der kritischen Auseinandersetzung stellen müsse. Wörtlich schreibt er in seiner spezifischen Fachsprache:

„Ob flächen-, reihen- oder einzelpflanzenweise; vor, während oder nach der Kulturbegründung; gegen Ein- und/oder Zweikeimblättrige Pflanzen; hemmend oder letal (tödlich) wirkend; gespritzt, gesprüht, gestreut, bestäubt: Waldspazierwege wurden dabei kilometerlang begiftet, so daß sich die Vegetation braun verfärbte beziehungsweise im nächsten Jahr massenweise die Wildkräuter Schädigungen zeigten."

Wenn auch in der Forstwirtschaft im Verhältnis zur Landwirtschaft Pestizide nie so massiv eingesetzt wurden und werden, so hat doch die an schnellen Erträgen orientierte Holzwirtschaft Reinbestände in Monokulturen auf riesigen Flächen angebaut. Diese Kulturen – so umschreiben es Forstexperten in dem Buch „Rettet den Wald" – „sind durch Züchtung, Düngung und Pestizide zu einem fast künstlichen System geworden, welches generell ohne Chemie nicht mehr auskommt." Daß der Borkenkäfer beziehungsweise Waldbrände dann ein leichtes Spiel haben, liegt auf der Hand.

Viele durch Pilze und andere Organismen hervorgerufene Schäden in der Holzwirtschaft sind hausgemacht, weil durch den Menschen verursacht. Dies kann am Beispiel der Weymouthskiefer (Strobe, *Pinus strobus*), der wichtigsten Nadelbaumart im Nordosten der USA, gezeigt werden.

Bereits im 18. Jahrhundert hat man diese Baumart, die durch eindrucksvolles Wachstum und durch weiche, lange Nadeln besticht, in Deutschland angebaut. Was man nicht bedacht hatte, entwickelte sich fast zu einer Katastrophe. In unseren Breiten gab und gibt es einen zum damaligen Zeitpunkt kaum bekann-

Oben: Im Hopfenanbau werden Pestizide besonders massiv ausgebracht – deutsches Bier, „reines" Bier

Unten: Spritzhubschrauber im Einsatz

Blasenrost

Links: Durch den Pilz entstehen blasige Auftreibungen in der Rinde der Weymouthskiefer. Rechts: Johannisbeerblatt mit Pilzentwicklung

ten Pilz, den Blasenrost *(Cronartium ribicola)*, der einen recht komplizierten Entwicklungszyklus hat. Einerseits lebt dieser Pilz auf den Blättern von Stachel- und Johannisbeeren, zum anderen auf den Blättern fünfnadeliger Kiefern. Davon gibt es bei uns nur eine Art, die Zirbelkiefer (Zirbe, *Pinus cembra*) in sehr hohen Gebirgslagen. Die Zirbe kann etwa 22 Meter hoch und über 1000 Jahre alt werden und einen Stammumfang von über 2 Metern haben.

Auf dieser Zirbe konnte dieser Pilz sein Dasein fristen. Zirbe und die in der damaligen Zeit vorhandenen Wildformen von Stachel- und Johannisbeeren auf der einen und der Pilz auf der anderen Seite waren in ihrem Vorkommen und ihren Bestandsbedingungen aufeinander eingestellt, größere Probleme traten nicht auf. Das änderte sich aber mit den hierzulande angepflanzten Weymouthskiefern und Stachelbeeren, die mittlerweile in jedem Garten gehalten wurden. Die amerikanische Kiefer, über Jahrtausende nicht vertraut geworden mit dem Blasenrost, konnte dem Pilzbefall keinen Widerstand entgegensetzen. Der Pilz setzte ihr so sehr zu, daß der Anbau in großem Stil eingestellt werden mußte.

Das tragische Ende kommt jedoch noch: Mit dem Pilz befallene Exemplare aus europäischen Baumschulen gelangten eines Tages in die USA. Dort attakkierte der Blasenrost diese Baumart mit der gleichen Unerbitterlichkeit und stellte jahrzehntelang eine tödliche Gefahr für sie dar. Nach massiver Ausrottung, vor allem durch Fungizide, hat man auch das andere Ende der Entwicklungskette dieses Pilzes beseitigt, nämlich die Stachel- und Johannisbeeren.

Das Beispiel zeigt, wie ein Pestizideinsatz durch falsche Maßnahmen, vergleichbar der Praxis in vielen Kleingärten etwa durch die Anpflanzung von ebenfalls standortfremden Exoten, letztendlich erst heraufbeschworen wird.

Gartenbau und Zimmergrün

Obgleich wir wesentlich über den Einsatz von Pestiziden in Klein- und Hobbygärten berichten wollen, kann man nicht außer acht lassen, welch bedeutend große Mengen im gewerblichen Gartenbau eingesetzt werden. Man denke etwa an die auf riesigen Flächen konventionell bewirtschafteten Niederstamm-Apfelanlagen. Eine solche Anlage verlangt folgende „Pflege“:

- 12 bis 16 Spritzungen mit verschiedenen Fungiziden gegen Schorf und Mehltau,
- 4 bis 6 Insektizidspritzungen gegen fressende und saugende Insekten und Spinnentiere,
- 2 Herbizidspritzungen zur Vernichtung der natürlichen Krautschicht unter den Baumreihen.

Die Zahl der Kleingärtner in der Bundesrepublik wird mit einer Million ange-

Links: Typische Niederstamm-Apfelplantage

geben (insbesondere sind dies die „Schrebergärtner"); hinzu kommen ungefähr 12 bis 13 Millionen Hausgartenbesitzer. Die Zahl der Kleingärtner, die ein Interesse an einer Grünparzelle haben, nimmt pro Jahr um 200000 zu. Schätzungsweise 62 Prozent der Bundesbürger haben mit dem Garten zu tun, egal, ob dieser nun eine Funktion als Zier- oder Nutzgarten hat.

In seiner Bedeutung als Wirtschaftsfaktor darf der Klein- und Hobbygartenbereich nicht unterschätzt werden. Ein Marktführer gibt an, daß für Garten- und Zimmerpflanzen im Jahr 1987 552 Millionen DM ausgegeben worden sind, davon 342 Millionen DM für den Gartenbereich und 210 Millionen DM für Zimmerpflanzen. Ein großes Wachstumspotential sehen die Hersteller bei den Produkten für Balkon- und Zimmerpflanzen. 20 Millionen Haushalte in der Bundesrepublik haben durchschnittlich je 23 Zimmerpflanzen. Für Pflanzenschutzprodukte in Kleinpackungen geben die Deutschen im Jahr durchschnittlich 155 Millionen DM, für Düngemittel 313 Millionen DM aus. Seit 1982 ist der Markt für Pflanzenschutzmittel insgesamt rückläufig. Er ging von 41 Millionen um 10 Prozent auf 37 Millionen DM zurück.

Schätzungen gehen von 2000 Tonnen Pestiziden (Wirkstoffe) aus, die pro Jahr an Klein- und Hobbygärtner verkauft werden. Pro Hektar und pro Jahr werden zwischen 2,6 und 3 Kilogramm eingesetzt. Der im Jahr 1987 erzielte Umsatz des Einzelhandels (inklusive Balkon- und Zimmerpflanzen) beim Verkauf von Pestiziden betrug 155 Millionen DM. Durchschnittlich gibt jeder bundesdeutsche Gärtner etwa 20,00 DM für Pestizide aus.

In welchem Umfang und für welche Zwecke die Pestizide eingesetzt werden, darüber existieren keine Gesamtanalysen. Immerhin gibt eine vom Umweltbundesamt in Berlin herausgegebene Untersuchung (Autorin: Marina Neitzel – siehe Literaturverzeichnis Seite 172) aus dem Jahr 1987 Einblick in diesen Sachverhalt am Beispiel von Westberliner Kleingärten.

Im Durchschnitt entfallen etwa 39 Prozent der Kleingarten-Nutzfläche auf Rasen. Es folgen Zierpflanzen- und Ziergehölzflächen mit ungefähr 30 Prozent. Der Anteil der versiegelten Fläche, bestehend aus Laube, Terrasse, Geräteschuppen und anderen Baulichkeiten, beträgt knapp 19 Prozent. Die restlichen 12 Prozent entfallen schließlich auf Gemüse (7 Prozent)

Oben: Typischer deutscher Garten

Unten: Pflanzenschutzpräparate

Rechts: Verkaufte Insekten-Spraydosen in den USA von 1976 bis 1985 (Stückzahl in Millionen)

und Beerenobst (5 Prozent). Damit dient der Kleingarten primär der Erholung und weniger der Gewinnung von Gartenbauerzeugnissen für den Eigenbedarf. Dies zeigt sich auch an der Art und dem Umfang der Ziergehölzflächen. 21 Prozent der Fläche wird für Sommerblumen, 41 Prozent für Stauden, 9 Prozent für Rosen und 11 Prozent für Nadelgehölze genutzt. Ein kleiner Rest entfällt auf Hecken und Laubgehölze.

Die meisten Kleingärtner können Pflanzenschädigungen selbst diagnostizieren und handeln „aus Erfahrung", während nur 11 Prozent den Gartenfachberater und nur 7 Prozent das staatliche Pflanzenschutzamt aufsuchen. Mechanische Maßnahmen bei der Schadensbeseitigung überwiegen; dabei werden auch beliebte Hausmittel (Bierfallen gegen Schnecken oder kochendes Wasser gegen Ameisen) eingesetzt.

Rund 85 Prozent der Kleingärtner beziehen ihre Pestizide vom Gartenfachhandel, wobei heute die Großmärkte überwiegen. 80 Prozent bewahren ihre Pestizide im Geräteschuppen auf, 13 Prozent der Befragten im Keller. Offen bleibt, wie zugänglich diese Räume sind, und ob Klimaeinflüsse auf die Präparate beachtet werden; letzteres ist eher zu verneinen.

Mindestens 33 Prozent sind nicht in der Lage, ihre Alt- beziehungsweise Restbestände sachgemäß zu beseitigen, nur 43 Prozent bringen ihre Reste zur Sondermülldeponie. Darüber hinaus sind mehr als 30 Prozent der Befragten nicht in der Lage, die für Spritzungen erforderlichen Mengen herzustellen.

In den Westberliner Kleingärten werden 137 Pestizidpräparate mit 75 verschiedenen Wirkstoffen eingesetzt. Von den benutzten Pestiziden waren 18 Präparate amtlich nicht mehr zugelassen.

Angesichts der statistisch am höchsten eingestuften Nutzfläche Rasen überrascht es nicht, daß die größten Pestizidmengen für die Pflege des Rasens anfallen. Etwa 67 Prozent entfallen auf Mischkombinationen, die Rasendünger und Herbizide enthalten. Da in der Regel der englische Rasen das gärtnerische Vorbild schlechthin ist, bedeutet dies unter anderem, daß

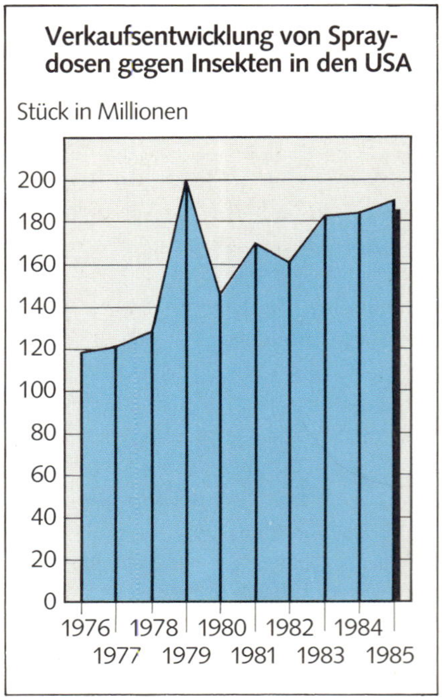

der Kampf dabei besonders dem Moos gilt. Der Rest der Mengen entfällt auf Insektizide (besonders bei Rosen und anderen Zierpflanzen) und Fungizide. Spray-Formen, so ein führender Hersteller, werden immer mehr bevorzugt. Etwa 47 Prozent der verkauften Spraydosen werden im Außenbereich angewendet, wozu sicher auch die Pflege von Balkonpflanzen zählt.

Obgleich die Handelspräparate Umgangs- und Sicherheitsvorschriften enthalten, werden diese kaum gelesen, geschweige denn beachtet (Windrichtung, Bienenflug und so weiter). Auch Vorschriften zum eigenen Schutz werden häufig ignoriert:

- 48 Prozent der Anwender tragen keine Handschuhe,
- 50 Prozent tragen keine spezielle Gartenkleidung,
- 82 Prozent beachten die Wartezeit nicht,
- 93 Prozent tragen keine Gummistiefel und
- 96 Prozent tragen keinen Mundschutz.

Abgesehen von den hierbei auftretenden gesundheitlichen Schäden ist diese Situationsbeschreibung aus der Sicht des Naturschutzes deshalb so bedrückend, weil Kleingärten dann, wenn sie einer naturnahen Pflege zugeführt werden würden, ein aktiver Beitrag zum Arten- und Biotopschutz sein könnten: Spontane, ursprüngliche Vegetation könnte sich ausbreiten und der Pestizideinsatz unterlassen bleiben. Nur neun Prozent aller befragten Kleingärtner, manche gehen noch von geringeren Zahlen aus, verzichten völlig auf Pestizide.

Was für die Schrebergärtner gilt, trifft mit Sicherheit auch auf die Hausgärtner zu, wenn man von den 13 Millionen Hausgärten ausgeht, die es in der Bundesrepublik gibt. Sie gelten noch mehr der Zierde, haben noch mehr reine Erholungsfunktion und sind die reinsten Kampfstätten gegen Wildkräuter und Ungeziefer geworden. Es ist immer das gleiche Bild, von Flensburg bis Passau: Der englische Rasen ist das Zentrum des Gartens, umsäumt von standortfremden Pflanzen und versiegelten Wegen. Das Ganze wird übers Jahr mit Pestiziden „sauber" und „ordentlich" gehalten. Überdies werden nebenbei zur Erhaltung der „Zierde" Torf und Trinkwasser unsinnig verschwendet.

Oben: Klassische Grünanlage

Unten: Eine Spraydose im Einsatz an einer Topfpflanze

Öffentliche Grünanlagen

Im Rahmen einer im Jahre 1986 veröffentlichten Studie zur Anwendung von Pflanzenschutzmitteln im öffentlichen Grün wurden 96 Städte der Bundesrepublik über Art und Umfang der eingesetzten Pestizide befragt. Im Durchschnitt wendet jede Kommune ungefähr 5500 DM pro Haushaltsjahr in erster Linie für Herbizide auf, die auf Sportplätzen, Wegen und Straßen, in Parkanlagen und auf Friedhöfen angewendet werden.

Auch hier gilt der Kampf dem „wilden" Grün, dem „Unkraut", wo immer es erscheint: am Weges- und Straßenrand, um Bäume herum und so weiter. Immerhin wenden ein Drittel der befragten Kommunen keine Pestizide an, sondern behelfen sich weitgehend mit mechanischen Maßnahmen.

Erfreulich ist sicher die Tatsache, daß die Zahl derjenigen Kommunen, die auf den Einsatz von Pestiziden verzichten, immer größer wird. Anteil an dieser Entwicklung hat sicher auch die „Ständige Konferenz der Gartenbauamtsleiter beim Deutschen Städtetag", die auf ihrer Sitzung im Jahre 1982 in Erlangen den Kommunen per Beschluß nahegelegt hat, auf den Einsatz von Pestiziden zu verzichten. Um wenigstens stichprobenartig zu überprüfen, wie heute (Herbst 1988) die Resonanz seitens einiger ausgewählter Kommunen auf diese Empfehlung aussieht, hat der BUND-Arbeitskreis „Finanzpolitik und öffentliche Haushalte" 17 Kommunen angeschrieben und sie nach Art und Umfang der von ihnen eingesetzten Pestizide befragt.

Von diesen 17 haben 9 Kommunen geantwortet, vier davon konnten oder wollten keine Auskunft geben. Von den fünf übrigen gaben immerhin zwei an (Bad Homburg und Hofgeismar), daß sie seit Jahren auf einen Einsatz verzichten; die Kommunen Regensburg, Bammental, Oldenburg bereiten diesen Verzicht vor oder ziehen einen solchen in Erwägung. Die BUND-Kreisgruppe Mettmann, die bei der Stadtverwaltung von Hilden angefragt hatte, bekam bereitwillig folgende Auskunft: Auf gemeindeeigenen Flächen werden 145 Kilogramm Herbizide ausgebracht, davon ein Drittel „Total"-Herbizide auf Wegen und Plätzen. Von den restlichen 90 Kilogramm – immer pro Jahr – werden etwa 20 Kilogramm für „gezielte" Einsätze während der Vegetationsperiode zurückgehalten, so daß insgesamt 70 Kilogramm verschiedener Wirkstoffe im Frühjahr ausgebracht werden.

Bei 7 Kilogramm pro Hektar Aufwandmenge können mit 70 Kilogramm 10 Hektar Bodendecker- und Kleinholzflächen gespritzt werden. Die Kosten für diese Maßnahmen belaufen sich auf 12000 DM. Würden diese Bodendecker- und Kleingehölzflächen manuell gepflegt werden (zweimal im Jahr), müßten im Jahr 120000 DM aufgewendet werden. Zieht man die durch den Einsatz von Pestiziden anfallenden 12000 DM davon ab, dann wären von der Stadt pro Jahr 108000 DM aufzubringen. Hierzu muß gesagt werden, daß andere als manuell-mechanische Beseitungsmaßnahmen oder deren Kosten offensichtlich nicht kalkuliert worden sind. Immerhin hat die Stadt die eingebrachte Pestizidmenge seit 1982 fortlaufend gesenkt, nämlich von 250 Kilogramm (1982) auf nunmehr 145 Kilogramm im Jahr 1987. Insektizide, so betont die Stadt, würden seit Jahren nicht mehr eingesetzt.

Erfreulicherweise sind da mittlerweile zunehmend mehr Kommunen mutiger als die Stadt Hilden. So beabsichtigt etwa

Innerstädtische Blumenwiese

die Stadt Freiburg, ein generelles Pestizid-Verbot auf allen gemeindeeigenen Flächen zu erlassen – ein Verbot, das in einigen Kommunen schon längst verbindlich ist. Dies hätte dann auch für die von der Stadt an Kleingärtner verpachteten Parzellen Gültigkeit. Andere Städte, die zwischenzeitlich zu naturnahen Pflegemethoden des öffentlichen Grüns übergegangen waren (ohne Pestizide), sind angesichts leerer Kassen zu Pestiziden zurückgekehrt, was überraschen muß, da fast jedes Stadtoberhaupt, ja ganze Gemeinderäte, sich gerne ein „grünes" Image geben.

Daß man einen grundsätzlich anderen Weg bei der Planung und Pflege öffentlicher Grünflächen gehen kann, bei dem der Pestizideinsatz erst gar nicht zum Problem wird, zeigen eine ganze Reihe von Gartenbauämtern. Ziel dabei ist, mehr Naturnähe zu realisieren, nachdem man festgestellt hatte, daß sich die Bürger über die wogende Vielfalt der blühenden Wiesenblumen, das Gezwitscher vieler Vögel und das Gegaukel zahlreicher Schmetterlingsarten freuen. Die Stadt Karlsruhe hat so eine völlig neue Pflegekonzeption des innerstädtischen Grüns in Angriff genommen. Diese nimmt eine unterschiedliche Gewichtung der städtischen Pflege vor: Stark genutzte Grünflächen werden weiterhin intensiv gepflegt, während andere Bereiche extensiv, das heißt „eher nachlässig", behandelt werden. In diesen Bereichen ist beispielsweise die Laubaufnahme stark reduziert und das Umgraben der Gehölzflächen völlig gestrichen. Es werden darüber hinaus primär heimische Gehölze angepflanzt und die Rasenflächen nach einem abgestuften System gepflegt, an dem sich dann die Mähzeitpunkte und das Ausmaß des Düngens und Wässerns orientieren. Im Rahmen dieser naturnahen Pflege wurde auf Sommerblumen- und Rosenbeete verzichtet; Blumenkübel hat man, wie es heißt, „eingezogen". Auch in Augsburg hat man bereits 1977 mit einer naturnahen Grünpflege begonnen. Aus bisher „besenreinen", kahlen Flächen entwickelten sich üppige und artenreiche Wildkrautwiesen, in denen jeglicher Pestizideinsatz strikt unterbleibt.

Oben: Durch die Baumscheibenbepflanzung schützen sich Pflanzen gegenseitig

Unten: Viele Kommunen gehen zu naturnahen Pflegemethoden des öffentlichen Grüns über

Private und gewerbliche Schädlingsbekämpfung

In jedem zweiten Haushalt in der Bundesrepublik, so hat eine Umfrage ergeben, werden regelmäßig Insektenvernichtungsmittel eingesetzt. Am liebsten greifen die Bundesbürger dabei zur Spraydose, die oftmals noch mit FCKW-(Fluor-Chlor-Kohlenwasserstoff-)Treibgasen versehen sind, deren Beitrag zur Zerstörung der Ozonschicht nicht mehr bestritten wird. Der Gesamtverbrauch in den privaten Haushalten, so der Sachverständigenrat für Umweltfragen in seinem Sondergutachten 1987, sei unbekannt. Momentan sind zur Bekämpfung von Insekten 60 Pestizidpräparate mit 19 Wirkstoffen zugelassen. Geht man vom oben genannten Gesamtverbrauch von etwa 30000 Tonnen pro Jahr aus, so kommen, wie eine Stichprobe ergeben hat, in den Haushalten etwa 18 bis 19 Tonnen an insektiziden Pestiziden pro Jahr zum Einsatz.

Sauberes Heim – belastete Umwelt: fahrlässige Aufbewahrung von umweltbelastenden Haushaltschemikalien

Die gleiche Umfrage hat ergeben, daß 77 Prozent der Haushalte Insektensprays, 17 Prozent Insektenstrips und 14 Prozent Stäubemittel bevorzugen.

Immerhin 7 Prozent der Befragten gaben an, daß sie kurz nach den Pestizideinsätzen gesundheitsbeeinträchtigende Symptome wie Kopfschmerz, Schwindelgefühle oder Brechreiz bei sich festgestellt hätten. Rechnet man diese 7 Prozent auf die Gesamtbevölkerung hoch, so müßten solche Symptome bei etwa 2 Millionen Menschen auftreten.

Auch beim „Mottenschutz", der sich Jahr für Jahr in den Haushalten wiederholt, wissen viele nicht, was sie tun. Kaum einer ist sich im klaren darüber, was er sich da ganz nach der Tradition der Eltern zwischen die Wäsche legt; abgesehen davon, daß solchermaßen gepflegte Kleider lange unangenehm riechen und sich die Motten an das zumeist in den Kugeln enthaltene PARADICHLORBENZOL gewöhnen – die gleiche Substanz ist übrigens in den handelsüblichen WC-Kugeln enthalten! Die dabei auftretenden Dämpfe führen zu Haut- und Schleimhautreizungen, Kopfschmerzen und anderen körperlichen Reaktionen; werden solche Kugeln irrtümlich verschluckt, sind Erbrechen und Durchfall, in schweren Fällen jedoch auch Bewußtlosigkeit die Folgen.

Solche Mottenkugeln scheinen sich zusehends zu einem Universalmittel zu entwickeln. Anläßlich einer sehr fragwürdigen Aktion des Hamburger Abendblatts vom August 1988: „Wie wird man den Marder loß?", schrieb eine Leserin unter anderem:

„Ich habe Mottenkugeln ausgelegt. Schon kurze Zeit später ließ sich kein Marder mehr blicken. Er mied das Haus, nistete sich nach einiger Zeit noch einmal unter einem Holzstapel ein. Aber auch von dort konnten wir ihn mit Mottenkugeln vertreiben."

An diesem Beispiel offenbart sich die menschliche Unvernunft: Während das Gift den Marder in die Flucht treibt, legt der Verbraucher es völlig bedenkenlos zwischen seine Wäschestücke. Noch unvernünftiger handelte ein anderer Leser, der, wie er zu berichten weiß, die Marder mit dem hochgiftigen CARBOLINEUM erfolgreich bekämpfen konnte.

Warum wird hier ständig mit Kanonen auf Spatzen geschossen? Warum der Kampf gegen die harmlosen Silberfischchen, die, als Kulturfolger, sich in nahezu allen menschlichen Behausungen finden? Warum der Verzicht auf das Anbringen von Gaze-Fenstern? Warum der Verzicht auf ungiftige und wirksame Mittel (siehe hierzu Seite 78ff.)?

Auch die bestellten Kammerjäger folgen oft dem Prinzip „viel hilft auch viel". Es muß überraschen, wenn man liest, daß es erst seit kurzer Zeit ein anerkanntes Berufsbild der neuerdings als „Schädlingsbekämpfungstechniker" bezeichneten Kammerjäger gibt, und, wie etwa die Industrie- und Handelskammer Hildesheim bekanntgegeben hat, sogar ein dreijähriger Kurs mit abschließender „Giftprüfung" absolviert werden kann.

Da ist es höchste Zeit, wenn man sich die Klagen von Betroffenen anhört, die – in völliger Naivität – auf eine sachgerechte Problemlösung durch gewerbliche Schädlingsbekämpfer hoffen. Man merke sich: Jeder, der sich zum Kammerjäger berufen fühlt, erhält hierfür einen Gewerbeschein; Rechtsrahmen für die Berufspraxis ist die „Gebäudereinigerverordnung". Diese Qualifikation kann nach anderthalbstündigem Unterricht erworben werden.

Kammerjäger – Sicherheitsvorkehrungen werden routinemäßig vernachlässigt

Bundeswehr und Bundesbahn

Von den vom BUND angeschriebenen staatlichen Stellen, die aufgrund umfangreicher Liegenschaften für einen Pestizideinsatz in Frage kommen, haben die Bundesministerien für Verteidigung und für Verkehr geantwortet. Den Verlautbarungen zufolge werden bei der Bundeswehr ausschließlich nur dort Pestizide eingesetzt, wo diese aus Sicherheitsgründen erforderlich sind. Insgesamt würden durch die „Geländebetreuungsgruppen der Standortverwaltungen" eine Gesamtfläche von 120000 Hektar unbebauter Freiflächen betreut. Primär kämen nur die von der Biologischen Bundesanstalt zugelassenen Präparate, vorwiegend Herbizide, zum Einsatz. Dabei entfiele der Hauptteil auf 12000 Hektar gärtnerischer Anlagen einschließlich Sportplätze der

Unterkunftsbereiche, Hochschulen, Krankenhäuser und sonstige Dienstgebäude. Die Aufwandmenge, so das Ministerium, betrüge weniger als 6,00 DM pro Hektar pro Jahr.

Weiter heißt es in der Stellungnahme, daß seit den 70er Jahren die Aufwandmengen – die jedoch nicht genannt werden – drastisch reduziert worden seien. Im übrigen kämen die Grundsätze des „integrierten Pflanzenschutzes" (eine Methode der Schädlingsbekämpfung, die physikalische, biologische und chemische Maßnahmen einschließt, wobei der Einsatz synthetischer Pestizide nur im Notfall oder nach Erreichen einer wirtschaftlichen Schadschwelle durchgeführt wird) zur Anwendung; zur Beseitigung „unerwünschten Aufwuchses (z. B. an Zäunen)" würden „motor-manuelle" Verfahren bevorzugt.

Für den Bereich der Wasser- und Schifffahrtsverwaltung, die für den Bau und die Unterhaltung der Bundeswasserstraßen zuständig ist, so teilt das Bundesministerium für Verkehr mit, bestünde bereits seit 1981 ein Verbot, chemische Pflanzenbehandlungsmittel einzusetzen. Ein Verbot, Herbizide einzusetzen, sei auch in den Vorschriften enthalten, die den Geltungsbereich an Gewässern, Deichen und Küstendünen umfassen.

Gleisanlagen der Bundesbahn – bevorzugter Bereich der Pestizidausbringung

Von den rund 102000 Hektar Grundeigentum der Deutschen Bundesbahn entfielen, so das Ministerium, rund 30 Prozent auf Gleisanlagen, rund 35 Prozent auf Bahnböschungen und rund 5 Prozent auf Wege. Der Rest seien überbaute und andere Flächen. Pestizide würden in besonderen Spritzfahrzeugen nur auf dem eigentlichen Gleisbereich ausgebracht. Verwendet würden ausschließlich nur geprüfte und amtlich zugelassene Herbizide, über deren Wirkstoffe aber nichts ausgesagt wird. Weiter wird mitgeteilt, daß der Pestizideintrag im Gleisbereich „erheblich" vermindert worden sei. Aus Gründen der Betriebssicherheit könne auf einen begrenzten Einsatz von Herbiziden im Gleisbereich jedoch nicht verzichtet werden. Im Wegebereich, so heißt es, seien die Herbizide ebenfalls erheblich reduziert worden. Man sei besonders hier bestrebt, auf den Einsatz völlig zu verzichten. An Böschungen der Deutschen Bundesbahn würden lediglich mechanische Maßnahmen, wie zum Beispiel „Freischneiden von Sichtflächen" durchgeführt. Obgleich keine Mengenangaben gemacht werden, sprechen Experten von etwa 180 Tonnen Pestizidwirkstoffen, die durch die Bundesbahn jährlich ausgebracht werden. Der Einsatz von Pestiziden im Bereich der Bundesfernstraßen, so wird mitgeteilt, sei ebenfalls sehr stark zurückgegangen. Überwiegend würde auf Herbizide ganz verzichtet.

Kircheneigene Flächen

Die vom BUND angeschriebenen Religionsgemeinschaften sahen sich außerstande, exakte Angaben über Art und Umfang des Einsatzes von Pestiziden zu machen. Von besonderem Interesse wäre dies aber besonders deshalb, weil die Religionsgemeinschaften ja über beträchtliche Liegenschaften verfügen, die gärtnerisch gepflegt werden, und sie sich zudem, in Übereinstimmung mit ihrem Sendungsbewußtsein und Wertekatalog, dem Erhalt der Schöpfung verschrieben haben. Immerhin verfügt eine Reihe von Landeskirchen über spezielle Umweltbeauftragte, die in ihren Antwortschreiben fast durchweg unser Anliegen teilten, und auf entsprechende Vorschriften die den Pestizideinsatz unterlassen sollen, verweisen.

Einige Landeskirchen, etwa die Evangelisch-lutherische Kirche in Bayern, haben in ihren Landespachtverträgen ihren Pächtern dem Umweltschutz verpflichtete Grundsätze abverlangt. Dazu zählen auch „nur der umweltverträgliche" Einsatz von „Pflanzen-Behandlungsmitteln". Für Pfarrhausgärten und Friedhöfe existieren Empfehlungen, den Pestizideinsatz zu unterlassen, manche, so wurde uns mitgeteilt, würden ausschließlich nach biologischen Grundsätzen gepflegt werden.

Über den Einsatz von Pestiziden auf kircheneigenen Flächen existieren keine genauen Zahlen

Wachstumsbranche Golfplatz

Mehr Pestizide als in der Landwirtschaft (2,6 Kilogramm Pestizidwirkstoffe pro Hektar und pro Jahr), und noch mehr als in den Kleingärten (maximal bis zu 3 Kilogramm), werden für die Pflege von Golfplätzen aufgewendet, nämlich 3,5 Kilogramm Pestizidwirkstoffe pro Hektar und pro Jahr. Klar, daß da kein Hindernis (Unkraut) den Weg des Golfballs aufhalten darf. Das extrem kurz geschnittene Grün bedarf intensivster Pflege.

Wenn man weiß, daß sich die Zahl der Golfspieler seit 20 Jahren verfünffacht hat, kann man vielleicht erahnen, wie groß die Nachfrage nach Golfplätzen hierzulande ist. Da Golfspieler ruhige, naturnahe Gegenden bevorzugen, werden von den Golfvereinen sehr oft noch intakte Landschaftsräume für ihren Sport gefordert. Nun wenden sich die Naturschützer sicher nicht pauschal gegen den Golfsport, nur: Angesichts der hier zur Debatte stehenden Pestizidmengen werden sich die Anhänger des Golfsports den Forderungen des Naturschutzes auf die Dauer nicht verschließen können.

Derzeit gibt es in der Bundesrepublik etwa 200 Golfplätze, 50 neue Anlagen sind im Bau. Langfristig wird mit einem Zuwachs von 300 Golfplätzen gerechnet, die einen Flächenbedarf von insgesamt 21000 Hektar beanspruchen.

Kein Hindernis darf den Weg des Golfballs aufhalten

PESTIZIDE UND DIE FOLGEN

FOLGEN FÜR DEN NATURHAUSHALT

Eine kapitelweise Trennung zwischen „Natur" und „menschlicher Gesundheit", wie wir sie der Übersichtlichkeit halber gezogen haben, ist künstlich. Vergiftete Böden oder belastetes Wasser wirken immer auf den Menschen zurück: indirekt über gestörte Ökosysteme, direkt als krankmachende Rückstände in unseren Lebensmitteln. Ausgerottete Pflanzenarten kann der Mensch verständlicherweise nicht mehr nutzen. Da heute von etwa 30 Prozent der heimischen Arten eine potentielle „Nützlichkeit" für den Menschen bekannt ist (ganz zu schweigen davon, daß die Natur ganz andere Nützlichkeitskriterien hat), ist das Verschwinden von Tier- und Pflanzenarten ein irreversibler, das heißt nicht rückgängig zu machender Verlust. Dennoch haben wir diese Unterteilung gewählt, um zu zeigen, daß der Mensch allein nicht das Maß der Dinge schlechthin sein kann.

Der schlichte Ausdruck Naturhaushalt vermittelt kaum eine Vorstellung von den

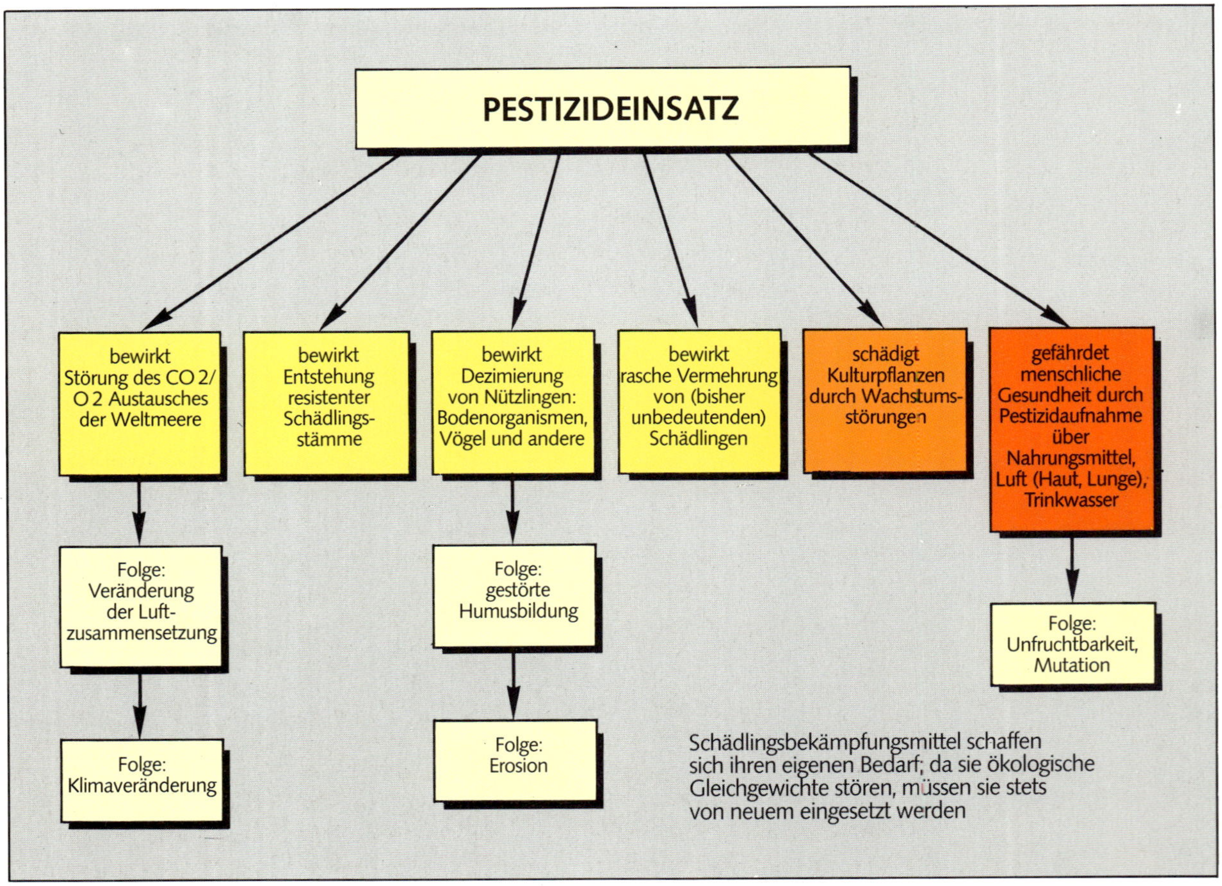

Wirkungsspektrum des Pestizideinsatzes

ungezählten Wechselbeziehungen zwischen belebten und unbelebten Systemen. Allein die Tatsache, daß heute noch täglich neue Tier- und Pflanzenarten entdeckt werden, sollte uns aufrütteln. Doch in vielen Fällen hat die Wissenschaft einfach keine Zeit, diese Arten zu erforschen, weil sie in kürzester Zeit ausgerottet sein werden und der zerstörerische Eingriff des Menschen in zum Teil sehr empfindliche Lebensgemeinschaften (Beispiel: die tropischen Regenwälder) nicht unterbunden wird.

Neben vielen anderen negativen Einflüssen wirken sich auch Pestizide auf Ökosysteme verheerend oder, wie es in einer wissenschaftlichen Stellungnahme zur Anwendung von Herbiziden heißt, „desintegrierend" aus. So ist im Umweltgutachten 1987 zu lesen: „Zahlreiche dieser Stoffe (gemeint sind Pestizide; der Verfasser) sind humantoxikologisch bedenklich. Darüber hinaus kommt es zu Schädigungen von Fauna und Flora sowie zu Beeinträchtigungen der aquatischen Biozönose durch Akkumulationen in Pflanzen und Tieren. Der Rat hat diesen Problemkreis in seinem Landwirtschaftsgutachten (SRU, 1985, Abschn. 4.3.2.4.) zwar ausführlich behandelt, die davon ausgehende Bedrohung aber noch unterschätzt." Auf deutsch: Pestizide bedrohen sowohl die menschliche Gesundheit als auch Tiere und Pflanzen der natürlichen Lebensgemeinschaften.

Böden

Böden sind weit mehr als Schmutz, den wir mit unseren Schuhen auf den teuren Teppich tragen. Der oftmals nur wenige Zentimeter dicke Mutterboden, dem wir unsere Existenz verdanken (daher die Bezeichnung), ist eine je nach Klimaverhältnissen mehr oder weniger stark ausgeprägte Bodenschicht, die sich wie folgt zusammensetzt: mineralische Bestandteile aus der Verwitterung von Gesteinen, organische Substanzen aus verrotteten Pflanzenteilen und Tierleichen, Wasser, Gase und nicht zuletzt Bodenlebewesen von Bakterien über Regenwürmer bis hin zum Maulwurf.

Viele Pestizide können diese lebendigen Teile des Systems Boden schädigen.

Bodenerosion durch Herbizidgebrauch ist bei intensivster Bodennutzung ein ebenso schwerwiegender wie unter den herrschenden Bewirtschaftungsverhältnissen alltäglicher Faktor. Nach Berechnungen des Bayerischen Geologischen Landesamtes gehen auf süddeutschen Äckern im Durchschnitt jährlich 8 Tonnen des fruchtbaren Oberbodens (Gesamtmenge bei 30 Zentimeter Mächtigkeit etwa 4500 Tonnen) pro Hektar verloren – das ist mehr, als durch die natürliche Bodenneubildung ersetzt werden kann. Durch Abschwemmung der feinen, ungeschützten Bodenteilchen mit dem Regen entstehen dort Verschlämmungen, wo

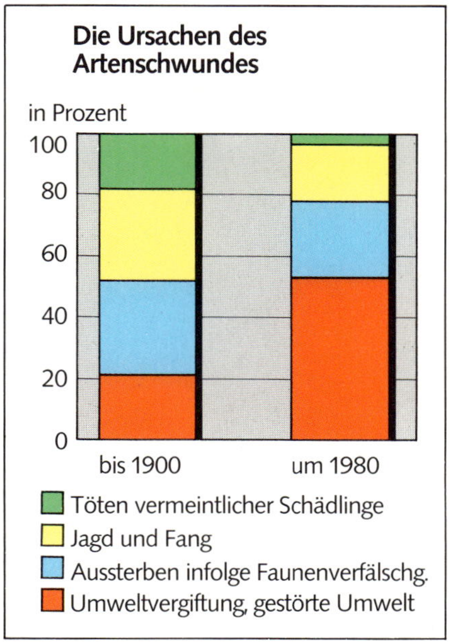

Die Vergiftung unserer Umwelt ist heute für den Artenschwund hauptverantwortlich

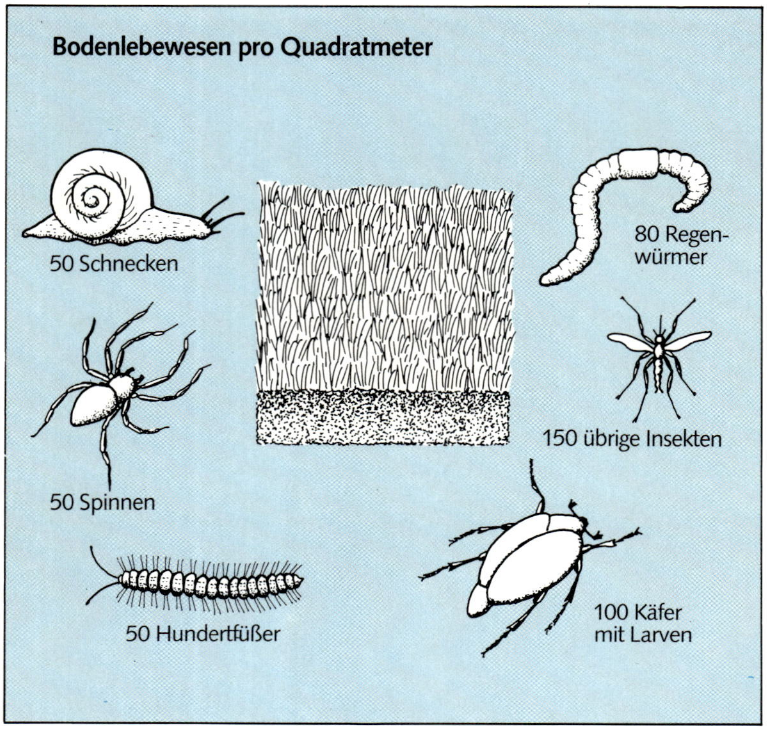

Bodenlebewesen spielen eine wichtige Rolle für den Naturhaushalt

sich das Bodenmaterial wieder absetzt. In vielen Fällen gelangen diese Bodenteilchen aber auch, und mit ihnen Pestizide und Nährstoffe, in Gewässer am Rande der Äcker. So ist zu erklären, daß auch Oberflächengewässer Agrargifte enthalten, während die Äcker ihrerseits immer unfruchtbarer werden. Abhilfe müssen immer höhere Mineraldüngergaben schaffen, die wiederum selbst negativ auf die Umwelt wirken.

Ein drastisches Beispiel dafür gibt Eichler in seinem Buch „Gift in der Nahrung". Ein Obstbauer hatte Totalherbizide angewandt, um den Boden unter den Apfelbäumen „sauber" zu halten. Bereits nach zwei Jahren waren durch erodierende Niederschlagswirkungen 80 Zentimeter tiefe Rillen im Boden zu erkennen, Zäune wurden unterspült, an einer Stelle bildete sich ein 3,4 Meter tiefes Kolk (ein ausgespülter Hohlraum).

Der Boden dient aufgrund seiner teilweisen Durchlässigkeit als überdimensionales Filter für Umweltchemikalien oder Stäube; seine Lebewesen können viele schädliche Stoffe abbauen, und Tonminerale und Humussubstanzen entfernen Schadstoffe durch Bindung (Sorption) aus dem Kreislauf. Dies kann jedoch nur geschehen, wenn das System Boden als ganzes gesund bleibt.

Der Abbau beziehungsweise der Nicht-Abbau von Pestiziden im Boden ist verhältnismäßig gut untersucht. Mittlerweile kennt man viele abbaurelevante Faktoren wie Bodenfeuchtigkeit, pH-Wert (Säuregrad), Temperatur, Humusanteil und so weiter. Dabei hat jedes Pestizid seine spezifischen Abbaueigenschaften. Im Gegensatz zum reinen chemischen Abbau oder Zerfall (unter den Bedingungen im Boden auch „cometaboler Abbau" genannt), der strengen mathematischen Regeln gehorcht, werden einige Pestizide im Boden entweder verzögert abgebaut, oder es bleiben mehr oder weniger große Mengen unberührt zurück. Bei starker Sorption an Bodenteilchen sind die Substanzen dem Abbau ganz entzogen, sie „schlafen" gewissermaßen für unbestimmte Zeit (Fachbegriff: „bound residues"), um bei Änderungen im Bodenchemismus wieder freigesetzt zu werden. Dies kann zum Beispiel durch eine Düngung geschehen, die den Bodensäuregrad verändert, oder durch sauren Regen. Aus den Tropen sind verschiedene Fälle bekannt, in denen Herbizide gezielt zur Entbuschung angewendet wurden. Nach der vorgeschriebenen Wartezeit kultivierte man dann Nutzpflanzen. Als diese gedüngt wurden, lagen die Pflanzen nach kurzer Zeit „flach" auf dem Feld. Die längst vergessenen Herbizide waren durch die Verschiebung des pH-Wertes vom Sorbenten, zum Beispiel Humusbestandteilen, freigesetzt worden und töteten nun die Kulturpflanzenbestände ab.

Bodenlebewesen reagieren zum Teil sehr empfindlich auf Insektizide und Nematizide; den bislang vorliegenden Untersuchungen zufolge bestehen zum Teil drastische Beeinträchtigungen der Bodenfauna. Auch hier ein Zitat aus dem Umweltgutachten 1987:

„Die Pestizidwirkungen auf Protozoen (Einzeller) sind bislang unterschätzt worden; alle getesteten Insektizide erbrachten persistente Wirkungen. Der Einfluß von Pflanzenschutzmitteln auf die nützlichen Gegenspieler von Schädlingen (z. B. Nematoden) ist weitgehend unbekannt." Und weiter: „Die üblichen Testverfahren im Rahmen der Zulassung von Pflanzenschutzmitteln bieten für die Bodenfauna keine ausreichende Sicherheit. Der übliche Regenwurmtest ... ist auch für die zahlreichen anderen Bodentiergruppen kaum aussagekräftig".

Von den vielen schon bekannten „Nebenwirkungen" auf die Bodenfauna wollen wir aus Platzgründen nur einige erwähnen, geordnet nach Mittelgruppen.

Herbizide

Herbizide wirken vor allem indirekt, zum Beispiel durch Zerstörung der pflanzlichen Futterbasis vieler Gliederfüßer (Insekten, Milben, Asseln, Hundertfüßer und Verwandte), Fadenwürmer (Nematoden) oder Schnecken. Einerseits werden dadurch die Schädlinge auf die Kulturpflanze, die als Nahrungsquelle nunmehr allein auf dem Feld steht, immer stärker fixiert, andererseits verringern sich die Nützlingspopulationen, weil ihre pflanzenfressende Beute abnimmt.

Direkte Schädigungen sind seltener. Ein Beispiel kennt man für den Wirkstoff ATRAZIN. Er beeinträchtigt bodenlebende Milben. Bei praxisüblicher Dosierung wurde in einem Versuch ein 78prozentiger Bestandsrückgang (Reduktion) der Tiergruppe noch nach vier Monaten gefunden. Ebenfalls deutliche Reduktionen fanden bei den *Enchytraeiden* (kleinen Ringelwürmern) statt. Milben und *Enchytraeiden* sind wichtige Bodentiere: Bei ersteren haben besonders die sogenannten Raubmilben als Nützlinge eine große Bedeutung, *Enchytraeiden* besitzen als Zersetzer und Humusbildner eine für die Gesunderhaltung des Bodens wichtige Funktion.

Großflächige Bodenerosion als Folge des Herbizidgebrauchs

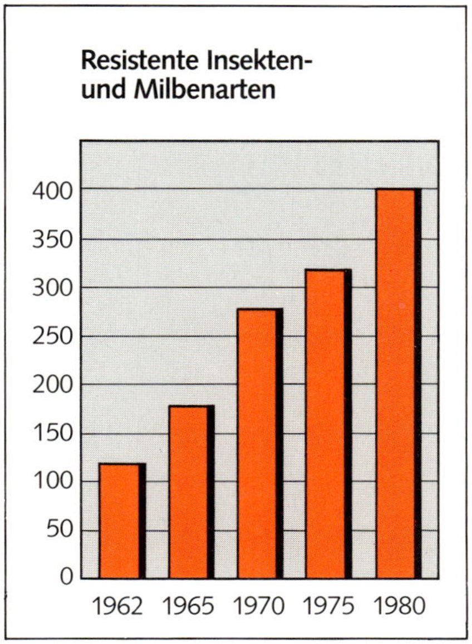

Anzahl der Insekten- und Milbenarten, die gegen Pestizide resistent sind (absolute Zahlen)

PARAQUAT und AMITROL senken die Grableistung von Regenwürmern erheblich, oberflächlich lebende Arten wurden sogar getötet. BROMAZIL, CHLORPROPHAM, DIPHENAMID und DIURON schädigen zum Beispiel die Regenwurmart *Lumbricus terrestris*. Der Wirkstoff DINOSEB-ACETAT dezimierte 75 Prozent der Spinnenarten. Derartig reduzierte Bestände können ihrer Aufgabe als Räuber nicht mehr nachkommen.

Große bodenbiologische Bedeutung kommt den *Collembolen* zu. Diese wegen ihres Verhaltens Springschwänze genannten flügellosen Urinsekten werden zum Beispiel durch 2,4,5-T getötet. PROMETHRIN, APHALON und CHLORPROPHAM wirken subtiler: Die Wirkstoffe vermindern „nur" die Reproduktionsrate der Tiere.

Obwohl diese Wirkungen zeitlich begrenzt sind, übt die fortgesetzte Anwendung der Pflanzenvernichtungsmittel einen großen Druck auf das natürliche Artenspektrum der Bodenlebewesen aus. Langlebige Pestizide sind deshalb besonders kritisch zu bewerten.

Insektizide

Bei der Anwendung von Insektiziden werden die wenigen Zielorganismenarten (Kulturpflanzenschädlinge) ebenso erfaßt wie die vielen harmlosen und nützlichen Arten. Fliegenlarven gehören zu den wichtigsten Bodentieren, sie setzen organische Substanzen um und lockern den Boden; ferner dienen sie als Beute oder Wirtstiere der Nützlinge. Der Wirkstoff PARATHION wirkt stark giftig (toxisch), auch auf die nützlichen Laufkäfer- und Kurzflüglerlarven. Daneben werden aber auch Spinnen und Milben getötet, unter anderem durch den Wirkstoff LINDAN.

Neben Insekten fallen auch andere Tiergruppen den Insektiziden zum Opfer. Die oben genannten Pestizide schädigen beispielsweise Milben, und als Folge davon breiten sich schädliche Nematoden (Fadenwürmer) aus.

Die gern gesehenen Regenwurmarten sind gegenüber sehr vielen verschiedenen Insektiziden empfindlich, so daß sie bei fast jeder Spritzung geschädigt werden. PHORAT, PARATHION, CARBARYL, CARBOFURAN, CHLORFENVINPHOS und DNOC sind hier als besonders effektive Regenwurmkiller zu nennen.

Das in der Bundesrepublik Deutschland seit 1972 verbotene DDT läßt in einer Konzentration von 0,0014 ppm (parts per million; das entspricht einem Verhältnis von 14 Teilen DDT zu 10 Milliarden) Humusbakterien absterben.

Fungizide

Fungizide sollen Schadpilze bekämpfen. Gerade viele Bodenpilze mit unerwünschter Wirkung auf Nutzpflanzen können nicht erfaßt werden. Dafür bekämpft man – unabsichtlich – mit Fungiziden viele Bodenlebewesen, die Schadpilze dezimieren. Eine verrückte Welt!

Auch hier müssen besonders Regenwürmer „daran glauben". Obwohl sie zum Beispiel in Obstanlagen das Fallaub und damit auch Schadpilzstadien vernichten, werden sie durch pilzbekämpfende Mittel getötet. BENOMYL, THIOPHANAT-

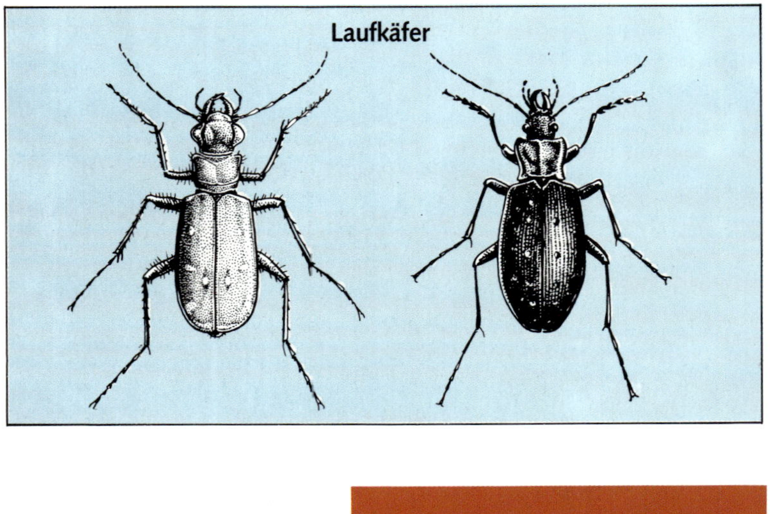

Links: Feld-Sandlaufkäfer (Cicindela campestris). Rechts: Gartenlaufkäfer (Carabus hortensis)

METHYL und CARBENDAZIM sind extrem regenwurmtoxisch, nach Einsatz von Mitteln mit obigen Wirkstoffen dauerte es in Versuchen drei Jahre bis zur Erholung der Regenwurmbestände.

Bodenentseuchungsmittel

Bodenentseuchungsmittel sind meist starke Mittel und wirken als Rundumschlag auf fast alle Bodenlebewesen. Sie werden gegen Bodeninsekten, Bodenpilze und Nematoden eingesetzt. Hier sollen stellvertretend nur die Wirkstoffe METHYLBROMID, METHYLISOTHIOZYANAT und D-D (DICHLORPROPAN-DICHLORPROPEN) genannt sein.

Nahrungsketten übertragen die Gefahr für Bodenlebewesen auch auf andere Tiere. Ein klassisches Beispiel dafür lieferte Rachel Carson in ihrem Buch „Stummer Frühling" mit der Beschreibung des von vergifteten Regenwürmern hervorgerufenen Todes einer Drosselart. Auch heute noch sind Regenwurmfresser durch Pestizide sehr stark beeinträchtigt. Vögel, Amphibien und Kleinsäuger leiden unter Insektiziden, die sie mit den teilweise sehr insektizidverträglichen Schnecken aufnehmen! In einem Fall reicherte sich der Wirkstoff DIAZINON in Schnecken bis zu einer Konzentration von 200 ppm an. Tragisch für viele Tiere ist, daß sie (rein statistisch gesehen) die am stärksten pestizidgeschädigten Beutetiere am leichtesten erbeuten, wenn diese bereits unter Aktivitätsverlust, Krämpfen und Lähmungen leiden.

Pestizide beeinträchtigen auch die natürliche Bodenfruchtbarkeit. Bakterien, die mit Hilfe bestimmter körpereigener Proteine, den Cytochromen, Nitrat-Stickstoff herstellen, werden durch verschiedenste Pestizidgruppen daran gehindert. Besondere Bedeutung für diesen „Nitrifikationshemmung" genannten Effekt haben Carbamate, Harnstoffverbindungen und darüber hinaus Triazine.

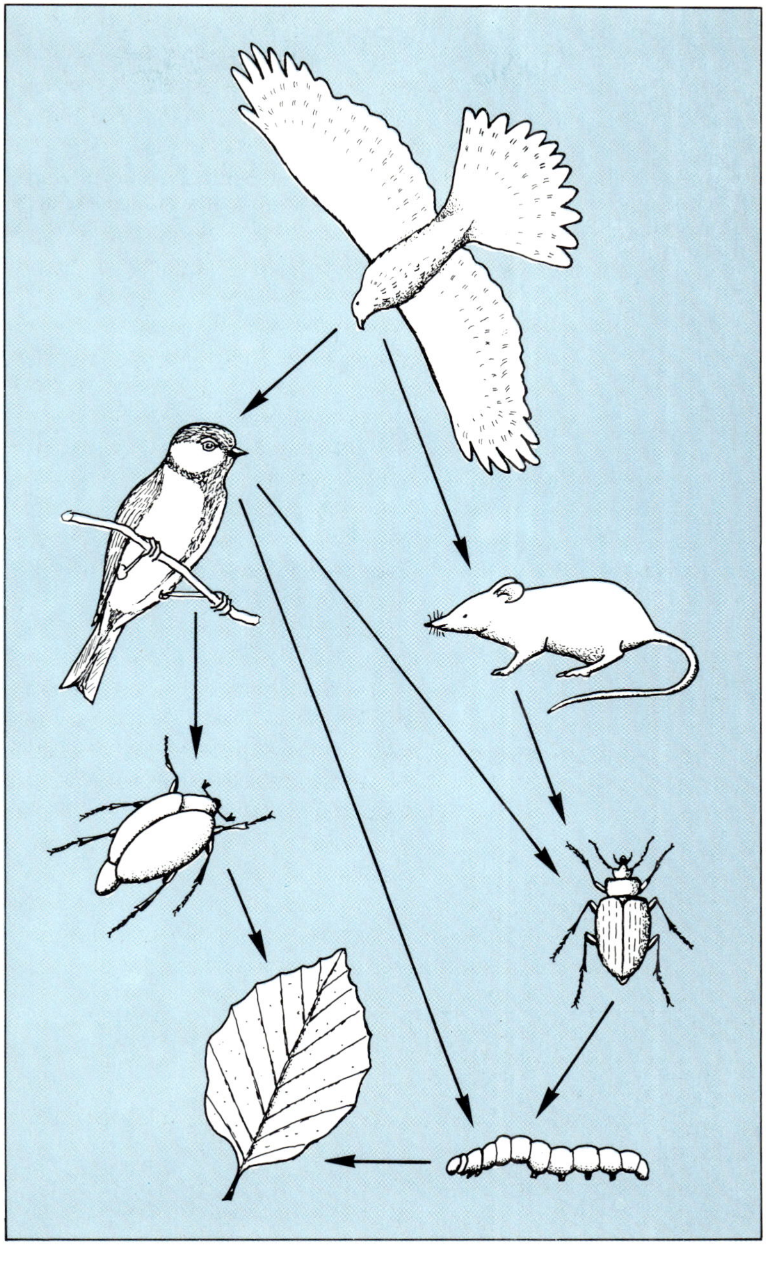

Ausschnitt aus dem Nahrungsnetz: In der Natur sind alle Lebewesen voneinander abhängig

Wasser

Blattherbizide, Fungizide und die meisten Insektizide werden auf Wildkräuter oder unmittelbar auf die Kulturpflanze gespritzt, um dort ihre Wirkung zu entfalten. Dennoch erreicht nur ein Bruchteil der Pestizidbrühe den gewünschten Ort. Nach einer US-amerikanischen Untersuchung liegt die Trefferquote je nach Anwendungstechnik nur etwa zwischen 1 und 5 Prozent, mitunter sogar noch darunter. Der Rest (95 bis 99 Prozent) gelangt durch Abtropfen von den behandelten Pflanzen, durch den Wind oder durch Verdampfen direkt auf den Boden oder in die Atmosphäre, um dann mit dem nächsten Niederschlag abgeregnet zu werden. Auf dem Erdboden angekommen gelangen die Pestizide, oberflächlich vom Regenwasser abgespült, in Gräben, Bäche und Flüsse. Dies tritt insbesondere dann ein, wenn der Boden verdichtet oder wassergesättigt ist beziehungsweise sich in Hanglage befindet. Andernfalls versickern die Pestizide mit dem Niederschlagswasser, um früher oder später in das Grundwasser zu gelangen. Je nach der chemischen Beschaffenheit der Mittel dauert der vertikale Transport mehr oder weniger lange. Einige Stoffe werden an Humussubstanzen oder an bestimmte mineralische Bestandteile des Erdbodens gebunden. Die Stärke dieser Bindung entscheidet dabei nicht nur über die Einwaschungsgeschwindigkeit in das Grundwasser, sondern auch über die mikrobielle Abbaubarkeit der Pestizide. Besonders grundwassergefährdend sind dabei Mittel, die gleichzeitig persistent (langlebig) und mobil sind. Neben dem Ausgangsstoff treten je nach Wirkstoff durch chemischen und mikrobiellen Abbau im Boden einige oder Hunderte dieser sogenannten Metaboliten (Zwischenprodukte) auf.

Im Boden mobile Pestizide können das Grundwasser verseuchen. Das gilt besonders dann, wenn diese Stoffe oder ihre Umwandlungsprodukte (Metaboliten) schlecht abbaubar sind. In diesem Fall können sie mit dem versickernden Niederschlagswasser den Grundwasserleiter erreichen

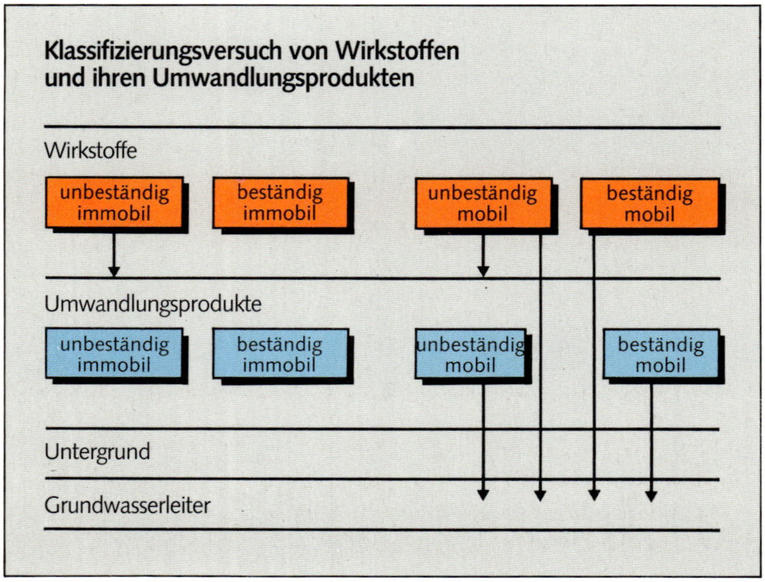

Jede einzelne „Tochtersubstanz" hat ihren eigenen Chemismus, sie kann harmlos oder noch gefährlicher als die angewendete Substanz sein. ATRAZIN, selbst verhältnismäßig unbedenklich in bezug auf die akute Giftigkeit, bildet im Boden unter anderem das bedeutend gefährlichere DESETHYLATRAZIN. In Thailand führte ATRAZIN zu einer der größten Umweltkatastrophen, nachdem Fische in behandelten Reisfeldern zu Tausenden starben, weil ihre natürliche Widerstandsfähigkeit gegen bestimmte, krankheitserregende Bakterien durch das Herbizid gemindert war. Fische dienen aber nicht nur der Eiweißversorgung der Bevölkerung, sondern spielen bei der biologischen Kontrolle von Schädlingen im Reis eine wichtige Rolle.

In der Bundesrepublik Deutschland sind etwa 50 Herbizidpräparate mit dem Wirkstoff ATRAZIN, meist in Kombination mit anderen, zugelassen. In den Brunnen deutscher Wasserwerke konnten in den letzten Jahren ungefähr 50 verschiedene Wirkstoffe nachgewiesen werden! Darunter befanden sich sowohl Insektizide wie LINDAN und HEPTACHLOR, das Bodenentseuchungsmittel 1,3-DICHLORPROPEN sowie die herbiziden Wirkstoffe BROMACIL und ATRAZIN. DICHLORPROPEN wurde in einer Probe in einer Konzentration von 8620 Mikrogramm pro Liter Grundwasser gefunden. Zum Vergleich: Am 1. Oktober 1989 tritt die neue Trinkwasserverordnung in Kraft, die eine Höchstmenge pro Einzelwirkstoff von 0,1 Mikrogramm pro Liter fordert. Man darf jetzt schon gespannt sein, wieviele Brunnen dann geschlossen werden (müßten). Spitzenreiter unter den grundwasserverseuchenden Stoffen war ATRAZIN, das in 5000 Brunnenwasserproben gefunden wurde. Weil der Transport von Pestiziden durch das Grundwasser nur langsam erfolgt, ist zu vermuten, daß die Belastungsspitze momentan noch gar nicht im Grundwasser angelangt ist. Selbst dann, wenn alle heute als mobil und persistent bekannten Pestizide sofort mit einem Anwendungsverbot belegt werden würden, fände man noch über einen Zeitraum von etlichen Jahren grundwasserverunreinigende Wirkstoffe im Rohwasser.

Noch eine Bemerkung zur Diskussion um die neue Trinkwasserverordnung: Kritiker werfen ihr vor, die einzuhaltenden Grenzwerte seien wahllos, das heißt ohne Betrachtung der Giftigkeit einzelner Mittel, festgelegt worden. Hier ist zu entgegnen, daß Trinkwasser grundsätzlich frei von Fremdstoffen sein muß, zumal ja die Kulturpflanzen mit Pestiziden behandelt werden und deswegen Rückstände aufweisen können, das Wasser selber jedoch nicht behandelt wird und deswegen keine Pestizide enthalten darf. Außerdem ist hier das Vorsorgeprinzip in eine EG-Richtlinie eingebaut worden. Der Gesetzgeber will in diesem Fall nicht erst mögliche Schädigungen abwarten, sondern diese sinnvollerweise von vornherein gleich ausschließen.

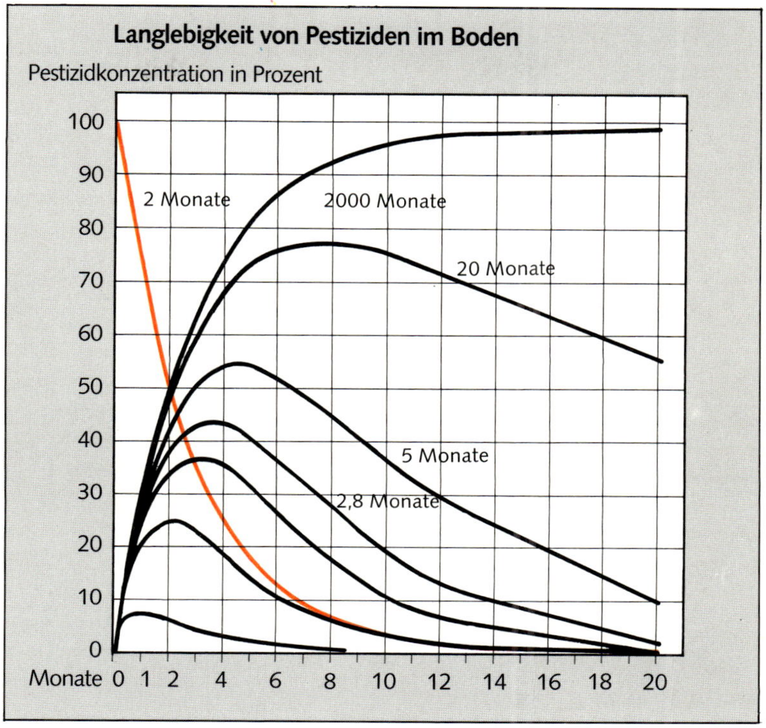

Mit dem Abbau eines Pestizides im Boden entstehen neue Verbindungen, die Metaboliten. Während die Ausgangssubstanz (rot) nach zwei Monaten zu 50 Prozent abgebaut ist, werden zum Teil sehr langlebige Metaboliten gebildet. Die in der rechten oberen Kurve dargestellte Tochtersubstanz ist 2000 Monate (rund 166 Jahre) im Boden nachweisbar

Luft

Luftmessungen in den USA haben bereits vor einigen Jahren im Regenwasser bis zu 5 Mikrogramm pro Liter Pestizide nachgewiesen. Ein Teil der Wirkstoffe verdampft nach der Einbringung von der Pflanzen- oder Bodenoberfläche. Weitere Mengen verbleiben als feinste Tröpfchen, gebunden an Wasser- oder Staubpartikel (Aerosole), direkt in der Luft, mit der sie über große Strecken verbreitet werden können. In Regenwässern aus den Niederlanden, die im Winter – einer Zeit also, in der keine Pestizide angewendet werden – untersucht wurden, fanden sich Konzentrationen von ATRAZIN, die den Grenzwert der ab dem 1. Oktober 1989 in der Bundesrepublik Deutschland geltenden Trinkwasserverordnung um das zehnfache überschritten. Auch bei Regen-

Honigbiene

wasseruntersuchungen in Köln wurden verschiedene Herbizide und Insektizide in Mengen gefunden, die weit oberhalb der Grenzwerte der Verordnung liegen.

Der Verdacht liegt nahe, daß Herbizide auch für das Waldsterben verantwortlich sein können. Bisher wurden immer besonders langlebige Pestizide gefunden. Neben Wissenschaftlern und Umweltverbänden fordern auch die Vertreter von Wasserwerken ein Anwendungsverbot von besonders giftigen oder langlebigen Pestiziden.

Tiere

Wie oben erwähnt, bilden Bodenlebewesen zusammen mit dem sie umgebenden Boden eine Einheit, was sie mehr oder weniger ortsgebunden macht. Pestizide treffen manche Organismen direkt. Dies ist der Fall bei all denjenigen, die das Unglück haben, dort zu leben oder auf Nahrungssuche zu gehen, wo gerade gespritzt, genebelt oder gestreut wird. In der Regel handelt es sich dabei dann um Gliederfüßer, also Spinnen, Milben und Insekten. Bedenkt man, daß nur ein Bruchteil dieser großen Tiergruppe ökonomische Schäden an Nutzpflanzen anrichtet (weltweit rechnet man nur mit etwa einem Prozent schädlicher Insektenarten), so kommt einem der Pestizideinsatz überaus widersinnig vor. Indifferente Arten, also solche, deren Existenz für den Menschen „uninteressant" ist, werden ebenso getötet wie die sogenannten Nützlinge. Letztere sind Parasiten oder Räuber der schädlichen Arten. Man darf an dieser Stelle darauf hinweisen, daß all diese Begriffe an die menschliche Perspektive gebunden sind. Denn für Räuber sind die von uns als Schädlinge bezeichneten Arten sehr wohl nützlich, und indifferente Arten können bei Ausfall der Schädlinge durch Pestizideinsatz plötzlich zu Schädlingen werden, wie das zum Beispiel bei der Obstbaumspinnmilbe der Fall ist. Durch Insektizidbehandlungen, gegen die Milben sehr tolerant sind, wurden deren natürliche Gegenspieler oder Konkurrenten ausgeschaltet, worauf die Milben dann zu Schädlingen „aufstiegen".

Insekten

Glaubte man noch vor einiger Zeit, hauptsächlich den Honigbienen die Bestäubung von Obst- und Rapsbeständen zuweisen zu können, so weiß man heute, daß sehr viele andere Insekten ebenfalls gute Bestäuber sind. Gerade dann, wenn Honigbienen nicht mehr gehalten werden, kommt ihnen eine außerordentlich wichtige Bedeutung zu.

Neben der Honigbiene gibt es noch 481 Arten anderer Hautflügler, die zu den Bienenartigen gerechnet werden – die sogenannten Wildbienen. 34 Arten sind davon bereits ausgestorben, weitere 136 Arten sind vom Aussterben bedroht oder gefährdet. Neben dem Lebensraumverlust ist als Gefährdungsursache die Anwendung von Pestiziden zu nennen. So wird denn auch die Bienengefährlichkeit vieler Mittel durch die Biologische Bundesanstalt für Land- und Forstwirtschaft (BBA) festgestellt. Dennoch sind im neuen Pflanzenschutzmittelverzeichnis (Basis 1724 zugelassene Mittel, Stand Februar 1988) auf sieben Seiten auch fünf fungizide, 22 herbizide und fast 200 insektizide und akarizide Präparate zugelassen, deren tödliche Wirkung auf Bienen bekannt ist. Viele dieser Mittel werden von Hobbygärtnern eingesetzt. Obwohl deren Auswirkungen auf Wildbienen bis jetzt kaum untersucht sind, schätzen Experten die Folgen als beträchtlich ein. Möglich sind Vergiftungen der erwachsenen blütenbesuchenden Tiere, viel größer aber ist die Wahrscheinlichkeit, daß die Bienenbrut mit vergiftetem Pollen oder Nektar gefüttert wird und stirbt. Bei sozialen, also staatenbildenden Bienen, kommt noch erschwerend hinzu, daß die Flugbienen den Geruch der Pestizide von den Blüten am Körper in den Stock bringen, bei der Ankunft als fremd identifiziert und totgestochen werden. Untersuchungen an Honigbienen haben ergeben, daß allein in einem einzigen badischen Weinbaugebiet zwischen 1971 und 1984 3200 Bienenvölker durch Pestizide geschädigt wurden.

Nützlinge wie etwa Florfliegen, Schwebfliegen, Schlupfwespen, Marienkäfer, Kurzflügler und Laufkäfer sind häufig sogar noch empfindlicher gegenüber den gespritzten Giften als die eigentlichen Zielorganismen. Man bedenke, daß Räuber über ihre Beute das Mehrfache der Pestizide aufnehmen; Florfliegenlarven etwa vertilgen in ihrem Leben 400 bis 600 Blattläuse!

Wo Nützlinge ausfallen, haben es Schädlinge leicht. Mit dem ersten Pestizideinsatz legt man die Basis für den nächsten, die Mittel verkaufen sich gewissermaßen selber. Pestizide schaffen sich so ihren eigenen Bedarf.

Die Sandbiene ist eine Wildbiene

Marienkäfer

Florfliege

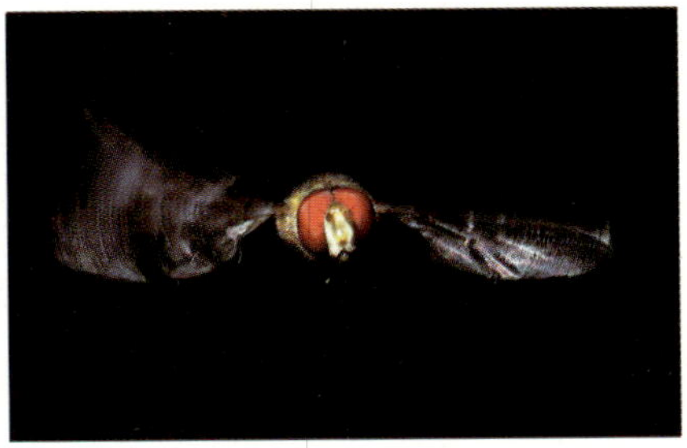

Schwebfliege im Flug

Wirbeltiere

Früh bekannt geworden sind die fatalen Effekte persistenter Wirkstoffe wie DDT, DIELDRIN oder HCH auf Vögel. Wissenschaftlich erwiesen sind dabei die folgenden Effekte von DDT: Sterilität, reduzierte Gelegegröße, Embryonen- und Nestlingssterblichkeit sowie dünnschalige Eier. Der Grund für die besondere Gefährdung der Brut liegt in den Stoffwechseleigenarten der weiblichen Vögel. Ihr Organismus entgiftet sich, indem Pestizide in die Eier verlagert werden.

Noch subtilere Wirkungen beziehen sich auf das Zentralnervensystem der Tiere. Bereits in nicht meßbaren Konzentrationen ist DDT neurotoxisch – das Verhalten der Vögel ändert sich. So führt etwa ein verändertes Balzverhalten, das die Geschlechtspartner nicht mehr zueinander finden läßt, zu verminderten Nachzuchtraten. Es ist sogar möglich, daß die Elterntiere durch das Pestizid nervöser werden und bei der kleinsten Störung das Nest verlassen.

In Großbritannien waren die Wanderfalkenbestände nachweislich durch jahrelange Anwendung von DDT, DIELDRIN und PCBs (Polychlorierte Biphenyle; diese Stoffgruppe ist zwar kein Pestizid, aber außerordentlich persistent und ähnelt strukturell sowie in manchen Wirkungen den Chlorkohlenwasserstoff-Insektiziden) dem Aussterben nahe; nachdem diese Wirkstoffe verboten wurden, haben sie sich schnell erholen können.

Umweltchemikalien reichern sich in den Gliedern der Nahrungskette an

Die Aufnahme und Akkumulation von Pestiziden in Beutegreifern, die am Ende der Nahrungsketten stehen, ist bekannt. Dabei ist die Ansammlung der Stoffe um so größer, je langlebiger Pestizide sind. Ein Beispiel hierfür ist aus den USA belegt. Im Zoo von Los Angeles wurden Kormorane mit DDT-haltigen Fischen gefüttert, die Vögel starben. Ihre Futterfische stammten aus einer Meeresbucht, deren Bodenablagerungen DDT enthielten, obwohl diese Substanz bereits sechs Jahre zuvor mit einem Anwendungsverbot belegt worden war. Man rechnet damit, daß die DDT-Konzentrationen erst in den nächsten Jahrzehnten langsam abnehmen werden. Um so schwerwiegender muß angesichts dieser Erscheinung der Einsatz von DDT gegen Heuschreckenschwärme im Frühjahr 1988 in Nordafrika sowie die Beibehaltung des Mittels in der Malariabekämpfung eingestuft werden: Beide Probleme lassen sich nämlich auch mit anderen Mitteln lösen.

DIELDRIN, ein anderes Insektizid, übertrifft das DDT in Langlebigkeit und Giftigkeit um ein Vielfaches. Im Londoner Zoo starben Eulen nach der Aufnahme von Mäusen, die auf DIELDRIN-haltigen Sägespänen gehalten wurden.

Obwohl Pestizide vor der Zulassung an verschiedenen Tierarten getestet werden, sind die Ergebnisse solcher Versuche oft von zweifelhaftem Wert. Der Wirkstoff ALDRIN, an Mäusen getestet, ist für Ratten „nur" doppelt so giftig, für Wachteln jedoch ist der Stoff 3000mal so toxisch!

Freilebende Graugänse sind gegenüber DIELDRIN bedeutend empfindlicher als beispielsweise Tauben. Nachdem Naturschützer trotz massiver Angriffe und Verharmlosungskampagnen durch Landwirtschaft und Industrie ein Verbot dieses Stoffes durchsetzen konnten, starben kurze Zeit später andere Gänsearten in Schottland. Man hatte DIELDRIN durch einen „harmlosen" Phosphorsäureester (Gruppe, in der beispielsweise auch E 605 zu finden ist) ersetzt.

Was für die Vögel gilt, trifft auch auf die Säugetiere zu. Hasen starben in Italien, nachdem Herbizide auf PARAQUAT-Basis verwendet wurden. Maulwürfe sind gegen das Insektizid CARBARYL sehr empfindlich. Fledermäuse gehören zu den besonders bedrohten Tierarten unserer Heimat. Neben dem Verlust ihrer Quartiere leiden sie unter Pestiziden: Ihre Sommerquartiere, Dachstühle von Häusern und Kirchen, werden immer noch mit pestizidhaltigen Holzschutzmitteln behandelt, obwohl es auch andere Mittel und Methoden gibt, sowohl Dachbalken als auch Fledermäuse zu erhalten. Besonders teuflisch sind einige Stoffe, die erst durch ihre Langzeitwirkung Schäden anrichten. Mäuse zeigen als Folge des akariziden Wirkstoffes DICOFOL erst in der vierten Generation Mißbildungen.

Wasserlebewesen leiden ebenfalls sehr stark unter den Pestiziden. Die größte Empfindlichkeit innerhalb einer Art besteht in der Regel für Laich oder Larven von Amphibien oder Fischen. (Fischnährtiere wie Plankton und Kleinkrebse sind übrigens noch sensibler. 0,0014 ppm DDT töten bereits bestimmte Planktonorganismen ab; der 10000ste Teil der Konzentration eines Herbizids, das als toxikologisch unbedenklich gilt, bewirkt bereits ein Absinken der Kopulationsfrequenz bei Bachflohkrebsen. Von DDT weiß man, daß es selbst in winzigen Mengen die Photosynthese von Plankton hemmt – damit ist die globale Sauerstoffversorgung in Gefahr.)

Pflanzen

Von den etwa 280 bei uns vorkommenden Ackerwildkräuterarten sind 25 Prozent gefährdet oder vom Aussterben bedroht. Herbizide sind hier als Gefährdungsursache zusammen mit intensiver Mineraldüngung, schneller Fruchtfolge sowie Saatgutreinigung zu nennen. Eine Faustregel besagt, daß von jeder Pflanzenart im Durchschnitt 12 Tierarten abhängig sind. Von der Quecke, einer Grasart, oder der Gemeinen Distel leben etwa 100 andere Arten. Hier lassen sich die Folgen für die Nahrungsketten deutlich ablesen.

Andererseits sind viele Wildkräuter gerade durch den Herbizideinsatz zu sogenannten Problemunkräutern geworden, weil sie verhältnismäßig herbizidverträglich sind und als einzige ohne Konkurrenten auf dem Feld verbleiben. Zum Teil haben sich sogar resistente Formen durch den künstlichen Auslesedruck entwickelt.

Bedeutung einzelner Ackerpflanzen für die Ernährung von pflanzenverzehrenden Tierarten (ausgedrückt in der Zahl der an ihnen lebenden Tierarten)

Pflanzenarten der Äcker	an den Pflanzenarten lebende Tierarten
Quecke – *Agropyron repens*	81 Arten
Ackerdistel – *Cirsium arvense*	80 Arten
Kreuzkraut – *Senecio* ssp.	76 Arten
Einjähriges Rispengras – *Poa annua*	41 Arten
Gänsefuß – *Chenopodium* ssp.	51 Arten
Vogelknöterich – *Polygonum aviculare*-Gruppe	40 Arten
Hornkraut – *Cerastium* ssp.	37 Arten
Vogelmiere – *Stellaria media*	36 Arten

Auf 20 Prozent der bayerischen Maisanbaufläche sind ATRAZIN-haltige und -verwandte Mittel bereits gegen bestimmte Hirse-Arten wirkungslos, oder sie sind erst mit der mehrfachen Normaldosis bekämpfbar. Ein Beispiel, das verdeutlicht, warum der Wirkstoff in derartig hohen Konzentrationen im Grundwasser gefunden wird.

Als Problemunkräuter im Ackerbau gelten folgende Gräser und Zweikeimblättrige Pflanzen: Quecke, Windhalm, Ackerfuchsschwanz, Flughafer, Ackerhohlzahn, Ehrenpreis, Klettenlabkraut, Kamille und Vogelmiere.

Andererseits haben Wissenschaftler an Kulturpflanzen vermehrt Mißbildungen festgestellt. Der Grund dafür soll in der Anwendung von Herbiziden liegen. So stellt man heute beispielsweise einen höheren Anteil an vierblättrigem Klee fest. Da gleichzeitig die Mißbildungsrate bei neugeborenen Kindern zunimmt, muß man im Zeitalter der Umweltchemikalien eigentlich wohl eher von „Unglücksklee" sprechen.

FOLGEN FÜR DIE MENSCHLICHE GESUNDHEIT

Menschen sind einem Gesundheitsrisiko durch Pestizide in den unterschiedlichsten Situationen ausgesetzt, so in der Entwicklung (Labor), bei der Herstellung (Fabrik), bei Transport und Lagerung, als Anwender und schließlich, was für die meisten von uns gilt, als Verbraucher.

Ein gutes Drittel (37,7 Prozent) der untersuchten Lebensmittelproben aus konventionellem Anbau wiesen in den Jahren 1980/81 meßbare Rückstände von Pestiziden auf. Auf Grund der empfindlicheren analytischen Meßmethoden wird in Zukunft bei gleichbleibender Rückstandssituation ein höherer Anteil von Pestiziden nachgewiesen werden.

Gern wird in diesem Zusammenhang von der Industrie das geflügelte Wort des deutschen Arztes Paracelsus (1493-1541) bemüht: „Die Dosis macht das Gift". Paracelsus kannte aber noch keine krebserregenden Stoffe! Heute wissen wir, daß einige Stoffe, darunter auch Pestizide, Auswirkungen auf Lebewesen haben, obwohl ihre Konzentration oder Dosis verschwindend gering ist. Jedenfalls können gesundheitsschädigende Effekte bereits unterhalb der gesetzlich festgelegten Höchstmengen in Lebensmitteln auftreten (vergleiche Seite 67f.).

Natürliche Stoffe können ebenso wie synthetische schon in kleinen Mengen wirksam sein. Die Gruppe der sogenannten Aflatoxine, gebildet von dem Pilz *Aspergillus flavus,* der beispielsweise auf verdorbenen Erdnüssen wächst, oder das Botulin, ein bakterielles Gift (Toxin) von *Clostridium botulinum* (zu finden in schlechtgewordenen Konserven), gehören zu den stärksten Giften, die wir kennen. Neben der akuten, also direkten Giftwirkung (Toxizität), sind viele Naturstoffe auch krebserregend (kanzerogen), erbgutverändernd (mutagen), oder sie rufen Mißbildungen an Embryonen hervor (Teratogenität).

Dennoch gibt es Unterschiede:

Synthetisch hergestellte Wirkstoffe, zum Beispiel Chemikalien mit Struktureinheiten, die in der Natur nicht vorkommen (etwa chlororganische Verbindungen, Nitroaromaten und andere), sind besonders kritisch. Sie werden von Wissenschaftlern auch als Xenobiotika (lebensfremde Stoffe) bezeichnet.

Im Laufe der Entwicklung hatten die Lebewesen die Möglichkeit, Entgiftungsweisen und weitere Schutzmechanismen gegen natürliche Stoffe in ihrer Umgebung zu entwickeln. Weil synthetische Stoffe mit naturfremden Struktureinheiten – verglichen mit den Millionen Jahren der Evolution – erst seit kurzem existieren, gibt es keine Anpassung der Lebewesen an sie. Diese Nicht-Angepaßtheit ist auch die Ursache für die Beständigkeit solcher Substanzen in Ökosystemen.

Die Tatsache, daß Naturstoffe mitunter giftig oder krebserregend sind, darf nicht als Persilschein für die Existenz zusätzlicher, synthetischer Stoffe mit gleichen oder ähnlichen Effekten herhalten. Heute gibt es etwa 150000 verschiedene Chemikalien, die allein in der Bundesrepublik Deutschland produziert werden. Im Alltag sind wir vielen dieser Stoffe und ihren Neben- und Abbauprodukten ausgesetzt. Nun weiß man zwar einiges über die Wirkung von einzelnen Pestiziden auf die Ökosysteme und kennt auch ihre Folgen für die menschliche Gesundheit. Aber niemand kann sagen beziehungsweise vorausahnen, wie die Tausende von Stoffen, mit denen wir täglich durch Berührung, Einatmen oder Nahrungsaufnahme in Kontakt kommen, zusammen wirken. Dies ist allein schon rein rechnerisch unmöglich. Wir wissen aber, daß harmlose Stoffe in Verbindung mit anderen Stoffen gefährlich und unschädliche Substanzen erst in bestimmten Situationen oder nach vielen Jahren der Anwendung schädlich werden können (vergleiche die Arzneimittel Contergan oder Novalgin). Deshalb ist grundsätzlich immer besondere Vorsicht geboten.

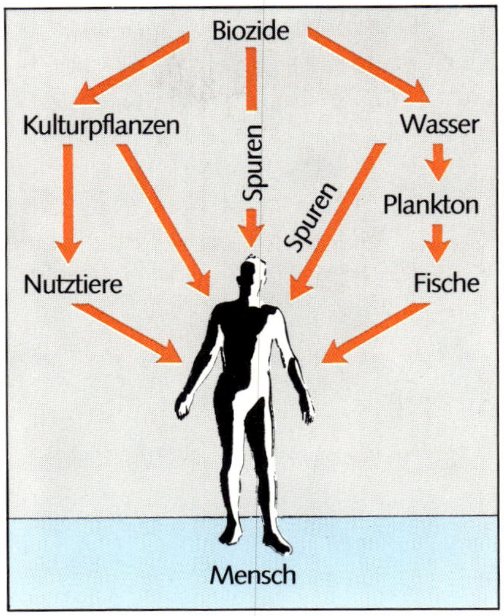

Herkunft der Pestizide im menschlichen Körper

Auch für verschiedene Pestizide sind erst viele Jahre nach ihrer Zulassung und ihrem Gebrauch alarmierende Untersuchungsergebnisse bekannt geworden. So sind zum Beispiel die zur Pilzbekämpfung eingesetzten Wirkstoffe CAPTAN, CAPTAFOL und FOLPET krebserregend. Nach neueren Angaben aus den USA sollen sogar 90 Prozent (!) aller Fungizide (im Tierversuch) krebserregend sein.

Wichtige Fachausdrücke

Um die Vorläufigkeit vieler Untersuchungsergebnisse und ihre mangelhafte Aussagekraft zu kennzeichnen, sind erst einmal verschiedene Begriffserklärungen vonnöten.

Akute Toxizität

Gemeint ist damit eine direkte Giftwirkung. Die akute Toxizität wird im Tierversuch ermittelt und gibt Aufschluß über die unmittelbare Giftigkeit eines Stoffes. Sie wird als Letaldosis (LD_{50}) gemessen, das heißt tödliche Dosis, bei der 50 Prozent der Versuchstiere sterben. Die LD_{50} wird

Gefahrensymbole von Pflanzenschutzmitteln

angegeben in Milligramm des Wirkstoffs pro Kilogramm Körpergewicht des Versuchstieres; meist folgt noch ein Zusatz, der sowohl die Versuchstierart, zum Beispiel „Ratte", als auch die Art der Giftverabreichung angibt, also „oral" bei Aufnahme über das Futter, oder „dermal" bei Hautkontakt. Bei Versuchen, in deren Verlauf die Testtiere Substanzen einatmen müssen, spricht man von Letalkonzentrations-(LC_{50}-)Werten. Diese Werte geben die tödliche Konzentration des getesteten Stoffes in der Atemluft an, bei der die Hälfte der Tiere nach Ablauf einer definierten Zeitspanne sterben.

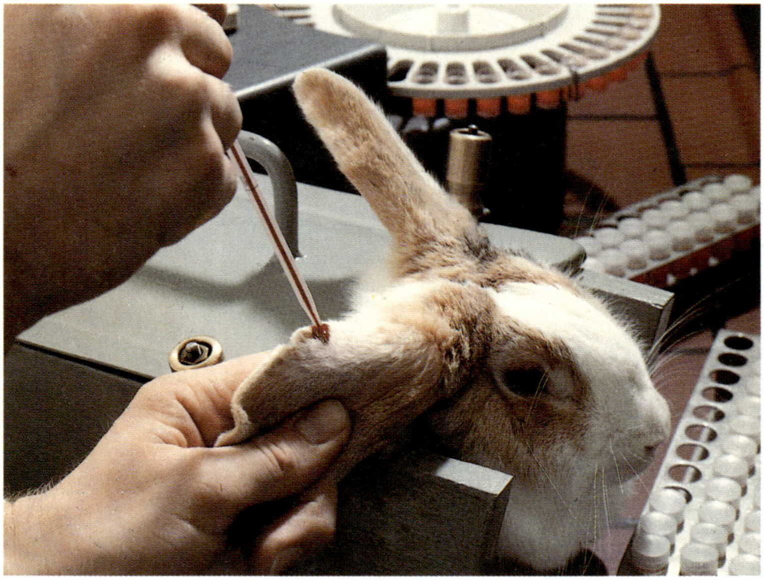

Tierversuche unter Laborbedingungen liefern nur selten Erkenntnisse über die Langzeitwirkungen von Pestiziden

1986 waren „nur" 7 Prozent der seinerzeit etwa 1600 zugelassenen Pflanzenschutzmittel in die beiden höchsten Giftklassen „T+" (sehr giftig) und „T" (giftig) eingestuft; immerhin waren dies rund 110 Mittel, von denen viele in Kleinpackungen an Hobbygärtner verkauft werden. Darunter befinden sich Insektizide wie das bekannte E 605 forte, Metasystox r, Gusathion, Folidolöl oder Celathion.

Immer wieder kommt es zu Giftunfällen mit Pestiziden – vor allem bei Kleinkindern, die mit achtlos aufbewahrten Giftbehältern spielen, aber ebenso bei Erwachsenen, die falsch oder nicht beschriftete Gefäße häufig „verwechseln". Gerade nichtprofessionelle Anwender wie Freizeit- und Balkongärtner machen oft fatale Fehler, weil sie die Sicherheitsvorschriften für das Dosieren und Ausbringen nicht verstehen, nicht ernst genug nehmen oder nicht über die entsprechende Schutzkleidung verfügen. Die Tragik jedes Einzelfalles soll jedoch nicht darüber hinweg täuschen, daß die Probleme der „Pflanzenschutzmittel", soweit unsere Gesundheit betroffen ist, nicht nur in der unmittelbaren Giftigkeit der Stoffe liegen.

Chronische Toxizität

Darunter versteht man die Langzeitwirkung von Giftstoffen. Zu ihrer Überprüfung werden Versuchstiere über einen Zeitraum von drei Monaten bis zu drei

Jahren den jeweiligen Substanzen in verschiedenen Konzentrationen ausgesetzt. Dabei werden Veränderungen wichtiger Meßgrößen wie zum Beispiel Blutzusammensetzung, Verhalten und Fruchtbarkeit erfaßt. Anschließend werden die Organe dieser Tiere auf Veränderungen untersucht.

In den USA müssen sich Personen, die beruflich mit Pestiziden in Kontakt kommen, einer jährlichen Blutuntersuchung unterziehen.

Kanzerogenität

Mit diesem Begriff wird die krebsauslösende Wirkung eines Stoffes bezeichnet. Unter den etwa 1600 Substanzen, denen man eine krebsauslösende Fähigkeit zuschreibt, sind auch Pestizide zu finden.

Darüber hinaus kennt man auch sogenannte cokanzerogene Verbindungen. Das sind Stoffe, die Krebs nicht allein, sondern nur in Gegenwart anderer Stoffe auslösen.

Teratogenität

Darunter versteht man das Vermögen einiger Stoffe, Mißbildungen an Embryonen hervorzurufen. Gegenwärtig sind über 1000 verschiedene teratogen wirkende Auslöser bekannt, darunter auch verschiedene Pestizide; so im Tierversuch etwa bei dem insektiziden Wirkstoff MALATHION (Fisch und Huhn), bei dem akariziden (milbentötenden) DICOFOL (Maus) oder bei dem pilzgiftigen THIABENDAZOL (Maus, Ratte, Kaninchen).

Eine häufig auftretende Mißbildung beim menschlichen Embryo ist die sogenannte Lippen-Kiefer-Gaumenspalte. In schweren Fällen führt dies zu Lähmungen und zum Ausfall von ganz bestimmten Körperfunktionen.

Eine andere schwere Form embryonaler, nicht lebensfähiger Mißbildung ist das mit dem medizinischen Fachwort „Anenzephalie" bezeichnete Ausbleiben einer normalen Gehirn- und Schädelknochenbildung.

Die ansteigende Mißbildungsrate bei Kindern wird von einigen Stellen in einen Zusammenhang mit den Pestiziden gebracht. Gesicherte Beweise fehlen zum jetzigen Zeitpunkt allerdings noch.

In der Bundesrepublik Deutschland zugelassene Pestizide mit krebserregenden (kanzerogenen) Wirkstoffen

Wirkstoff	Handelsnamen	Gruppe
<u>LINURON</u>	Afalon Telkar	Herbizid
<u>LINURON</u> + TRIFLURALIN	Mudekan Neminfest	Herbizid
<u>ZINEB</u>	Phytox-Staub	Fungizid
<u>ZINEB</u> + <u>MANEB</u>	Negal	Fungizid
<u>MANEB</u>	Maneb Manex Trimangol	Fungizid
<u>MANEB</u> + QUINTOZEN + THIABENDAZOL	Drawigran Special	Fungizid
<u>MANEB</u> + Schwefel + <u>ZINEB</u>	AAstimasul	Fungizid
<u>MANCOZEB</u>	Dithane Ultra Neminspor	Fungizid
<u>MANCOZEB</u> + METALAXYL	Ridomil MZ-Super Ridomil TK	Fungizid
<u>MANCOZEB</u> + OXADIXYL	Sandofan M	Fungizid
<u>CHLORTHALONIL</u>	Daconil 500	Fungizid
<u>CHLORTHALONIL</u> + PROPICONAZOL	Sambarin	Fungizid
<u>PERMETHRIN</u>	Ambush Compo Insektenmittel Ribinol Talcord	Insektizid

Auswahl der Handelsnamen; bei verschiedenen Präparaten ist der Handelsname durch Hinzufügen des Firmennamens oder einer Konzentrationsangabe geringfügig verändert. Die Kanzerogenität bezieht sich auf die unterstrichenen Wirkstoffe

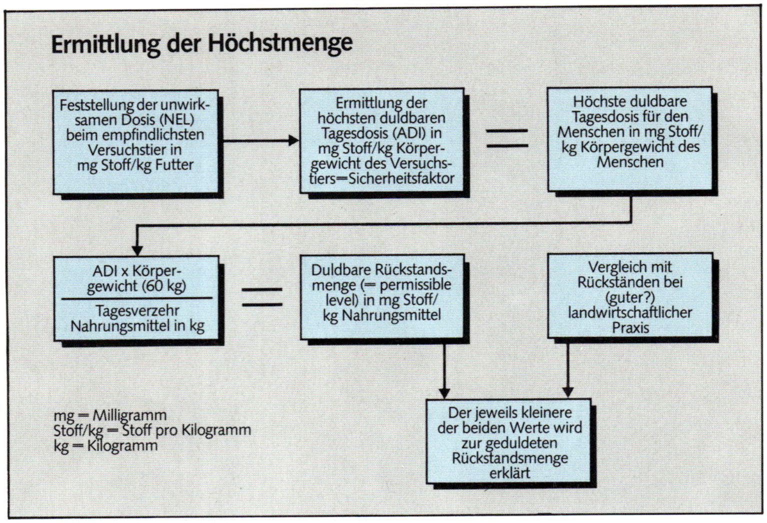

Schematische Darstellung zur Ermittlung der Höchstmengen in Nahrungsmitteln – die legalisierte Belastung des Körpers

Mutagenität

Mutagene Stoffe verändern die Erbsubstanz (Gene). Dadurch sind die Nachkommen von Trägern mutierter Gene gefährdet, es sei denn, die Mutation greift so stark in wichtige Stoffwechselvorgänge ein, daß der betroffene Organismus ohnehin stirbt.

Für den Wirkstoff DICOFOL (Akarizid) sind Chromosomenschäden bei Säugetieren nachgewiesen worden. Chromosomen tragen die Erbinformationen der Körperzellen. Hinweise auf Entwicklungsschäden bei Kindern gibt es in bezug auf den Wirkstoff THIABENDAZOL. Beide Stoffe sind in der Bundesrepublik zugelassen und in über 20 Präparaten im Handel.

Sensibilisierung

Bei einzelnen Menschen kann nach wiederholtem Kontakt mit sensibilisierenden Stoffen eine erhöhte Empfindlichkeit beobachtet werden. Darüber hinaus rufen manche Pestizide Allergien hervor. Hier wären beispielsweise verschiedene Pyrethroide (synthetische Verbindungen mit wirksamen Strukturen; vergleiche Seite 107f.) oder auch PARATHION (E 605 forte) zu nennen.

Die Symptome reichen von Übelkeit, Ausschlag, Kopfschmerzen und Schwindel bis zu schwersten Kreislaufstörungen und Herzversagen. Die hierzu nötigen Dosen liegen weit unterhalb der Belastung, bei denen andere Menschen normalerweise Reaktionen zeigen.

No effect level (NEL)

Dieser aus dem englischen Sprachgebrauch übernommene Begriff bedeutet „höchste unwirksame Höchstdosis". Er gibt die Konzentration an, bei der gerade noch keine erkennbaren Wirkungen der Testsubstanzen auf die Versuchstiere bei lebenslanger Aufnahme festgestellt werden können.

Acceptable daily intake (ADI)

Zu deutsch: duldbare tägliche Aufnahmemenge.

Aus dem NEL wird durch einen „Sicherheitsfaktor", nämlich seiner Multiplikation mit 100, der ADI-Wert gebildet.

Permissible level

Mit diesem Begriff bezeichnet man die aus den Verzehrgewohnheiten des Normalverbrauchers sowie einem durchschnittlichen Körpergewicht von 60 Kilogramm ermittelten maximal duldbaren Rückstandsmengen. Für Grundnahrungsmittel liegt der Durchschnittsverzehr pro Tag nach diesem Modell bei 400 Gramm.

„Die Dosis macht das Gift" – Untersuchungsergebnisse, Rückstände und Restrisiko

Tierversuche sind in der überwiegenden Zahl der Fälle nicht auf den Menschen übertragbar. Arsen zum Beispiel wurde früher im Weinbau als Insektizid eingesetzt. Nachdem bei Winzern vermehrt Leber- und Bronchialkrebs festgestellt worden war, wurden arsenhaltige Mittel verboten. Im Tierversuch konnten ähnliche Wirkungen bis heute jedoch nicht nachgewiesen werden.

Generell sind echte Langzeitwirkungen im Tierversuch nicht simulierbar – man bedenke nur, daß die typischen Testtierarten wie Ratten und Mäuse nur wenige Monate leben, während unsere Lebenserwartung bei über 70 Jahren liegt.

Umweltfaktoren wie Streß, Vorschädigungen durch Krankheiten (Diabetes, Kreislaufschwäche, Allergien und so weiter) wirken sich ebenfalls auf die Empfindlichkeit des Menschen gegenüber Pestiziden aus. Wuchsstoffherbizide (etwa die Wirkstoffe 2,4-D, MCPA, MCPP und 2,4-DP), die in jedem Gartencenter für Hobbygärtner angeboten werden, sind eine große Bedrohung für Zuckerkranke. Diabetiker sollten solche Stoffe unter keinen Umständen anwenden. Ameisenmittel mit dem Wirkstoff LINDAN, alltägliche Waffen von Terrassenbesitzern im Kampf gegen die kleinen Tierchen, können in geringsten Dosen bei empfindlichen Personen Gesundheitsstörungen hervorrufen.

Rein theoretisch kann es überhaupt keinen NEL geben. Schon ein einziges Molekül einer Substanz kann mit einem anderen, körpereigenen, reagieren. Die Homöopathie, deren Heilverfahren in vielen Fällen unbestritten sind, arbeitet gerade mit solchen Minimaldosen. Ein Beispiel soll zeigen, wie massiv der Angriff auf unseren Organismus durch geringe Konzentrationen von beliebigen fremden Substanzen ist:

Der Wirkstoff W in einem beliebigen Pestizid P soll ein Molekulargewicht von 200 Gramm haben. Dann enthält diese Menge genau (die vielen noch vom Chemieunterricht bekannte Loschmidtsche Zahl an Molekülen) $6{,}024 \times 10^{23}$ Moleküle. Wenn nunmehr 1 Milligramm Wirkstoff inkorporiert wird, das heißt, in den Körper gelangt, und wir voraussetzen, daß unser Körper aus insgesamt 3×10^{13} Zellen besteht, so wirken auf jede Körperzelle bei idealer Verteilung des Pestizides 10^5 Wirkstoffmoleküle ein, das sind 100000! Da bekannt ist, daß viele Stoffe sehr organspezifisch wirken, so ist der „Druck“ auf das jeweils empfindliche Organ noch bedeutend höher. Wenn nun die betroffene Zelle eine befruchtete Eizelle ist, aus der sich ein neues Lebewesen entwickelt, so kann sich die pestizidbedingte „Störung“ auf den gesamten Organismus fortpflanzen, da ja alle weiteren Zellen aus diesem einen Ei gebildet werden.

Nach diesen Ausführungen ist also ein im Tierversuch festgestellter NEL eine äußerst unsichere Basis für den Schutz der menschlichen Gesundheit. Ebenso ist die Verwendung des Sicherheitsfaktors (meist 100) toxikologisch nicht begründbar. Der Sicherheitsfaktor soll der unterschiedlichen Sensibilität in der Bevölkerung gegenüber Chemikalien Rechnung tragen. Es ist allerdings nicht geklärt, ob dem Problem damit zufriedenstellend beizukommen ist.

Verzehrgewohnheiten sind nicht bestimmbar. Der eine ekelt sich vor Spinat, andere verschlingen ihn wie eine bekannte Comicfigur. Passionierte Teetrinker trinken literweise chinesischen und indischen Tee, während Kaffeefreunde darüber nur den Kopf schütteln können. Wer sich gerade einer Diät unterzieht, verzichtet auf bestimmte Nahrungsmittel, wohingegen andere Lebensmittel in großen Mengen aufgenommen werden müssen.

Schwangere und Stillende haben ebenfalls einen höheren Bedarf an Kalorien, gleichzeitig geben sie durch das Blut (an den Fötus) oder die Milch (an den Säugling) Schadstoffe weiter. Die „einseitige“

Die Richtwerte für die Höchstmengen werden an die wirtschaftlichen Bedürfnisse der Landwirtschaft angepaßt

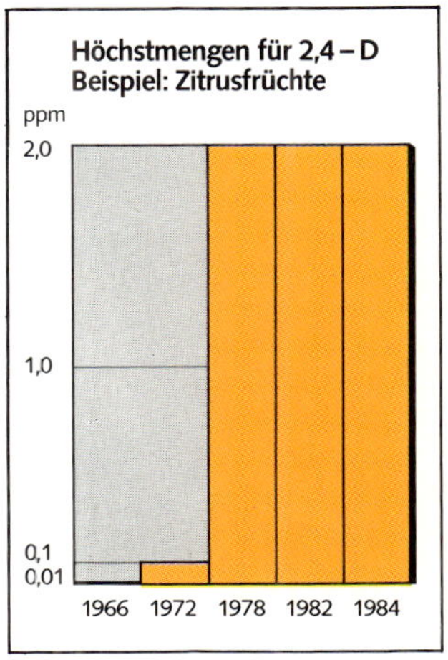

Ernährung mit Muttermilch kann gefährliche Folgen haben: Nach einer Untersuchung aus dem Jahre 1981 nahm ein Säugling das zweifache des ADI an DDT, das achtfache an HCB (Hexachlorbenzol) und das dreizehnfache an PCBs (Polychlorierten Biphenylen) aus der Muttermilch auf. Dieser Fall verdeutlicht, daß der Sicherheitsfaktor 100 zwischen NEL und ADI bereits auf 50 bei DDT oder 7,7 bei den PCBs gesunken war. Die PCB-Aufnahme des Säuglings lag in einem Bereich, bei dem Affenkinder bereits Schädigungen zeigen.

Grenzwerte, Höchstmengen sowie andere „Schutzmaßnahmen“ sind rein juristische Werte, die keinerlei Gewähr für einen sicheren Gesundheitsschutz der Bevölkerung geben. Sie stellen lediglich Richtwerte dar, die es erlauben, bei Rückständen in Lebensmitteln zwischen „legaler“ und „verbotener“ Belastung unterscheiden zu können. Im „Bedarfsfall“ können die Werte auch angehoben werden. Das passiert häufig dann, wenn „bei guter landwirtschaftlicher Praxis“ (so die Standardformulierung) eine Obergrenze nicht eingehalten werden kann und überschritten wird.

1974 wurde die Höchstmenge für QUINTOZEN in Treibhaussalat erhöht. Trotz gleicher Rückstandssituation sank die Zahl der Beanstandungsquote bei holländischem Kopfsalat von 32 Prozent auf 0,7 Prozent im Jahr darauf.

Dies ist kein Einzelfall. 1966 lag der Höchstwert für das Herbizid 2,4,5-T in Waldpilzen bei 0,01 ppm. 1978 wurde er um das zweihundertfache (!) auf 2,0 ppm erhöht.

Versuche zur Kanzerogenität an Tieren geben lediglich Anhaltspunkte für die Gefährlichkeit der getesteten Stoffe im Hinblick auf die jeweilige Versuchstierart, genauer genommen sogar nur für die Rasse beziehungsweise die genetische Herkunft. (Laborratten und -mäuse werden nach ganz bestimmten Kriterien gezüchtet; sie sind in der Regel genetisch einheitlich, damit ihre Reaktion auf eine bestimmte Testsubstanz besser studiert werden kann.)

Wenn ein Stoff an zwei Tierarten nicht kanzerogen gewirkt hat, kann daraus nicht geschlossen werden, daß er auch beim Menschen nicht krebserregend ist, zumal die Reaktionsnorm der verschiedenen Menschenrassen ebenfalls unterschiedlich ist.

Embryonenschädlichkeit (Teratogenität) für menschliches Leben ist im Tierversuch ebenfalls nicht meßbar. Schätzungen gehen davon aus, daß das Nervensystem des Embryos etwa 500mal empfindlicher ist als das eines Erwachsenen. Veränderungen typischer menschlicher Strukturen und Stoffwechselvorgänge im Gehirn können nicht durch Tests an Tieren gemessen werden. Da die Zahl verhaltensgestörter und mißgebildeter Kinder seit einiger Zeit ebenso steigt wie die von Allergikern, sind Umweltchemikalien (zu denen auch die Pestizide gehören) immer wieder als Auslöser oder gar Verursacher derartiger Schäden in der Diskussion. Hinzu kommt, daß Stoffe bekannt sind, die erst in der dritten oder noch späteren Generation embryoschädigend wirken. Drei Menschengenerationen machen etwa ein Jahrhundert aus! Wollen wir uns über derartig lange Zeitspannen der Unsicherheit aussetzen, ob bestimmte Pestizide nun gesundheitsschädigend sein können oder nicht?

Generell kann man festhalten, daß alle noch so aufwendigen Tests den Ausschluß eines mehr oder weniger hohen Restrisikos nicht gewährleisten. Der Umgang mit Pestiziden, aber auch die Aufnahme belasteter Lebensmittel oder der Kontakt mit pestizidhaltigen Gegenständen (Kosmetika, Cremes, Kleidung) ist daher immer eine potentielle Quelle für Gesundheitsschädigungen.

Pestizide im menschlichen Organismus

Im Blut, in der Gewebeflüssigkeit wie etwa Lymphe oder Liquor (der Gehirn und Rückenmark umgibt) oder in bestimmten Organen werden vor allem die sogenannten persistenten, also beständigen Stoffe gefunden. Von DDT und anderen Chlorierten Kohlenwasserstoffen ist bekannt, daß sie aufgrund ihrer geringen Wasserlöslichkeit hauptsächlich im Fettgewebe gespeichert werden. Da sie dort kaum abgebaut werden, reichern sie sich im Laufe der Zeit an, um dann bei Mobilisierung der Fettreserven (einer Krankheit, Hungerkur oder Schwangerschaft) in das Blut zu gelangen.

In amerikanischen Untersuchungen sind zum Beispiel bei 70 Prozent der Bevölkerung die Insektizide LINDAN, bei 61,9 Prozent ALDRIN/DIELDRIN und bei 80 Prozent CHLORDAN (und seine Verwandten) im Blut nachgewiesen worden. DDE, ein Umwandlungsprodukt von DDT, konnte gar bei 98 Prozent der getesteten Personen gefunden werden! Im Durchschnitt hatte jeder Amerikaner fünf verschiedene Pestizide im Blut – ein Ergebnis, das als Schlußfolgerung eine Anhäufung und ein Zusammenspiel der Schadstoffwirkungen auch dann nahelegt, wenn der einzelne Wirkstoff in sehr geringen Konzentrationen vorliegt und alleine „unschädlich" ist.

Nicht nur Menschen, die beruflich mit Pestiziden umgehen (Landwirte, Gärtner, Landarbeiter und andere) sind besonders gefährdet, sondern auch ihre Nachkommen. So soll die Mißbildungsrate bei Kindern von Personen mit „grünem Beruf" überdurchschnittlich hoch sein, während das Krebsrisiko der Pestizidanwender selbst sechs- bis achtfach erhöht ist. Chronische Leberschäden, Kreislauferkrankungen, Sterilität, verschiedene Krebsarten und Allergien sind nur einige der bekannten dauerhaften Pestizidwirkungen. Vermehrt werden auch psychische Krankheiten, Depressionen und Verhaltensstörungen als Auswirkungen von Pestiziden bekannt. Sehr oft ist es für den behandelnden Arzt nicht möglich, die Zusammenhänge zwischen Pestizid und Erkrankung zu finden, da Exposition (das Ausgesetztsein gegenüber einem Stoff) und Symptomausprägung wie bei allen chronischen Erkrankungen über einen längeren Zeitraum hinweg weit auseinanderliegen können.

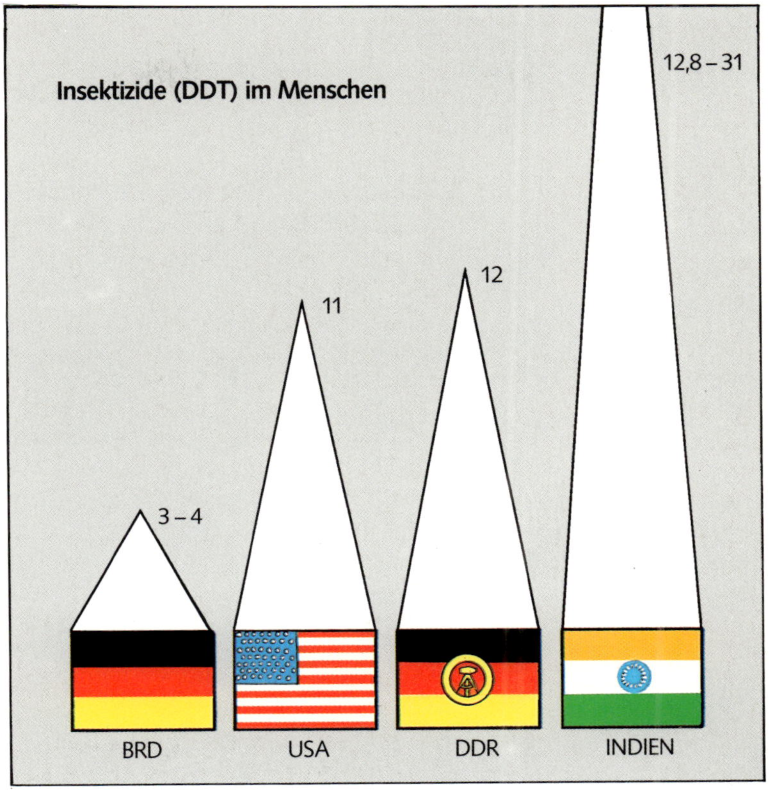

Durchschnittlicher DDT-Gehalt (Milligramm pro Kilogramm Fettgewebe) im Körper der Menschen verschiedener Staaten

Menschen mit „grünem Beruf“ sind durch die Pestizidanwendung besonders gefährdet

Auswege

Wie kann sich jeder einzelne vor Gesundheitschäden durch Pestizide schützen?

Gartenbesitzer sollten auf jegliche Anwendung dieser Stoffe verzichten. Verbraucher können ihre Verzehrgewohnheiten umstellen. Besonders in Fleisch und Wurst, aber auch in Milch können sich hohe Pestizidrückstände ansammeln. Der Grund hierfür liegt in der Anreicherung durch den tierischen Organismus und die zum Teil sehr hohe Pestizidbelastung importierter Futtermittel. Ein durchschnittlicher Mitteleuropäer nimmt die zwanzigfache Menge an tierischem Eiweiß auf, die aus ernährungswissenschaftlicher Sicht notwendig ist. Untersuchungen haben gezeigt, daß Frauen, die nur in geringem Maße Fleisch essen, bedeutend geringere Pestizidkonzentrationen in der Muttermilch hatten.

Das Rauchen sollte eingeschränkt oder ganz aufgegeben werden, denn Tabak ist in der Regel hoch pestizidbelastet.

Verbraucher können ihren Konsum vermehrt auf Bio-Produkte umstellen, wenn deren Herkunft bekannt ist. Leider gibt es eine Reihe von Geschäftemachern, die diese Vorsilbe bedenkenlos verwenden, um höhere Preise zu erzielen. Gerade Verbraucher, die Vollkornbrot oder Müsli kaufen, sollten darauf achten, daß sie echte, rückstandsarm produzierte Ware bekommen. Vollkornprodukte aus konventionellem Anbau können nämlich besonders hohe Pestizidmengen enthalten, weil die äußeren Schichten des Getreidekorns beim Mahlen nicht entfernt werden.

Wer Produkte aus dem Alternativangebot kauft, fördert dadurch auch die Nachfrage und erhöht somit den Anreiz für einzelne Landwirte, ihre Produktion umzustellen. Viele Landwirte verkaufen ihre Produkte auch direkt „ab Hof“. Adressen und Bezugsquellen nennt ein Verzeichnis (siehe Seite 173).

Exkurs: Pestizide und dritte Welt

Umweltgifte machen vor keiner Staatsgrenze halt. Daher sind die Auswirkungen der Pestizide weltweit meßbar. Sie betreffen den Menschen ebenso wie den gesamten Naturhaushalt, Böden, das Wasser und die Atmosphäre.

Wenn wir hier der Pestizidproblematik der Entwicklungsländer ein eigenes Kapitel widmen, so geschieht das, weil die Bevölkerung der dritten Welt den Gefahren der Pestizidherstellung und -anwendung ganz besonders stark ausgesetzt ist: direkt durch Erkrankungen und Tod, indirekt durch Veränderungen der Umwelt und durch sozio-ökonomische Auswirkungen.

Armut

Obwohl es auch in den Entwicklungsländern eine kleine wohlhabende und mächtige Oberschicht gibt, fristet der Großteil der Bevölkerung ein Dasein am Rande des Existenzminimums. Traditio-

Die Urwaldrodung für den Anbau von Exportgütern – hier Kaffee – schreitet immer weiter fort. Der Plantagenbau begünstigt dabei den Einsatz von Pestiziden

nell war in diesen Gebieten das System der Subsistenzwirtschaft, der Selbstversorgung mit Lebensmitteln, weit verbreitet. In guten Jahren reichte die Ernte vielleicht zum Tausch gegen Werkzeuge und Geräte und zur Vorratshaltung für schlechte Zeiten aus. Heute werden aus Gründen der Staatsverschuldung Agrarprodukte hauptsächlich für den Export als Devisenbringer erzeugt. Doch auch in der Vergangenheit wurde der Plantagenbau in diesen Ländern, meist ehemaligen Kolonien europäischer Staaten, zur Erzeugung von Ausfuhrgütern genutzt. Hierdurch kam und kommt es immer noch zur Beschränkung auf wenige anbaubare Kulturen und damit zwangsläufig zur Einengung der ehemals weiten Fruchtfolgen, die in den meisten Fällen zur Gesunderhaltung der Böden beitrug. Früher gab es bei der geringen Produktionsintensität keine Probleme mit den Pflanzenkrankheiten oder Schädlingen. Die modernen landwirtschaftlichen Methoden mit kurzfristig höheren Erträgen jedoch lassen die meisten tropischen und subtropischen Böden schnell ihre natürliche Fruchtbarkeit verlieren; teure, aus dem Ausland bezogene synthetische Düngemittel und Pestizide sind die „Krücken", mit deren Hilfe hochgezüchtete Sorten am Leben gehalten werden müssen.

Schlimmer noch ist die Tatsache, daß die nahrungsmittelliefernden Pflanzen durch den Anbau von Tabak, Kaffee, Tee oder Baumwolle immer stärker verdrängt werden. Hiervon wird niemand satt! Aufgrund der ständig sinkenden Weltmarktpreise – der Produktionszwang vergrößert das Angebot – sinken die Produkterlöse. Dadurch sind die Löhne der Landarbeiter so gering, daß die teuren Importnahrungsmittel kaum erschwinglich sind.

Nun bedingt die hohe Staatsverschuldung in der dritten Welt zwangsläufig den Einsatz von Pestiziden, und das heißt meistens den Einsatz billiger Pestizide und Agrargifte! Fast immer bedeutet dies: DDT, HCH, HCB, DIELDRIN, HEPTACHLOR und andere Mittel, die in der westlichen Welt wegen ihrer Nebenwirkungen die Zulassung verloren haben und hier nicht mehr angewendet werden dürfen.

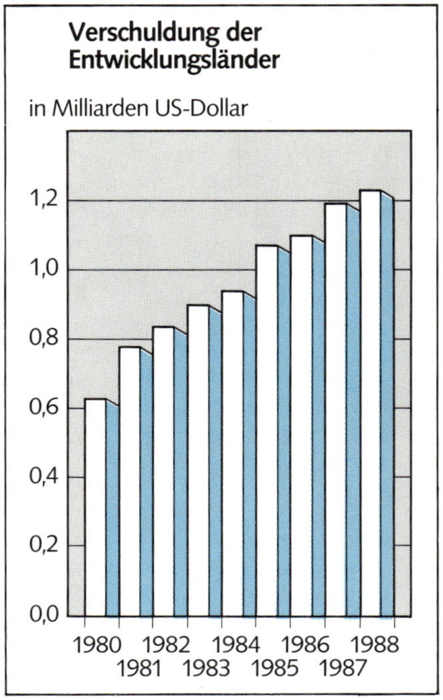

Links: Die hohe Verschuldung zwingt die Entwicklungsländer zum Export von Agrarprodukten. Bei deren Anbau werden zum Teil sehr gefährliche Pestizide eingesetzt

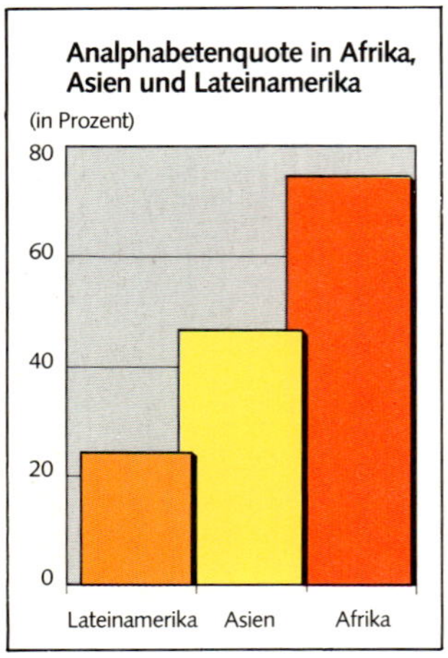

Analphabetentum begünstigt den unsachgemäßen und gesundheitsgefährdenden Umgang mit Pestiziden

Produziert werden die meisten Mittel weiterhin in den Industriestaaten, oder schlimmer noch, in der dritten Welt selbst, in der keine Arbeits- und Umweltschutzauflagen bestehen oder einfach übergangen werden.

1985 wurden weltweit Pestizide im „Wert" von 40 Milliarden DM verkauft, allein die bundesrepublikanischen Firmen hatten daran einen Anteil von 10 Milliarden DM oder 25 Prozent. Mehr noch: Rund 80 Prozent der bei uns hergestellten Pestizide werden exportiert, ein Viertel davon geht in die dritte Welt oder in sogenannte Schwellenländer, also Länder, die sich im Übergang zu einer modernen Industriegesellschaft befinden. Trotz leichter Einbrüche im Jahre 1986 wird der Verbrauch an Pestiziden mittelfristig weiter ansteigen, von 4,57 Millionen Tonnen (1980) auf schätzungsweise 6,45 Millionen Tonnen (1990).

Bildung

„Wer nicht lesen kann, muß fühlen", könnte ein Zyniker meinen, wenn es um die Anwendungshinweise auf den Spritzmittelbehältern geht. Analphabetentum allein ist schon Grund genug, den Gebrauch von derart heiklen Stoffen zu verbieten. Der Anwender hat hier nämlich überhaupt keine Möglichkeit, sich und die Umwelt zu schützen. Sicherheitsvorschriften auf englisch oder deutsch helfen dabei ebensowenig wie bunte Bildchen und Symbole, weil sie – wie Untersuchungen gezeigt haben – falsch interpretiert werden können oder die Komplexität der Verhältnisse nur unzureichend darstellen können.

Um Pestizide richtig zu dosieren, muß man außerdem rechnen können.

Im Irak sind 1972 nach offiziellen Angaben 459 Menschen nach dem Verzehr von pestizidhaltigem Getreide gestorben. Eine warnende Aufschrift in englischer Sprache war nicht verstanden worden. Inoffizielle Zahlen sprechen gar von 6000 Toten und 100000 Vergiftungsfällen.

Die Anwender von Bioziden sind wegen ihrer Leseunkundigkeit den Menschen, die sie von der „Harmlosigkeit" der Stoffe überzeugen, hilflos ausgeliefert. Ein besonders krasses Beispiel stellt in diesem Zusammenhang der Einsatz der schon angesprochenen Flugzeugspritzungen dar.

Jede Minute, die die Flugzeuge am Boden verbringen, verursacht erhebliche Kosten. Deshalb werden sie mit der giftigen Fracht so schnell wie möglich und oft unter Mißachtung der primitivsten Sicherheitsvorkehrungen betankt; da die Aufnahmekapazität der Flugzeuge begrenzt ist, werden die Mittel gleichzeitig in sehr hoher Konzentration verabreicht. Es gibt Berichte, denen zufolge das Füllpersonal am Ende der Schicht bis auf die Haut mit der Spritzbrühe durchnäßt war. Zur Orientierung des Piloten werden Arbeiter mit Fahnen in die zu besprühenden Felder gestellt und einfach „mitbehandelt". Diese „Empfehlung" befand sich sogar auf einigen Originalpackungen.

Pestizide und Kulturkreis

Gesellschaften, die geprägt sind durch den Glauben an Geister und übernatürliche Kräfte, „verstehen" Stoffe nicht in unserem Sinn als tote Materie, deren Wirkung aufgrund ihrer chemischen Struktur zustande kommt. Irgendein weißes Pulver, oft unbekannter Herkunft und Wirkung, dient als „große Medizin" gegen böse Geister. Schnell haben die Errungenschaften der Zivilisation sich ihren Weg in den animistischen (Geister-)Glauben vieler Völker der dritten Welt gebahnt. Einerseits, weil alles von den Weißen stammende „gut" ist, andererseits, weil Pestizide gegen Pflanzenkrankheiten und Schädlinge wirken, die als Strafe der Götter angesehen werden. Pulver mit derartiger Wirkung müssen dann – so die Schlußfolgerung – eine gute Medizin sein.

Politik

Die Gefahren, die von der Herstellung, dem Vertrieb, der Anwendung und der Entsorgung der Pestizide ausgehen, bedürfen einer umfassenden Risikobegrenzung. Dazu gehören Herstellungs- und Anwendungsverbote ebenso wie Kontrolluntersuchungen von Lebensmitteln und Arbeitsschutzauflagen für Personen, die beruflich mit Bioziden zu tun haben. Tatsache ist, daß selbst in den Industrieländern mit kritischen Verbrauchergruppen und Interessenverbänden nicht der Schutz vor negativen Auswirkungen der Pestizide existiert, der nach unserem Wissensstand erforderlich wäre. Viele Staaten in der dritten Welt sind dann erst recht überfordert – vor allen Dingen, wenn man sich vergegenwärtigt, daß es sich oft um Diktaturen mit systemstabilisierender Korruption handelt.

Klima

Alle Entwicklungsländer liegen in den warmen Zonen der Erde. Neben den vorgenannten Faktoren trägt auch das Klima in diesen Ländern dazu bei, daß Pestizide dort anders wirken.

Wer einmal ein tropisches Land besucht hat, kann sich vielleicht vorstellen, was es bedeutet, wenn man bei über 30 Grad Celsius und 95 Prozent relativer Luftfeuchtigkeit in Gummistiefeln, Schutzkleidung und Atemmaske mit einer Spritze auf dem Rücken stundenlang arbeiten muß. Wer will es den Bauern übelnehmen, wenn sie in T-Shirt, kurzen Hosen und barfüßig Reihe um Reihe spritzen und dabei zwangsläufig Pestizidnebel über Haut und Atmung aufnehmen.

Weil viele Mittel leicht verdampfen, ist die Gefahr des Einatmens giftiger Dämpfe hier höher als im gemäßigten Klima. Einige Pestizide sind bei höheren Temperaturen auch aggressiver. So ist DDT bei 36 Grad Celsius beispielsweise achtmal giftiger als bei 26 Grad!

Sprühflugzeug im Einsatz in Zentralamerika

Der Kreis schließt sich

Rückstände von Pflanzenschutzmitteln gelangen mit den Ernteprodukten über den Weltmarkt auch zu uns. Dabei sind nicht nur Konzentrationen oberhalb des gesetzlich zugelassenen Maximums möglich, sondern auf Obst, Gemüse, Futtermitteln und anderen Agrarprodukten finden sich mitunter Rückstände von Pestiziden, die bei uns und in vielen anderen westlichen Ländern aufgrund nachgewiesener Gesundheitsgefährdung mit einem Anwendungsverbot belegt sind.

Beschwichtigungsversuche offizieller Stellen mit dem Hinweis auf die Sicherheitsbestimmungen (vergleiche die Kritik an den Grenzwerten Seite 64ff.) berücksichtigen nicht die individuellen Ernährungsgewohnheiten der Verbraucher. Passionierte Teetrinker nehmen ein mehrfaches der Pestizidmengen als der zugrundegelegte „statistische Verbraucher“ auf. Vegetarier, deren Diät auf Reis- oder Sojabohnenbasis fußt, sind ebenfalls stärker gefährdet als Durchschnittsverbraucher.

Konsumenten, die viel Wurst und Fleisch essen, sind durch rückstandsbelastete Importfuttermittel ebenfalls überdurchschnittlich hohen Pestizidmengen ausgesetzt.

AUSSTIEG AUS DER A

OCHEMISCHEN GIFTWIRTSCHAFT

DAS ZIEL HEISST PESTIZIDVERMEIDUNG

Wenn wir uns über die Folgen des Einsatzes von Pestiziden (in der Landwirtschaft) unterhalten, dann steht meist nur die (akute) Giftigkeit der Mittel für den Menschen oder andere Lebewesen im Vordergrund. Dies führt dazu, daß interessierte Kreise auf Neuentwicklungen und sogenannte „nützlingsschonende Mittel“ verweisen, die tatsächlich in vielen Fällen nicht besonders giftig für Warmblütler oder für die Testnützlinge (Marienkäfer, Florfliegen, Schlupfwespen und andere) sind.

Niemand wird bezweifeln, daß die chemische Industrie mit großem Forschungsaufwand die Suche nach Wirkstoffen vorantreibt, die möglichst nur auf die jeweiligen Zielorganismen tödlich wirken sollen. Die Frage ist nur, ob dies nicht die Suche nach einem Phantom ist. Schließlich verfügen alle Lebewesen, vom Bakterium über die höheren Pflanzen bis zum Menschen, über Gemeinsamkeiten im Stoffwechsel. Auch wenn Unterschiede in der Reaktion auf einen bestimmten Stoff gemessen werden, bedeutet dies nicht, daß ein Organismus in keinster Weise reagiert.

Ein Bauer bringt Herbizide aus

Mit dem Argument der „Unschädlichkeit“ wird häufig Schindluder getrieben. Auch der vielzitierte und weit verbreitete „integrierte Pflanzenschutz“ kommt ohne Pestizide nicht aus. Er ist also nicht der erste Schritt in die richtige Richtung, sondern der letzte Schritt in die falsche, weil hierdurch die Stellung der Pestizide in den Anbausystemen gefestigt wird.

Die Pestizid-Hersteller haben das Motto „Angriff ist die beste Verteidigung“ gewählt. Natürlich können die agrochemische Industrie und ihre Interessenvertreter in der konventionellen Landwirtschaft auch nicht die Absicht haben, einen Ausstieg aus der Pestizid-Ära zu befürworten. Vielmehr wird versucht, eine mit zum Teil brauchbaren ökologischen Ansätzen ausgestattete Gesamtsicht der Dinge zur Festschreibung der Pestizidanwendung zu benutzen. So haben sich mit Wirkung vom 1. Juli 1988 die 70 Mitgliedsfirmen, die bisher dem „Industrieverband Pflanzenschutz“ (IPS) angehörten, zu einem „Industrieverband Agrar e.V.“ zusammengeschlossen. In den Zielsetzungen des Verbandes heißt es unter anderem, daß man dem Verbraucher die Rolle des „biologisch-technischen Fortschritts verständlich“ machen wolle. Die Frage, ob es wirklich ohne Pestizide geht, kann nicht ohne weiteres mit ja beantwortet werden. Dahingegen ist sicher, daß es auf den meisten Gebieten, in denen heute derartige Stoffe eingesetzt werden, praxisreife Alternativen gibt, die einen Ausstieg aus der agrochemischen Giftwirtschaft ermöglichen.

Bereich Landwirtschaft

Organische Düngung bringt Nährstoffe in den Kreislauf zurück

In der sogenannten konventionellen Landwirtschaft ist ein Pestizidverzicht bei den heutigen agrarpolitischen Rahmenbedingungen nicht möglich. Vielmehr basiert diese Landwirtschaft auf der Anwendung dieser Stoffe (sinngemäß trifft dies auch auf die maßlos überhöhte Verwendung von Mineraldünger und den Gebrauch von „Masthilfsstoffen" zu – eine beschönigende Umschreibung für die gerade wieder einmal gefundenen verbotenen synthetischen Hormone in der Kälbermast).

Daß es auch anders geht, zeigt die ständig steigende Zahl der alternativ wirtschaftenden Bauern, die sowohl die Erfahrungen der jahrhundertealten Landbewirtschaftung als auch die neuesten Erkenntnisse der Forschung auf dem Gebiet des ökologischen Landbaus nutzen. Ertragseinbrüche, die während der einzelbetrieblichen Umstellungsphasen auf die alternative Bewirtschaftung (die Zeit zum Aufbau der erforderlichen biologischen Aktivität beträgt etwa drei bis fünf Jahre) auftreten, können durch begleitende Fachberatung und finanzielle Beihilfen kompensiert werden. Die dafür notwendigen Geldmittel werden durch Umverteilung frei.

Zusätzlich dazu könnten finanzielle Mittel aus Abgaben auf Mineraldünger und Pestizide – von Ökologen seit langem gefordert – in die Förderung des ökologischen Landbaus und für vermehrte Forschung auf diesem bisher vernachlässigten Gebiet investiert werden. Obwohl ehrlicherweise gesagt werden muß, daß die Produktion von alternativ

Überflußgesellschaft …

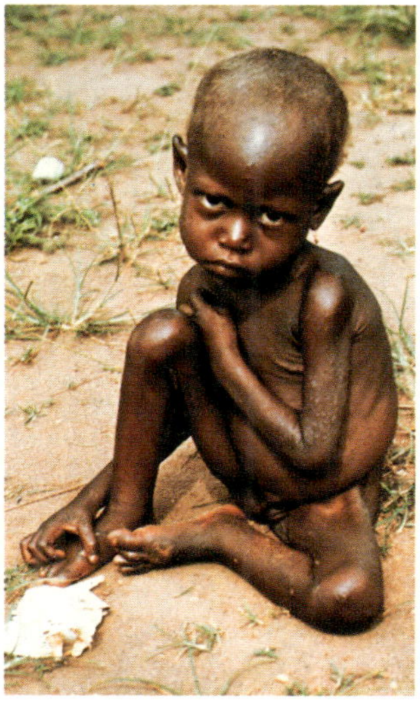

… und Hungerelend

Der Griff zur Spraydose ist nach wie vor bei Verbrauchern sehr beliebt

erzeugten Lebensmitteln teurer ist, läßt sich alternativer Landbau finanzieren; vor allem deshalb, weil die Millionensummen, die heute noch zum Aufkauf, zur Lagerung und zum Verkauf der Produkte wegen der Agrarüberschüsse nötig sind, wegfielen (ganz zu schweigen von den Millionen, die jährlich für die Vernichtung von überschüssigem Obst und Gemüse bereitgestellt werden; im Jahre 1988 wird die Europäische Gemeinschaft 650 Millionen DM dafür ausgeben). Die heutigen Preise für konventionell erzeugte Lebensmittel sind nur deswegen so niedrig, weil Milliardensummen für die Subvention einer kranken und krankmachenden Landwirtschaft bereitgestellt werden und weil die Gesellschaft die Kosten für die mit der üblichen Landbewirtschaftung verbundene Umweltzerstörung und Gesundheitsbeeinträchtigungen bezahlt. Wären diese Kosten in den Produktpreisen enthalten, so kämen bedeutend höhere Preise für Milch, Getreide oder Gemüse zustande.

Der Wunsch der Verbraucher nach gesunden, rückstandsfreien und naturbelassenen Lebensmitteln regelt die Nachfrage nach alternativ erzeugten Produkten und bedeutet gleichzeitig den Verzicht auf Pestizide. Die Rahmenbedingungen dafür müssen allerdings auf politischer Ebene geschaffen werden.

Bereich Klein- und Hausgarten

Vollständiger Verzicht auf chemisch synthetisierte Wirkstoffe ist auf diesem Sektor besonders einfach (Näheres ist auf den Seiten 86ff. und 106ff. beschrieben). Unsere Gärten sind keine Fabriken zur Erzeugung von Maximalerträgen pflanzlicher Produkte (was auf die konventionelle Landwirtschaft mit Sicherheit zutrifft). Vielmehr sind sie seltene und wertvolle Freiflächen in oftmals trostlosen, lebensfeindlichen Städten. Gärtnern ist ein bevorzugtes Hobby (nicht umsonst gibt es Wartelisten für die Zuteilung einer Kleingartenparzelle), das Naturerlebnisse in unserer unmittelbaren Lebenswelt vermitteln kann.

Im Nutzgarten lassen sich Gemüse und Obst in besserer Qualität und Frische ohne Pestizide erzeugen. Und wäre es nicht geradezu paradox, den Wunsch nach gesunden Eigenerzeugnissen durch den Einsatz von Giftstoffen ad absurdum zu führen?

Die Pestizidanwendung kann Zeit sparen. Aber gerade im Hobbygarten möchten wir ja möglichst viel unserer freien Zeit verbringen. Kartoffelkäfer, Schnecken und Blattläuse lassen sich auch absammeln oder mit einem Pinsel abbürsten. Naturgärten (ökologisch ausgerichtete Ziergärten), in denen wir eher Gast als Nutzer sind, verlangen nicht einmal nach alternativen Methoden der Schädlingskontrolle.

Bereich Privathaushalt

In der überwiegenden Zahl der Fälle werden hier Stoffe eingesetzt, deren Verwendung ebenso gesundheitsgefährlich wie unnötig ist. Tatsächliche Gefährdungen durch Krankheitserreger oder Materialschädlinge können durch vorbeugende Maßnahmen auf ein Mindestmaß zurückgeführt werden.

In wenigen „Notfällen" kann die Wahl möglichst sicherer pestizidhaltiger Präparate, die von Fachleuten eingesetzt werden, angezeigt sein. Allerdings sollte man sich immer vergegenwärtigen, daß Pestizide nur als Notbehelf vertretbar sind.

Bereich öffentliche Grünanlagen

Der Herbizidgebrauch, die wesentlichste Umweltbelastung auf kommunalem Gebiet in puncto Pestizide, muß durch andere Verfahren ersetzt werden, soweit unerwünschter Pflanzenwuchs tatsächlich zu Beeinträchtigungen führt.

Auf gepflasterten Wegen können „Unkräuter" mit den entsprechenden Geräten beseitigt werden; hier kommen, je nach Umfang, Hacken oder Abflämmtechniken zum Zuge. Bei Neuanlagen sollten Wege so geplant werden, daß der Bewuchs mechanisch entfernt werden kann. Dies bietet sich bei Kies-, Sand- und Schotterwegen an.

Auf eine chemische Behandlung von Rasenflächen sollte verzichtet werden, insbesondere dann, wenn es sich um Sport- und Spielwiesen handelt. Andere ehemalige Rasenflächen können zu Wildkräuterwiesen oder Wildstaudenbereichen entwickelt werden, was eine Bereicherung der Flora und Fauna zur Folge hat. Dadurch steigt selbstverständlich auch der Erholungswert.

Interessanterweise ist die Planung und Pflege naturnaher Parkanlagen auch unter ökonomischen Gesichtspunkten eine echte Alternative, wie etwa die Gestaltung des „Wienburgparks" in Münster, aber auch Grünflächen in Augsburg oder Karlsruhe zeigen.

Eine begleitende Aufklärung in Form entsprechender Hinweistafeln sichert die Akzeptanz in der Bevölkerung.

Fazit

Immer wieder hört man den Einwand, der Verzicht auf Pestizide sei aus finanziellen Gründen nicht durchführbar; ein kurzsichtiger Einwand, der sich lediglich auf die direkten Kosten für Betriebsmittel bezieht. Echte Sacheinwände sind dagegen höchst selten.

Die Produktion von Pestiziden benötigt Energie und ist zwangsläufig mit der Entstehung von Neben- und Endprodukten gekoppelt, die, je nach Herstellungsprozeß, in mehr oder minder großem Umfang in die Umwelt gelangen oder als giftige Sonderabfälle anfallen, deren „Entsorgung" risikoreich und teuer ist.

Weitere volkswirtschaftliche Kosten fallen für die Kontrollen der Fertigungsanlagen und die Gesundheitsvorsorge für die dort beschäftigten Personen an. Darüber hinaus muß man immense, durch Umweltchemikalien verursachte Gesundheitsschäden in der Gesamtbevölkerung mit den entsprechenden Kosten für die Allgemeinheit in Rechnung stellen.

Natur- und Umweltschutz kann es nicht „zum Nulltarif" geben. Wenn wir allerdings lernen, in Zusammenhängen zu denken, ist der schonende Umgang mit der Natur die längerfristig „preisgünstigere" Lösung.

„Unerwünschter Pflanzenwuchs" auf Wegen kann – wenn nötig – auf umweltverträgliche Weise kontrolliert werden

GIFTFREIE SCHÄDLINGS-KONTROLLE IM HAUS

Silberfischchen

Laufkäfer frißt eine Schnecke

Der Griff zur chemischen Keule ist ebenso einfach wie überflüssig. Es müssen nicht gleich überall giftige Köder gegen Fliegen, Ameisen und Motten gelegt werden. Wer den Kriech-, Krabbel- und Flattertieren in seinem Haus wirksam giftfrei entgegentreten will, braucht sich nur über einige Verhaltensweisen und Lebensgewohnheiten zu informieren. Mit relativ einfachen Mitteln kann man dann den tierischen Gästen im Haus wirksam entgegentreten.

Während Spinnen und Weberknechte sich im Haus nützlich machen, indem sie lästige Insekten vertilgen, suchen Käfer, Florfliegen und Schmetterlinge oft nur geschützte Ecken zum Überwintern auf. Andere Tiere zeigen durch ihr Erscheinen an, daß im Haus bestimmte Umweltbedingungen herrschen, die ihnen zusagen: Bücher- und Staubläuse ernähren sich so meist von Schimmel in feuchter Umgebung. All diese Tiere sind harmlos und brauchen überhaupt nicht bekämpft zu werden. Eine minimale Veränderung der Umgebung, zum Beispiel eine verbesserte Durchlüftung, genügt oft schon, um sie zu vertreiben.

Anderen Organismen, zu denen auch einige Wirbeltiere zu zählen sind, sollten wir dagegen größere Aufmerksamkeit zollen, ohne allerdings gleich in Panik zu verfallen:

- Ratten, Mäuse, Motten und Käfer können Nahrungsvorräte vernichten oder verunreinigen,
- Schaben, Fliegen und Pharaoameisen sind für das Verschleppen von Krankheitserregern bekannt und
- Flöhe, Läuse und Stechmücken für ihre Fähigkeit als Blutsauger.

Vorsicht ist in Krisenzeiten und -situationen geboten. Dann nämlich können Kleiderläuse zum Beispiel Fleckfieber und andere Krankheiten übertragen und Flöhe von Nagetieren für die Verbreitung von Pesterregern sorgen.

Schädlinge und Lästlinge

Das einzige, was diese zu unterschiedlichen biologischen Gruppen gehörende Tiere miteinander verbindet, ist ihre Vorliebe für den Menschen selber, seine Nah-

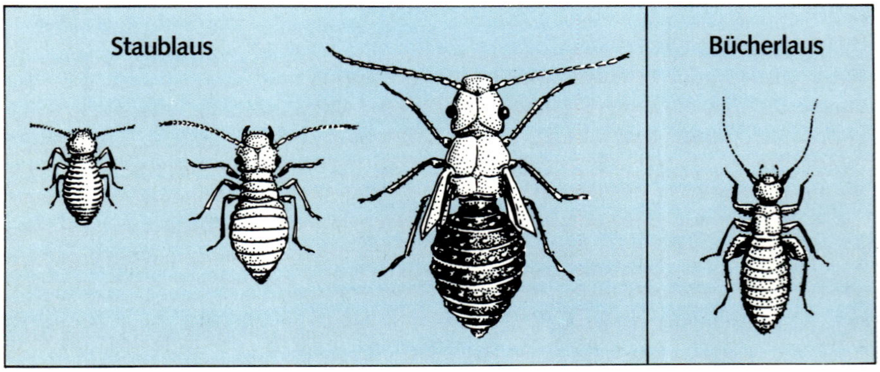

Entwicklungsstadien der Staublaus (das rechte Tier ist ungefähr 1,7 Millimeter groß). Bücherlaus (ungefähr 1 Millimeter groß)

rung oder deren Endprodukte, sprich: Abfall. Eine Vorbeugung ist demzufolge schon durch einfühlsames Entgegenwirken möglich. Abfälle sollten möglichst gleich beseitigt werden, und Vorräte nur in kleinen Mengen angelegt und dann gut verpackt werden (in Blechdosen, Gläsern oder Eimern mit festsitzenden Deckeln). Aufbewahrung bei Kühlschranktemperatur ist ebenfalls ein recht sicherer Schutz. Gegebenenfalls nützen auch Barrieren wie dichter Fliegendraht. Hindernisse wie mit Glasscherben durchsetzter Zement oder Zinkblech erweisen sich als wirksame Hilfsmittel gegen Nagetiere. Es empfiehlt sich, auch kleinere Öffnungen damit zu verschließen, da junge Mäuse durch fingerdicke Öffnungen schlüpfen.

Ameisen

Wer es mit ihnen aufnimmt, kann viel über integrierte Schädlingsbekämpfung lernen. Ameisen haben eine Eigenart, die sich der oberflächlichen Betrachtung entzieht, die für die Arterhaltung beziehungsweise Bekämpfung aber wesentlich ist: Sie besitzen eine ausgeprägte soziale Struktur und teilen sich die Arbeit. Die ersten Ameisen, die man sieht, sind die Kundschafterinnen, danach kommen die Nahrungsbeschafferinnen und manchmal noch sogenannte Soldaten, die den Nahrungstransport im Bedarfsfall gegen Konkurrenten verteidigen. Die Vermehrung, oft viele Meter tief in der Erde, ist ausschließlich Sache der Königin, die von Brutpflegerinnen unterstützt wird. Wissenschaftlich nennt man das Staatenbildung, auch bei anderen Insekten, zum Beispiel bei Wespen, vorkommt.

Vorbeugung: Sauberkeit besonders in der Küche.

Gegenmaßnahmen: Ameisenstraßen führen stets zum Nest, das in der Regel außerhalb des Hauses liegt. Die Tiere kommen besonders im Frühling und Frühsommer ins Haus, wenn sie draußen, bedingt durch nasse, kühle Witterung, nicht genug Nahrung finden. Oft genügt es, die Öffnung, durch die die Ameisenstraße führt, mit Klebstoff oder Kaugummi zu verschließen. Gute Dienste leistet auch auf ein Stück Karton geträufelter Honig. Der Karton wird neben die Ameisenstraße (nicht darauf!) gelegt, und viele Ameisen bleiben bei dem Versuch, sich am Honig gütlich zu tun, kleben. Falls das nicht ausreicht, legt man einen mit Essigwasser getränkten Schwamm über Nacht neben die Ameisenstraße. Den Schwamm wirft man am nächsten Tag in kochendes Wasser, um die darauf sitzenden Ameisen zu töten. So können Sie die Anzahl reduzieren und das Bedürfnis der Ameisen, in Ihrer Wohnung neue Nahrungsquellen aufzutun, entsprechend verringern, ohne dem Volk, das ja nützlich ist, allzu großen Schaden zuzufügen. Als Fraßgift wirkt Backpulver, trocken ausgestreut. Es ist besonders gut geeigent, um einzelne, besonders gefährdete Objekte, zum Beispiel Ihren Küchenschrank, zu schützen. Man streut entlang der Türschwelle eine Barriere.

Sollten Sie in Ihrer Wohnung winzigkleine honigfarbene Ameisen finden, die nicht süße, sondern eiweißhaltige Nahrung bevorzugen, und die auch im Winter aktiv bleiben, ist höchste Aufmerksamkeit geboten. Es könnte sich dabei um Pharaoameisen *(Monomorium pharaonis)* handeln, deren Bekämpfung ohne Spezialkenntnisse nicht möglich ist.

Schaben

Alle Schaben durchlaufen im Gegensatz beispielsweise zu den Schmetterlingen und Käfern (holometabole Entwicklung) eine unvollständige (hemimetabole) Entwicklung ohne Puppenstadium, das heißt, junge Tiere sind kleiner als ausgewachsene, sehen diesen aber bis auf die Flügel, die grundsätzlich nur erwachsene Insekten haben, sehr ähnlich und

Kleidermotte

Gartenameisen

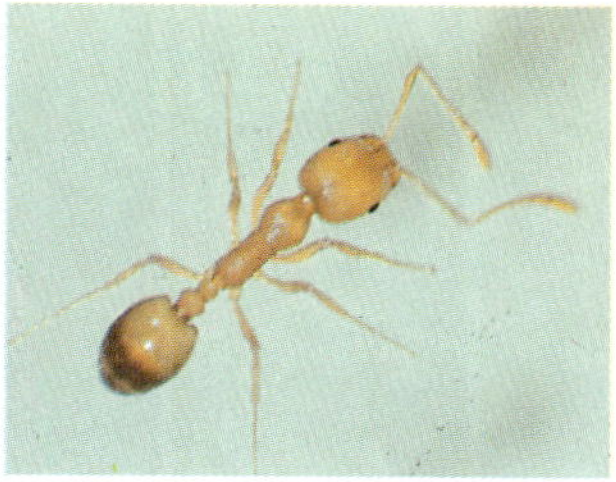

Pharaoameise

Orientalische Schabe

Oben: Beispiel für Hemimetabolie: Entwicklungsstadien der Küchenschabe (Blatta orientalis)

Unten: Beispiel für Holometabolie: Entwicklungsstadien der Kieferneule (Panolis flammea). Die Raupen fressen Kiefernnadeln

Der Menschenfloh ist ein ausgesprochener Lästling

sind auch am selben Ort zu finden. Die Eier der Schaben sind in Gruppen von 16 bis 50 in sogenannten Eikapseln verpackt.

Schaben sind nachts besonders aktiv und lichtscheu. Die meisten Schaben lieben eine feuchte und warme Umgebung. Da sie beim Ruhen gern den Körperkontakt zu Gegenständen suchen, sitzen sie meist tief in engen Ritzen (bis 1 Millimeter) verborgen. Zwei Arten kommen gemeinhin vor:

a) Deutsche Schaben *(Blatella germanica).* Sie sind etwa über 1 Zentimeter lang und rotbraun. Die Flügel, mit denen sie nicht fliegen, sondern höchstens abwärts segeln können, haben sie flach auf dem Rücken übereinandergefaltet. Die pergamentartigen Vorderflügel sind schmal, ihre Hinterflügel breit und durchsichtig. Die Weibchen dieser Art tragen ihre Eikapseln bis kurz vor dem Schlüpfen der Larven an ihrem Hinterleib mit sich herum, um deren Wasserversorgung sicherzustellen.

b) Orientalische Schaben *(Blatta orientalis).* Diese auch Küchenschaben genannten Lästlinge sind 2 bis 3 Zentimeter lang und glänzend dunkelbraun bis schwarz. Bis auf die ausgewachsenen Männchen, die kurze Flügelstummel haben, sind alle anderen Stadien flügellos. Orientalische Schaben können auch Kälte sehr gut ertragen. Die Larvenentwicklung kann dann weit über ein Jahr dauern. Die Weibchen dieser Art lassen ihre sehr harten, dickschaligen Eikapseln wahllos fallen. Bis zu drei Monaten kann es dauern, bis die Junglarven daraus schlüpfen. In der Kapsel sind sie vor allerlei schädlichen Umwelteinflüssen sicher, zum Beispiel vor Trockenheit und auch vor Gift. Was das für die Bekämpfung bedeutet, liegt auf der Hand.

Vorbeugung: Sauberkeit! Schlupfwinkel mit Silikon-Fugendichtung abdichten, unerreichbare Hohlräume mit Silica-Aerogel einstäuben. Befallsquelle ermitteln, gründlich reinigen und gegebenenfalls beseitigen.

Gegenmaßnahmen: Klebefallen zur Befallsermittlung oder Köderdosen. Bei starkem Befall sollte ein Fachmann hinzugezogen werden.

Flöhe

Flöhe sind flügellose, seitlich stark abgeflachte Insekten mit langen Sprungbeinen. Wie schon erwähnt, leben Flöhe als blutsaugende Parasiten auf Säugetieren und Vögeln. Ihre zu Stechborsten ausgebildeten Mundteile leisten dabei „hervorragende Dienste".

Vorbeugung und Gegenmaßnahmen: Entziehen der Lebensbedingungen für die Larven durch Trockenheit und Sauberkeit in Wohnung, Stall und Lagerstätte von Mensch und Tier; Beseitigung von Staub, Kehricht und sonstigem Unrat. Teppiche, Matten, Matrazen gut ausklopfen, praller Sonne aussetzen, wenn möglich, auch heiß waschen. Staubige Dielenritzen und ähnliches sehr naß mit starkem Seifen- oder Salzwasser behandeln. Die Vernichtung vorhandener Flöhe kann immer nur ein Notbehelf sein.

In hartnäckigen Fällen sollte man einen Fachmann um Hilfe bitten.

Mücken

Stechmücken besitzen ein Paar durchsichtige Flügel, lange Fühler und Beine. Sie zählen sicherlich zu den nervtötendsten Lästlingen, man denke nur an das schlafraubende, feine hohe Fluggeräusch bei Nacht und die stark juckenden Einstiche. Nur die Weibchen saugen Blut!

Vorbeugung und Gegenmaßnahmen: Entziehen der Lebensbedingungen für die Larven: Kleinstgewässer in alten Autoreifen, leeren Blechdosen oder Fahrspuren in Wegen beseitigen; Regentonnen mit Drahtgaze bedecken oder durch entsprechende Gestaltung der Brutgewässer die Ansiedlung von Freßfeinden der Mükkenlarven (Raubinsekten, Amphibien, Fische) begünstigen. Gegen Vollinsekten helfen lückenlose Fliegengitter, Fliegenklatschen und dichtschließende Kleidung. Dazu sollte man stark befallene Orte meiden. Mückenplagen wie im Oberrheingebiet sind nur durch entsprechende Großaktionen kontrollierbar.

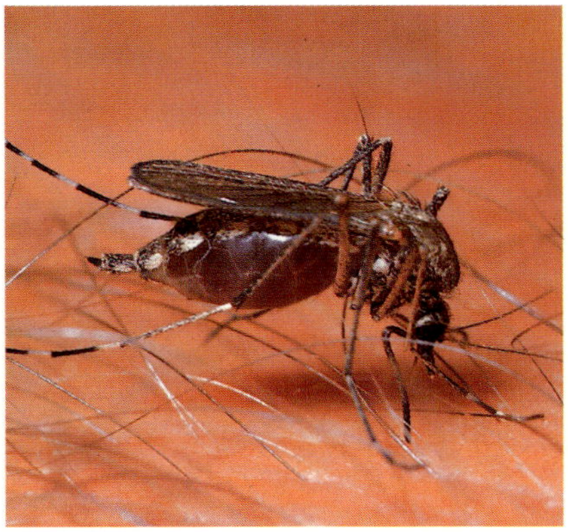

PESTIZIDVERMEIDUNG DURCH BIOGARTENSTRATEGIE

Das griechische Wort „bios“ bedeutet Leben. Ein Garten ist ein abgegrenztes Gelände zum Kleinanbau von Nutz- und Zierpflanzen. Im Gegensatz zur freien Natur unterliegen Gärten dem menschlichen Gestaltungswillen: Wir greifen durch Bodenbearbeitung, Düngung und gezieltes Anpflanzen in die natürlichen Systeme ein, oder schaffen zum Teil Voraussetzungen, die unnatürlich sind. Nutzpflanzen wie Kartoffeln oder Spargel stammen ebenso aus fremden Gegenden wie die meisten Ziergehölze. Sie kämen in der Natur nie zusammen auf einer Fläche vor.

Im Biogarten, dem „Lebensgarten“, unternehmen wir den Versuch, trotz der beschriebenen willkürlichen Zusammensetzung von Nutz- und Zierpflanzen und trotz unserer Absicht, ernten zu wollen, möglichst wenig einzugreifen. Dies setzt mehr Verständnis über ökologische Zusammenhänge voraus, als beim Gärtnern mit „Chemie“.

Im biologischen Anbau versucht man, gute Lebensbedingungen für natürliche Feinde und Gegenspieler der Kulturpflanzenschädlinge und -krankheitserreger zu schaffen. Die meisten Methoden wirken vorbeugend. Eine biologische Bekämpfung wirkt zumindest auf den Zielorganismus ebenso wie eine chemische; tot bleibt tot. Lediglich die Nebenwirkungen sind geringer, besonders im Hinblick auf die Langlebigkeit (Persistenz) der Wirkstoffe. Biologische Substanzen sind leicht abbaubar.

Links: Stechmücke beim Saugen; der Unterleib ist bereits prall mit Blut gefüllt

Meisenkasten

Biologisch gärtnern

Im biologischen Garten wird nicht gegen die Natur, sondern mit ihr gearbeitet. Durch relativ einfache Maßnahmen können die Voraussetzungen für einen Gesamtorganismus Garten geschaffen werden, in dem die Natur selbst regulierend tätig ist.

Nistmöglichkeiten für Blattlausjäger wie Ohrwürmer, Florfliegen, Marienkäfer und Schwebfliegen und selbstverständlich für insektenfressende Vogelarten sichern die kostenlose Mitarbeit dieser Tierarten in unserem Garten (vergleiche Seite 93ff.). Hierzu gehört auch der gezielte Anbau von Wildpflanzen als zusätzlicher Nektar- oder Pollennahrung.

Mulchen – auch Flächenkompostierung genannt – beugt Wildkrautwachstum vor und hält den Boden locker und feucht. Mit dieser organischen Substanz werden die Regenwürmer gefüttert. Sie zeigen sich erkenntlich, indem sie Krankheitserreger wie Pilzsporen unschädlich machen und für eine gute Durchlüftung des Bodens sorgen. Dies wiederum beugt schädlicher Staunässe im Boden vor. Regenwurmkot ist der beste Dünger.

Kompostwirtschaft liefert ebenfalls guten Bodendünger. In „tätigen" Komposthaufen werden durch die Wärmeentwicklung Unkrautsamen und Pilzsporen vernichtet. Kompostextrakte lassen sich sogar zur Vorbeugung gegen Pilzerkrankungen (siehe Seite 111) wirkungsvoll einsetzen. Gegenspieler der schädlichen Bodenpilze und Nematoden werden durch schonende Bodenbearbeitung und Kompostwirtschaft gefördert.

Biologische Düngung, also eine ausgewogene Düngung mit Kompost und Gesteinsmehlen, trägt zur mechanischen Festigung der Pflanzenzellen bei und erschwert so fressenden und saugenden Insekten den Angriff. Auch keimende Pilzsporen haben es dadurch schwerer, in das Blattgewebe einzudringen. Biologische Düngung verändert aber auch die Inhaltsstoffe der Pflanzen. Als Resultat ist die Anziehung von Pflanzenschädlingen oft deutlich geringer.

Im Mischkulturanbau nutzt man die flüchtigen Ausscheidungen über Blätter und Wurzeln einiger Pflanzenarten aus, die sich bei richtiger Zusammenstellung gegenseitig vor Insekten, Nematoden und Pilzen schützen.

Die richtige Sortenwahl bei Gemüse und Obst, aber auch bei Zierpflanzen, verringert ebenfalls das Krankheitsrisiko unserer Kulturpflanzen. Mittlerweile gibt es speziell für den biologischen Anbau gezüchtete, resistente Sorten.

Hygienemaßnahmen wie etwa Baumschnitt, das Aufsammeln und Vernichten von kranken Pflanzenteilen (etwa vorzeitig abgefallenen Äpfeln) tragen ebenfalls gut zur Gesunderhaltung unserer Pflanzen bei.

Ein heller, luftiger Standort beugt Pilzerkrankungen vor. Auch Blattläuse meiden windige Lagen.

Brühen, Tees und Jauchen aus Pflanzenteilen wirken in erster Linie pflanzenstärkend, also vorbeugend. Von einigen ist sogar eine gute bekämpfende Wirkung bekannt (siehe Seite 110ff.).

Die Wahl der günstigsten Aussaat- und Pflanzzeiten verhindert das zeitliche Zusammentreffen von „Angreifern" und empfindlichen Wachstumsstadien unserer Pflanzen.

Was braucht der Biogärtner noch?

Ebenso wichtig wie die Kenntnis der biologischen Methoden sind Toleranz, Geduld und Phantasie.

Toleranz

Wer E 605 lediglich gegen Brennesselbrühe im Kampf gegen Insekten austauscht, hat nicht verstanden, worum es geht. Als Biogärtner können wir nicht erwarten, daß alle unsere Äpfel ohne Obstmade (Apfelwicklerlarve, *Laspeyresia pomonella*) oder Schorf sind. Das ist unnatürlich. Wir können nur versuchen, durch die beschriebenen Methoden möglichst wenig von diesen und anderen „Mitessern" zu haben. Madige Äpfel sind ebenso eßbar wie andere. Da eine spätere Infektion mit Pilzen möglich ist, sollten sie möglichst nicht gelagert, sondern sofort verzehrt werden. Schorfstellen kann man mit einem Messer entfernen.

Geduld

Wenn wir Blattlausräuber in unserem Garten ansiedeln, müssen wir daran denken, daß diese verhungern würden, wenn alle Läuse vertilgt sind. Es müssen also immer Beutetiere vorhanden sein, die von ihnen nicht gefunden werden. In den Beziehungen zwischen Räuber und Beute steuert die Beute die Dichte (Anzahl pro Fläche) der Räuber, nicht umgekehrt.

Hierzu ein Beispiel: „Blattlausjahre" gibt es dann, wenn die Witterungsbedingungen der Entwicklung der Läuse besonders förderlich sind. Ihre natürlichen Feinde können erst mit einer gewissen Zeitverzögerung auf das gute Nahrungsangebot reagieren. Wer nun in Panik doch Gift versprüht, trifft Läuse und Feinde gleichermaßen, sagen wir zu 99 Prozent, tödlich. Da das verbliebene eine Prozent der Blattläuse sich aber viel schneller vermehren kann (Blattläuse besitzen lebendgebärende Formen, die nicht einmal einen Geschlechtspartner benötigen) als das eine Prozent der Feinde, sind die Läuse wegen der Bekämpfung im Vorteil.

Phantasie

Viele Methoden der biologischen Bekämpfung wirken nicht hundertprozentig. Oft enthalten Bücher über Mischkulturen diesbezüglich widersprüchliche Angaben. Auch die Rezepte zum Ansetzen von Brühen und Tees können unterschiedlich sein. Zum biologischen Gärtnern gehört viel Kreativität. Man sollte beobachtete Erfolge und Mißerfolge in einem Gartentagebuch festhalten; ein Anbauplan gibt Auskunft darüber, was im letzten Jahr wo auf den Beeten angepflanzt wurde. Wenn die hier oder anderswo angegebenen Methoden nicht erfolgversprechend waren, kann man selber tüfteln und ausprobieren.

Kompostwirtschaft liefert einen hervorragenden Bodendünger

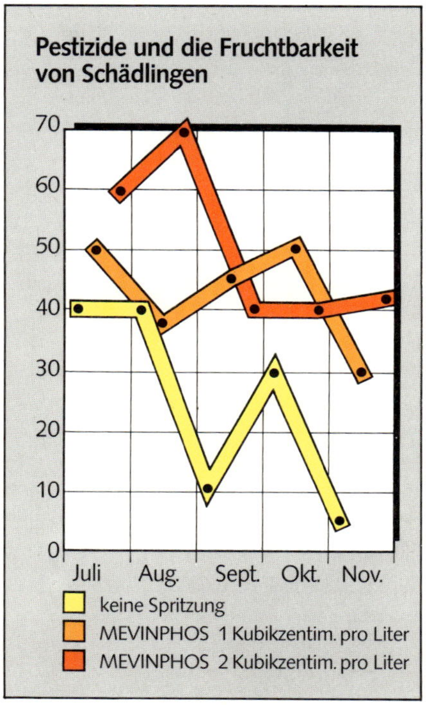

Fruchtbarkeit der Grünen Pfirsichblattlaus (Myzus persicae) auf Tabak bei verschiedenen Behandlungstypen; Anzahl der Nachkommen pro Individuum

VERTRÄGLICHER PFLANZENSCHUTZ

PHYSIKALISCHE VERFAHREN

Unerwünschte Gäste im Gemüsebeet, an Obstbäumen und sogar in Blumentöpfen können mittels thermischer oder mechanischer Verfahren ebenso simpel wie effektiv vertrieben oder bekämpft werden.

In der Regel sind derartige Eingriffe in den Naturhaushalt weniger schwerwiegend als bei Anwendung eines Pestizides.

Thermische Methoden

Wärmebehandlung kann in Form einer Heißwasserbeizung (30 Minuten bei ungefähr 50 Grad Celsius) pilzliche Erreger an Samen abtöten. Beispiele für die Anwendung in der Praxis sind die thermische Behandlung von Kohlsaatgut gegen Umfallkrankheit *(Phoma lingam)* oder von Selleriesamen gegen Sellerieschorf *(Phoma apiicola)* oder Blattfleckenkrankheit *(Septoria apii)*. Hier nutzt man aus, daß der trockene, wasserarme Samen gegen Wärme weniger empfindlich ist als das wasserreichere Pilzgewebe.

Auch im Handel ist mittlerweile „Bio-Saatgut" erhältlich, das nicht chemisch behandelt ist. Virusfreies Vermehrungsgut bei Apfelsorten wird ebenfalls in speziell dafür ausgerüsteten Labors geschaffen, indem junge Triebe bei hohen, für sie gerade noch verträglichen Temperaturen in Klimakammern wachsen. Der dort entstandene Neuzuwachs enthält keine Viren, da diese sich bei hohen Temperaturen nicht ausbreiten können.

Blattfleckenkrankheit an Sellerie

Durch die Dampfbehandlung (Dämpfung) von Anzuchterden werden Bodenpilze, Nematoden, Insekten und andere Lebewesen abgetötet. Die so gewonnene sterile Erde besitzt aber auch keine Nutzorganismen mehr. Dadurch ist oft ein erneuter Befall von außen möglich, der sich wegen der fehlenden Gegenspieler sogar noch drastischer auswirken kann. Gleichzeitig setzen gedämpfte Erden große Mengen von Stickstoff frei, was zu einer unharmonischen Jungpflanzenentwicklung führen kann. Die Dampfbehandlung sollte daher nur durchgeführt werden, wenn es massive Probleme mit verseuchter Erde gibt. Der Hobbygärtner kann für seine Bedürfnisse einen größeren alten Kochtopf oder Einweckkessel benutzen. Besser als die chemische Bodenentseuchung ist die Dampfbehandlung allemal.

Wirklich störende Wildkräuter lassen sich mit Abflämmgeräten beseitigen. Diese Hitzebehandlung ist nicht zu verwechseln mit dem wahllosen und umweltschädlichen Abbrennen von Böschungen oder ganzen Feldern. Die Anschaffung derartiger Geräte sollte biologisch wirtschaftenden Landwirten und der öffentlichen Hand vorbehalten bleiben. Der Hobbygärtner benutzt dazu die gute alte Hacke, womit wir bei den mechanischen Methoden wären.

Mechanische Methoden

Aktive Eingriffe lassen sich mit den verschiedensten Gartengeräten vornehmen. Das Lockern des Bodens mit entsprechenden Werkzeugen kann zum Beispiel Erdflohbefall vermindern. Die Larven verschiedenster Bodeninsekten werden durch diese Bearbeitung an die Oberfläche gebracht, wo sie dann nach kurzer Zeit vertrocknen.

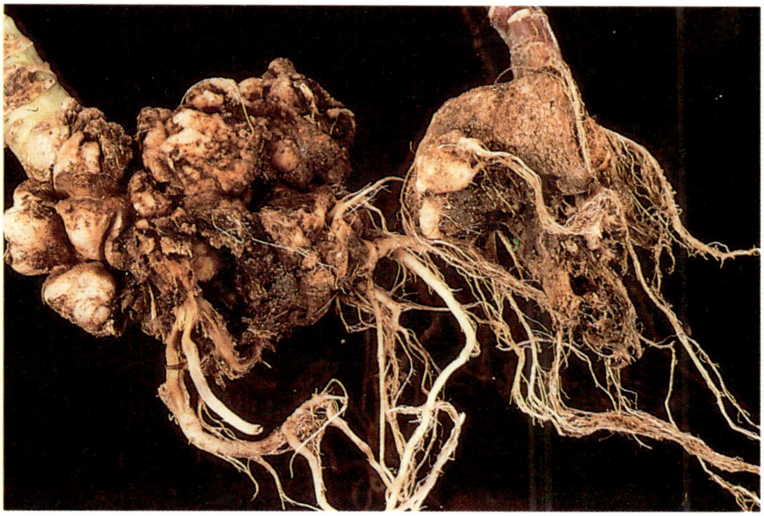

Holzasche soll gegen Kohlfliegenbefall *(Phorbia brassicae)* wirken. In jedes Pflanzloch schüttet man eine Handvoll Asche. Die Larven, die aus dem meist etwa eine Handbreit von der Jungpflanze entfernt abgelegten Ei schlüpfen, orientieren sich in Richtung des stärksten Kohlgeruchs. Dieser wird durch die Asche weitestgehend gebunden, so daß die Kohlfliegenlarve ihre Futterquelle schlechter findet. Gleichzeitig vergrößert sich dadurch die Chance, daß die Larven in der Asche austrocknen, falls der Orientierungssinn besonders findiger Tierchen doch noch funktionieren sollte. Nebenbei wird der pH-Wert des Bodens leicht erhöht, wodurch die Gefahr von Kohlhernie *(Plasmodiophora brassicae)* gesenkt wird; die Kohlpflanzen erhalten Mineralstoffe und Salze. Natürlich sollte nur Asche von unbehandeltem Holz verwendet werden.

Kohlfliegenkragen bestehen aus Pappe oder Teerpappe. Ihre Wirkung besteht darin, daß die Kohlfliegenmutter zur Eiablage „umgeleitet" wird. So kann diese erst in einiger Entfernung von der Wurzel stattfinden. Die schlüpfenden Maden

Links: Kohlfliegenkragen

Rechts: Kohlhernie

Von links nach rechts: Kohlfliegeneier auf einem Kohlfliegenkragen (an Kohlrabi); Kohlfliegenlarve; Kohlfliegenpuppe; Kohlfliege

Links: Kaninchenfraß

Rechts: Man sollte die Drahthose immer hoch genug ziehen, denn im Winter können die Kaninchen durch die Schneedecke selbst höher gelegene Rindenpartien erreichen

haben einen längeren Weg zurückzulegen, auf dem natürliche Feinde und Bodentrockenheit den Rest besorgen.

Feine Gesteinsmehle können auf Blattlauskolonien gestäubt werden. Auch beißende Insekten meiden derart behandelte Blätter. Der nächste Regen spült den Staub wieder ab, der dann noch als langsam wirkender Spurennährstoffdünger wirksam ist.

Scharfer Sand, ausgestreut um Gemüsebeete, kann auf mechanischem Wege Schnecken abhalten, da die Weichtiere lieber auf glattem und feuchtem Untergrund kriechen. Wer ganz sichergehen will, kann Schneckenzäune um die gefährdeten Beete errichten. Diese bestehen aus Kunststoff oder nichtrostendem Metall und sind oben umgebogen – eine unüberwindbare Hürde.

Gartenzäune können gegen andere „Mitesser" wirksam sein. Rehe, Hasen und Wildschweine fallen in Waldrandnähe bei Nachtaktionen gerne über Gemüsebeete her. Ein stabiler Zaun, der auch ästhetischen Gesichtspunkten Rechnung trägt, ist hier das Mittel der Wahl. In Städten werden die eben genannten Tiere würdig von Kaninchen vertreten. Wichtig ist hier, daß die Zäune (oder Mauern) nicht auch andere, gern gesehene Tiere aus unserem Garten fernhalten, denn Igel und Erdkröten sollten wir nicht ausschließen. Am einfachsten erreichen wir dies, wenn nur um die wirklich schützenswerten Beete und Bäume Absperrmaßnahmen errichtet werden, wohingegen für den Rest des Gartens ein freier Zugang möglich ist.

Wühlmäuse können durch entsprechende Drahtgewebe, die in die Bodenoberfläche eingegraben werden, ferngehalten werden.

Eine besondere Art von Zaun ist das Netz. Obstbäume werden durch Vogelschutznetze gesichert. Zu beachten ist hierbei, daß die Maschen eine bestimmte Größe haben müssen, damit die Vögel sich nicht verletzen können. Die maximale Maschenweite soll 30 x 30 Millimeter betragen. Blaue Netze werden von den Vögeln am besten erkannt. Man spannt die Netze am besten so über die Bäume, daß Vögel nicht von unten in die Baumkronen einfliegen können.

Gegen kleinere Flieger lassen sich Gemüsefliegennetze mit gutem Erfolg anwenden. Eine Reihe von Schädlingen kann mit diesen Kulturschutznetzen wirksam ferngehalten werden: Kohlfliege *(Phorbia brassicae)*, Zwiebelfliege *(Hylemyia antiqua)* und Möhrenfliege *(Psila rosae)* sollen hier nur stellvertretend für die vielen fliegenden Mitesser genannt

Gemüsevlies

sein. Je kleiner die Maschen, desto größer ist das Wirkungsspektrum. Darauf aufbauend bieten verschiedene Hersteller auch Vliese an. Nebenbei sind die abgedeckten Kulturen sehr gut gegen Läusebefall geschützt, wenn man weiße Netze verwendet, da diese Farbe die Tiere zu verwirren scheint.

Ölfilme verhindern den Gasaustausch. Spinnmilben *(Tetranychidae)* werden durch Sprühen von Mineralölemulsionen erstickt. Hierbei haben sich die sogenannten Sommerweißöle bewährt, die von verschiedenen Firmen (unter anderem als „Promanal") angeboten werden. Früher strich man Obstbaumstämme auch mit Altöl ein, um in der Borke überwinternde Schädlinge abzutöten. Seitdem wir von den gesundheits- und umweltschädlichen Verunreinigungen in Altölen wissen, geben wir solche Abfälle natürlich dort ab, wo das Öl gekauft wurde. Baumanstrichmittel auf Ton- und Kräuterbasis sind dagegen sinnvolle Hilfsstoffe. Gegen die flugunfähigen Weibchen des Frostspanners *(Cheimatobia brumata)* werden klebrige Leimringe um die Stämme der Obstbäume gelegt. Die in Richtung Baumkrone kletternden Falter bleiben dann haften. Wenn die allgemein harmlosen grauen Gartenameisen *(Lasius niger)* zu sehr „ihre" Blattläuse gegen Nützlinge verteidigen, können Leimringe auch gegen Ameisen angewendet werden. Nur sollten die Klebefallen nicht länger als nötig am Stamm verbleiben, damit nicht auch Nützlinge gefangen werden. Klebstoff wirkt eben nicht selektiv.

In mechanischen Fallen fangen wir Wühlmäuse. Dazu gehören insbesondere die Schermaus *(Arvicola terrestris)* und die kleinere Feldmaus *(Microtus arvalis).* Diese sehr gefräßigen Pflanzenfresser sind zuweilen in großen Mengen anzutreffen und können dann empfindliche Schäden verursachen. Damit nicht auch die eher nützlichen Maulwürfe *(Talpa europaea)* in unseren Fallen enden, prägen wir uns die wichtigsten Unterscheidungsmerkmale zwischen der Schermaus und dem Maulwurf ein:

Die Erdhaufen der Schermaus sind flach, unregelmäßig und mit Pflanzenteilen durchsetzt. Der Maulwurf „arbeitet" genauer und wirft symmetrische Haufen aus reiner Erde auf. Entfernt man vorsichtig die Erde der Hügel, so liegt der Gang der Wühlmaus immer neben dem Haufen, der Maulwurfgang befindet sich stets zentral, unter dem Haufen. Im Querschnitt ist der Schermausgang stets rundlich bis hochoval. Der Maulwurf bohrt dagegen aufgrund seiner stärker seitlich am Körper liegenden Schaufeln Gänge, die deutlich breiter als hoch sind. (Manchmal benutzen aber auch Schermäuse die Gänge des Maulwurfs.) Geöffnete Gänge werden von der Schermaus innerhalb kurzer Zeit 10 bis 20 Zentimeter tief „verwühlt", also zugestopft. Der Maulwurf dagegen schiebt lediglich etwas lose Erde in die Öffnung.

Die Larven des Apfelwicklers *(Cydia pomonella)*, gemeinhin auch Obstmaden genannt, lassen sich in Fanggürteln

Links: Leimring

Rechts: Maulwurfhaufen

Bierfalle

Kartoffelkäfer

aus Wellpappe fangen, die um den Stamm gelegt werden. Die Tiere spinnen sich mit einem Faden zu Boden und erklettern dann den Baum erneut auf der Suche nach Ritzen in der Borke, um zu überwintern. Die Fanggürtel werden abgenommen und vernichtet.

In Bierfallen kann man Schnecken fangen. Damit Laufkäfer und andere Nützlinge nicht auch umkommen, stellt man ein Hölzchen schräg in den bis zum Rand eingegrabenen Becher. Schnecken können auch unter Brettern oder Steinplatten, ihren Tagesverstecken, gefunden werden. Wer sie nicht nutzlos töten will, kann Hühner oder Enten damit füttern. Letztere werden ohnehin als Schneckenjäger empfohlen. Ihre Effektivität läßt sich erhöhen, wenn Entenküken mit Schnekken großgezogen werden.

Kartoffelkäfer *(Leptinotarsa decemlineata)* und ihre Larven lassen sich beim täglichen Kontrollgang durch den Garten einsammeln. Da die Käfer sich bei Erschütterung fallen lassen, kann man eine kleine Schaufel oder ähnliches Gerät unterhalten. Auch vereinzelt auftretende Erdraupen (Arten der Gattung *Agrotis*) und Kohlweißlingsraupen *(Pieris brassicae, P. rapae)* kann man absammeln. Das gleiche gilt für Blattläuse, die von Rosenstengeln mit Hilfe eines Pinsels abgefegt werden.

BIOTECHNISCHE VERFAHREN

Tierische Schädlinge sind zumindest in bestimmten Entwicklungsstadien beweglich. Auf diese Weise suchen sie ihre Nahrungspflanzen auf. Parasiten finden auf diese Weise ihre Wirte und Räuber ihre Beute. Allerdings bewegen sich die Tiere nicht ziellos umher, sondern nehmen mit den Sinnesorganen Umweltreize verschiedenster Qualität wahr. Die Augen, der Geruchs-, der Geschmackssinn und das Gehör sind daher je nach der betreffenden Art unvorstellbar empfindlich ausgestattet.

Die biotechnische Kontrolle beruht auf der Kenntnis dieses (Orientierungs-)Verhaltens. Schädlinge können so angelockt und unschädlich gemacht oder vertrieben werden.

Akustische Reize

Akustische Reize wirken auf Tiere mit gut ausgeprägtem Gehörsinn. Mit bestimmten, für uns nicht mehr wahrnehmbaren Schallfrequenzen lassen sich Stechmükken so verwirren, daß sie nicht mehr ihre Geschlechtspartner finden.

In letzter Zeit werden auch Geräte angeboten, die mit Ultraschallfrequenzen Wühlmäuse vertreiben sollen. Trotz des hohen Preises sind die Apparate nach Untersuchungen der Biologischen Bundesanstalt für Land- und Forstwirtschaft nahezu wirkungslos. Ein mit Petroleum oder anderen stark riechenden Flüssigkeiten getränkter Lappen hilft, in die Röhre gestopft, auf einfachere Weise. Alle Vertreibungstaktiken können allerdings den Zorn unserer Gartennachbarn erregen, wenn diese ungeliebten Nager dann „nebenan" erscheinen.

Drahtwürmer auf einer Kartoffel

Optische Reize

Optische Reize, die zum Beispiel von Lichtquellen ausgehen, locken nachts Insekten an (vor allem Nachtschmetterlinge). Die sogenannten Lichtfallen ziehen aber auch viele Nicht-Schädlinge an. So werden im Handel elektrische Mückenfallen angeboten, die ein bläuliches Licht aussenden. Solche Geräte sollten nicht im Freien verwendet werden.

Lichtreize gehen aber auch von farbigen Gegenständen aus. Gelbschalen sind mit (seifenhaltigem) Wasser gefüllte flache Behälter, die wegen ihrer Farbe eine große Attraktion auf Blattläuse ausüben. Versieht man gelbe Kunststoffflächen mit einem Kleber, erhält man Gelbtafeln, die genauso wirken. In den Gewächshäusern unseres kommerziellen Obst- und Gemüsebaus werden die Gelbtafeln zur Befallsprognose verwendet. Im Hobbygarten ist sogar eine Bekämpfung von Blattläusen und Kirschfliegen *(Rhagoletis cerasi)* möglich, wenn man die Anzahl der Tafeln erhöht. Gegen Kirschfliegen hängt man die Tafeln bei Beginn der Kirschreife in den Baum – je nach Größe des Baums zwischen 4 und 14 Stück. Für das Hobbygewächshaus gibt es ähnliche Artikel, die auch gegen Weiße Fliegen *(Trialeurodes vaporariorum)*, Trauermücken *(Scaridae)* und verschiedene Minierfliegen *(Agromyzidae)* wirksam sind.

Biochemische Methoden

Weitaus umfangreicher sind Maßnahmen auf chemischer Basis. Hier können entweder leicht flüchtige Stoffe oder Gase wirken.

Pflanzen können Lockstoffe abgeben. Die Larven des Apfelwicklers *(Cydia pomonella)* finden ihren Fraßort, indem sie auf das von Äpfeln und Birnen abgegebene Alpha-Farnesen reagieren. Kohlfliegenlarven *(Phorbia brassicae)* finden die jungen Kohlpflänzchen ebenfalls nach dem von ihnen ausgehenden typischen Geruch. Drahtwürmer (*Elateriden*-Larven) sind mit halbierten Kartoffelstücken zu ködern, die man mit der Schnittfläche nach unten einige Zentimeter tief ein-

Gelbtafeln im Zierpflanzenanbau

Pheromonfallen

gräbt. Mit Mischungen, bestehend aus Weizenkleie und Zucker, kann man Erdraupen anlocken.

Lockstoffe, die von der eigenen Art gebildet werden, heißen Pheromone. Vor allem Schmetterlinge, aber auch andere Insekten, finden mit sehr spezifisch wirkenden Sexuallockstoffen ihre Geschlechtspartner. Das Weibchen lockt, indem es seinen Hinterleib bewegt, wobei die dort in speziellen Drüsen gebildeten Sexualpheromone frei werden und von der Luftströmung weggetragen werden. Wie empfindlich die Rezeptoren (Empfangsorgane) auf den Fühlern der männlichen Tiere sind, läßt sich erahnen, wenn man weiß, daß die Lockwirkung über eine Distanz von mehreren Kilometern funktioniert.

Heute kennt man über 1100 verschiedene Schmetterlingshormone, von denen sich mittlerweile viele synthetisch herstellen lassen. Praktische Anwendung finden Pheromonfallen bei der Erfassung, aber auch bei der direkten Bekämpfung einiger bedeutender Vorratsschädlinge (Mehlmotte, Speichermotte, Dörrobstmotte). Im Freien werden Pheromone gegen einige Wicklerarten *(Tortricidae)* eingesetzt, zum Beispiel im Obstbau gegen Apfelwickler *(Cydia pomonella)*, Apfelschalenwickler *(Adoxophyes orana)* und Pflaumenwickler *(Cydia funebrana)*, sowie gegen einen wichtigen im Weinbau vorkommenden Falter, den Einbindigen Traubenwickler *(Eupoecilia ambiguella)*. Auch für den Hobbygärtner werden mittlerweile Pheromonfallen unter dem Namen „Biotrap" angeboten. Da Pheromone sehr spezifisch wirken, ist die Beeinflussung der Lebensgemeinschaften, verglichen mit der Anwendung von Breitbandinsektiziden, sehr gering. Daher werden Nützlinge nicht in Mitleidenschaft gezogen. Auf diese Weise können selbst im konventionellen Anbau Akarizide vermieden werden, da die verschonten Raubmilben für die Kontrolle von schädlichen Milbenarten sorgen.

Neben den Sexuallockstoffen kennt man auch andere Pheromone, die Insektenarten anziehen. Man bezeichnet sie als Aggregationspheromone. Verschiedene Borkenkäferarten *(Scolytidae)*, die im Forst von Nadelhölzern leben, können mit Hilfe dieser Substanzen in Fallen angelockt und gefangen werden.

Wie stark chemische Substanzen das Verhalten von Insekten beeinflussen, wird auch bei der schon erwähnten Kirschfliege *(Rhageletis cerasi)* deutlich. Die Weibchen versehen jede Kirsche, auf die sie ein Ei gelegt haben, mit einem Duftstoff, der andere Tiere von einer weiteren Eiablage abhält. Damit ist in der Natur die Ernährung der Kirschfliegenmade gewährleistet. Besprüht man dagegen zur Eiablagezeit die Bäume mit einem künstlich hergestellten sogenannten Ovipositions-Deterrens (Abschreckungsstoff gegen die Eiablage), so unterbleibt die Eiablage und damit der Schaden.

Von mehreren Blattlausarten ist bekannt, daß sie bei Beunruhigung ein Alarmpheromon ausscheiden, das die im Umkreis sitzenden Tiere veranlaßt, sich sofort fallen zu lassen. Denkbar ist, daß solche Stoffe einmal zur Abwehr von Läusen eingesetzt werden können.

Apfelwicklerschaden

Der Forschungsbedarf auf dem Gebiet der biologischen Schädlingskontrolle ist nach wie vor sehr hoch. Leider wird immer noch nur ein Bruchteil der Gelder – im Vergleich mit dem finanziellen Einsatz für die Entwicklung von Pestiziden – für derartige Projekte bereitgestellt.

Im Unterschied zu den bisher besprochenen Pheromonen, die auch Exohormone genannt werden, weil sie wie Hormone in kleinsten Mengen wirken, aber durch Wasser- und Luftströmungen zu ihrem Empfänger transportiert werden, kennt man auch echte oder Endohormone, die innerhalb eines Organismus erzeugt werden, um daselbst an anderer Stelle eine Reaktion auszulösen.

Die Entwicklung der Gliederfüßer *(Arthropoden)*, zu denen wir neben den Insekten auch Spinnentiere (etwa Milben), Hundertfüßer, Krebse und andere Ordnungen zählen, ist gekennzeichnet durch verschiedene Häutungen. Diese stellen für die Tiere die einzige Möglichkeit zu wachsen dar, da ihr starres Außenskelett aus Chitin im Gegensatz zu den Knochen anderer Tiergruppen nicht mitwächst. Häutungen werden daher durch Insektenhormone in ihrem Ablauf gesteuert. Grob gesagt spielen hier zwei verschiedene Substanzen eine wichtige Rolle.

Das Ecdyson leitet die Häutung ein, während das Juvenilhormon (Neotenin) als Gegenspieler die Häutung unterdrückt. Nur dann, wenn beide Stoffe in einer bestimmten Konzentration und in einem entsprechenden Verhältnis im Insektenkörper gebildet werden, ist eine normale Entwicklung und Häutung möglich. Beide Stoffe kann man heute künstlich herstellen. Läßt man Ecdyson von außen auf Insekten einwirken, so wird die Häutung spontan eingeleitet, ohne daß sich unter dem alten Chitinpanzer bereits ein neuer ausgebildet hätte (die Insekten gehen dann bei der Häutung zugrunde, sie laufen sprichwörtlich aus wie ein undichter Schlauch). Gibt man den Gegenspieler (Neotenin), so unterbleiben die Häutungen, und die Tiere können nicht geschlechtsreif werden. Den gleichen störenden Effekt haben auch künstliche Hormonhemmer (Inhibitoren).

In der Praxis werden heutzutage bereits Insektenhormone zur Bekämpfung verwendet, so zum Beispiel „Dimilin". Sie wirken jedoch nicht besonders selektiv, sind also nicht nützlingsschonend.

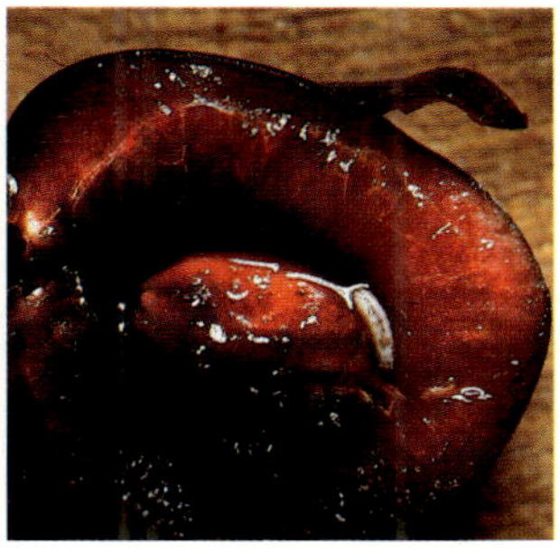

Links: Schlüpfende Kohlfliege

Rechts: Kirschfliegenmade

BIOLOGISCHE MASSNAHMEN

Hierunter versteht man den Einsatz lebender Organismen, einzelner Zellen oder Zellinhaltsstoffe sowie die Anwendung von Viren. In den sogenannten Autozidverfahren können darüber hinaus Schadorganismen so verändert werden, daß sie sich selbst schädigen und somit regulieren.

Ziel aller biologischer Verfahren ist in der Regel die Kontrolle der Schädlingspopulation, nicht ihre Vernichtung. Man unterscheidet drei verschiedene Anwendungsformen, nämlich:

Links: Spitzmaus

Rechts: Igel

1. Einbürgerung „neuer" Nützlinge aus anderen Teilen der Erde,
2. die periodische Freilassung gezüchteter Tiere und
3. die Erhaltung und Förderung der natürlich vorhandenen Nützlinge.

Der biologisch denkende und handelnde Hobbygärtner wird sich dabei im großen und ganzen auf Punkt 3 konzentrieren. Im folgenden werden deshalb die wichtigsten natürlichen Nützlingsgruppen vorgestellt.

Wirbeltiere (Vertebraten)

Verschiedene Fischarten setzt man in den wärmeren Gebieten zur Dezimierung von Mückenlarven, und damit auch zur Bekämpfung der Malaria, mit gutem Erfolg ein. Im Reisanbau bereichern sie darüber hinaus die Speisekarte der einheimischen Bevölkerung mit wertvollem Eiweiß.

Zu den Amphibien zählt unsere heimische Erdkröte *(Bufo bufo)*, die Schnekken und verschiedene Insekten frißt. Wenn wir für Laichgewässer und einen entsprechenden Unterschlupf im Garten sorgen, „arbeitet" die Kröte umsonst.

Vögel sind seit jeher gern gesehene Gäste im Garten. Wie aus einer englischen Untersuchung hervorgeht, könnten insektenfressende Arten wie etwa die verschiedenen Meisenarten unter optimalen Bedingungen 95 Prozent der Apfelwicklerraupen *(Laspereysia pomonella)* vertilgen. Die Förderung solcher Nützlinge durch das Anbringen von Nistkästen und das Pflanzen von Vogelschutzgehölzen ist einfach.

Unter den Säugern dürfte der Igel *(Erinaceus europaeus)* ebenso beliebt wie bekannt sein. Er vertilgt auf seiner nächtlichen Pirsch vor allem Insekten und Schnecken.

Spitzmäuse sind weniger bekannt. Im Gegensatz zu Ratten und Hausmäusen, mit denen sie nicht näher verwandt sind, ernähren sie sich vorwiegend von Insekten. Hecken sind ihr Domizil, aus denen sie sich im Umkreis von mehreren hundert Metern auf Beutesuche hervorwagen.

Gliederfüßer (Arthropoden)

Diese weltweit größte Tiergruppe – in ihr sind etwa 75 Prozent aller bekannten Tierarten erfaßt – bringt eine Reihe von

Links: *Schwebfliege*

Rechts: Die Larve der Schwebfliege lebt räuberisch

Parasiten und Räubern hervor, die sowohl im Garten als auch im kommerziellen Gemüse-, Obst- und Zierpflanzenbau als Nützlinge eingesetzt werden können. Wir müssen nur für ihre natürlichen Lebensbedingungen sorgen.

Als Insekten durchlaufen die Nützlinge verschiedene Entwicklungsstadien. Einige leben sowohl als erwachsene Tiere wie als Larven räuberisch, zum Beispiel Weichkäfer *(Cantharidae)*, Marienkäfer *(Coccinelidae)* und Raubfliegen *(Asilidae)*. Andere besitzen lediglich räuberische Larven wie die Schwebfliegen *(Syrphidae)* und Florfliegen *(Chrysopidae)*.

Wir können die Effektivität der Nützlinge steigern, wenn wir ihnen neben ihren Wirtstieren und ihrer Beute, die uns normalerweise ja als Schädlinge Verdruß bereiten, auch in anderen Entwicklungsstadien Nahrung anbieten. Versuche haben ergeben, daß Blüten für Nutzinsekten eine große Rolle spielen. Sie locken letztere nicht nur an, sondern bieten auch Nektar- und Pollennahrung. Schwebfliegenweibchen benötigen Pollen zur Reifung und Entwicklung ihrer Eier, erwachsene Florfliegen saugen Nektar.

Aber auch schmarotzende (parasitische) Nutzinsekten benötigen Blüten. Die Lebensdauer von Schlupfwespen *(Ichneumonidae, Trichogrammatidae)* ist dreimal länger, wenn den Flugtieren Pollen zur Verfügung stehen. Damit jedoch vergrößert sich auch die Chance, daß Schlupfwespen Schädlinge parasitieren.

Wichtig ist natürlich, daß sich die Blüten für unseren Zweck eignen: Wir müssen die Blüten gewissermaßen mit den Augen und Geschmacksorganen der Nützlinge sehen. Doldenblüten und Köpfchenblüten üben die größte Anziehungskraft aus. Dort kommen Blütenstandsform, Farbe, Größe der Einzelblütenorgane sowie Nektar- und Pollenangebot dem Geschmack der Nützlinge am nächsten. Im Klartext heißt dies, wir sollten Fenchel, Wilde Möhre und Anis anpflanzen, aber auch Korbblütler wie Kamille, Löwenzahn- und Distelarten in der Nähe unserer Beete zulassen. Je früher und je länger solche Blüten in unserem Garten zu finden sind, desto besser. Eine gute Insektenweide gibt auch der kulturfremde Bienenfreund *(Phacelia tanacetifolia)* ab, der auch als Gründüngungspflanze gut geeignet ist. Überzüchtete Blüten vieler Hochzuchtsorten des Zierpflanzenangebots dagegen enthalten entweder überhaupt keinen Nektar und Pollen oder nur in unbefriedigender Menge. Diese Blüten sind zwar größer und mögen uns auch in einigen Fällen schöner vorkommen. Für den Zweck der Nützlings-

Diese Florfliegenlarve hat eine Blattlaus erbeutet

Links: Ein mit trockenem Gras ausgestopfter und umgekehrt aufgehängter Blumentopf dient als Unterschlupf für Ohrwürmer

Rechts: Florfliegenhäuschen

Ohrwurm beim Vertilgen einer Blattlaus

Wintereier der Obstbaumspinnmilbe

förderung scheiden sie jedoch aus. Wer es ernst meint mit der biologischen Schädlingskontrolle, braucht in seinem Garten nur Wildpflanzen mit „natürlichen" Blüten anzusiedeln.

Eine andere Art, Nützlinge zu fördern, besteht im Angebot eines geeigneten Unterschlupfs. Ohrwurmhäuschen aus umgedreht aufgehängten Tonblumentöpfen, die mit trockenem Gras oder geeigneter Holzwolle ausgestopft sind, werden bereitwillig von den Ohrwürmern (Ordnung *Dermaptera*) angenommen. Von diesem „Stützpunkt" aus unternehmen diese Allesfresser dann ihre nächtlichen Streifzüge in unsere Obstbäume. In einer einzigen Nacht vertilgt ein einzelner Ohrwurm beispielsweise 100 Blattläuse.

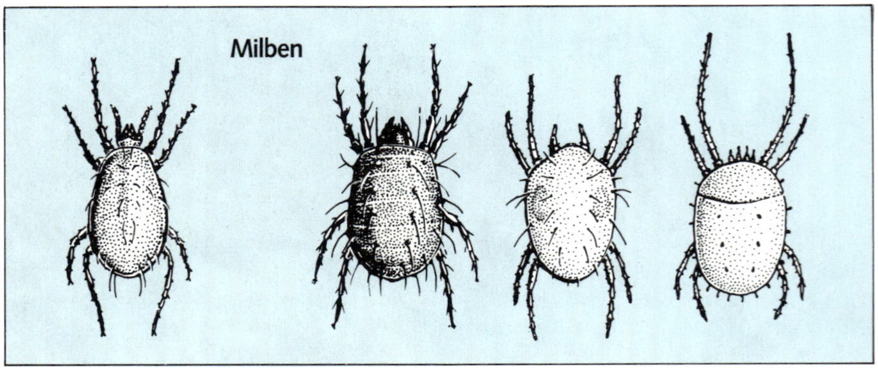

Von rechts nach links: Braune Spinnmilbe (Bryobia rubrioculus), Gemeine Spinnmilbe (Tetranychus urticae), Obstbaumspinnmilbe (Rote Spinne, Panonychus ulmi), Raubmilbe (Typhlodromus pyri)

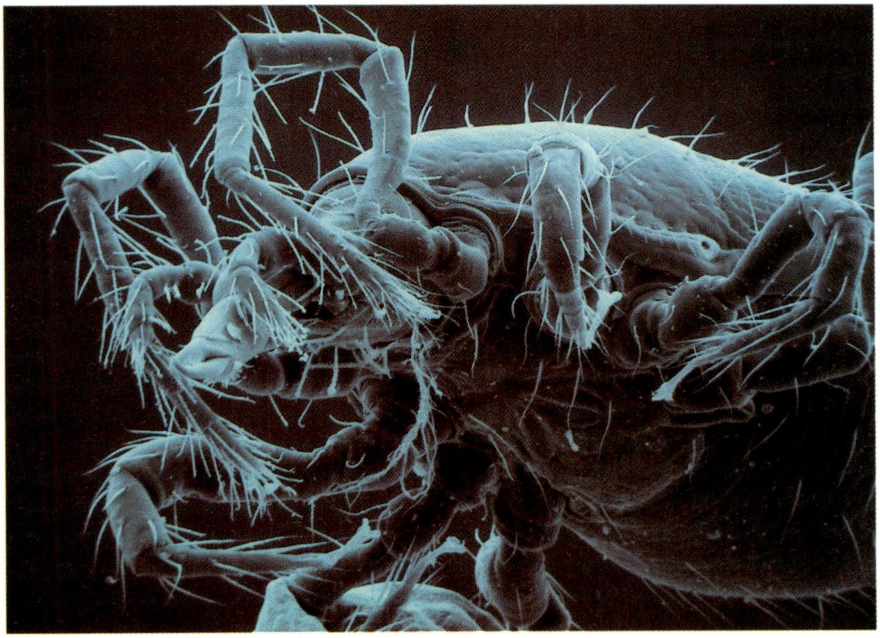

Milbe unter dem Rasterelektronenmikroskop

Noch relativ unbekannt dürfte das am Institut für Pflanzenkrankheiten der Universität Bonn entwickelte Florfliegenhäuschen sein. Mit seiner Hilfe konnte die Überwinterungsrate dieses Nützlings von 5 auf 95 Prozent gesteigert werden. Die Kästen können zum Winter in kühlen Räumen gelagert und je nach Witterungsverlauf und Blattlausbefall im Frühjahr in den Garten gestellt werden. Da eine einzige Florfliegenlarve in ihrem Leben 450 Blattläuse (oder 12000 Milbeneier) frißt, werden die Blattläuse stark dezimiert.

Zu den Gliederfüßern gehören neben den Insekten auch die Spinnentiere, zu denen wiederum die unbeliebten Spinnmilben zählen. Im Gewächshaus sind letztere *(Tetranychus urticae)* seit der kommerziellen Zucht von Raubmilben *(Phytoseiulus persimilis)* für den Biogärtner kein Thema mehr. Die aus Chile stammenden Raubmilben werden meist auf Bohnenblättern verschickt und nach „Gebrauchsanweisung" im Glashaus verteilt. Man muß nur ihre Temperatur- und Feuchtigkeitsansprüche beachten.

Im Freien können wir Spinnmilben, so zum Beispiel die Obstbaumspinnmilbe *(Panonychus ulmi)*, nicht aktiv biologisch bekämpfen. Durch Förderung (also durch Unterlassung von Insektizid- und Akarizidspritzungen) der natürlichen Raubmilbenfauna sind Obstbaumspinnmilben gut kontrollierbar. In extremen Jahren helfen Paraffinöle oder das Besprühen der Bäume mit Wasser.

Spinnmilben an der Schwarzen Johannisbeere

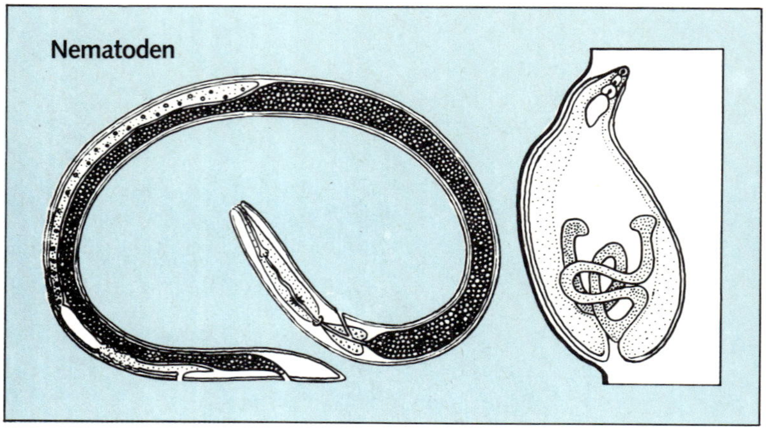

Nematoden. Links: Männchen; rechts: junges Weibchen

Rechts: Raupen der Wintersaateule

Fadenwürmer (Nematoden)

Manchem Gartenfreund läuft bei diesem Begriff ein Schauer über den Rücken, gehören die winzigen Würmchen doch zu den Erregern von Bodenmüdigkeit, Gallen- und Blatterkrankungen. Nun haben die Nematoden zwei Seiten: eine schlechte, wie eben erwähnt, aber auch eine gute, und zwar bekämpfen sie unter anderem den Gefurchten Dickmaulrüßler *(Otiorrhynchus sulcatus)*, einen Rüsselkäfer, der beispielsweise in Erdbeerkulturen größere Schäden verursacht (Blattfraß der Käfer, während die bodenbewohnenden Larven für die Wurzeln „zuständig" sind). Die wichtigsten Nematodenarten stammen aus den beiden Gattungen *Heterorhabditis* und *Steinernema (=Neoaplectana)*. Die käuflichen Nematoden enthalten symbiontische Bakterien. Die Würmer dringen in im Boden lebende Insektenlarven ein und geben „ihre" Bakterien ab. Innerhalb von ein bis zwei Tagen töten diese Mikroorganismen die Larven, in denen sich die Nematoden weiter entwickeln, ab. Gute Bekämpfungserfolge sind neben dem Dickmaulrüßler auch gegen die Wintersaateule *(Agrotis segetum)* im Gemüsebau belegt. Der Hobbygärtner kann die Nematoden einfach mit der Gießkanne ausbringen.

In diesem Zusammenhang soll nicht unerwähnt bleiben, daß auch die pflanzenschädigenden Nematoden natürliche Feinde haben. So gibt es zum Beispiel auf Nematoden spezialisierte Pilze, die zum Teil sogar räuberisch leben und mit Fangeinrichtungen ausgestattet sind. Darüber hinaus kommen verschiedene Raubnematoden, Bodenmilben sowie Springschwänze *(Collembolen)* vor, die als natürliche biologische Begrenzungsfaktoren existieren. Durch Gestaltungsvielfalt und Verzicht auf Pestizide werden Nematoden im Biogarten kaum zu einer Gefahr.

Gefurchter Dickmaulrüßler

Mikroorganismen

Bei den bereits vorgestellten Nematoden sind die eigentlichen Nützlinge natürlich deren Darmbakterien, die sich dieser Fadenwürmer lediglich als Transportmittel bedienen. Andere Kleinstlebewesen können auch direkt zur biologischen Kontrolle eingesetzt werden. Der Einfachheit halber behandeln wir auch Viren, die streng genommen an der Grenze zwischen belebter und unbelebter Materie einzusiedeln sind, an dieser Stelle.

Bacillus thuringiensis, der thüringische Bazillus, wurde bereits im Jahre 1911 in Deutschland aus erkrankten Mehlmotten-Larven isoliert. Heute kennen wir drei verschiedene Gruppen der nützlichen Kleinstlebewesen, die gegen Schmetterlingslarven (Raupen), Stechmückenlarven und einige Käferlarven wirksam sind, ohne Nützlinge, andere Tiere oder den Menschen zu schädigen. Wir wollen uns hier auf schmetterlingsspezifische Gruppen aus dem Formenkreis von *B.t.* beschränken. Wirksam ist bei *Bacillus thuringiensis (B.t.)* ein giftiger Stoff, der während der Sporenbildung dieser in kristalliner Form gebildet wird. Das daraus gewonnene Handelspräparat ist unter dem Namen „Dipel" erhältlich und wirkt am besten gegen junge Raupen, das heißt im Frühstadium ihrer Entwicklung. Es muß von den Tieren mit der Blattnahrung aufgenommen werden. Dieses kristalline Toxin löst sich im alkalischen Darmsaft der Raupen auf und führt je nach Temperatur ungefähr fünf Tage später zum Tod der Raupen. Da diese unter der Einwirkung der giftigen Kristalle bereits nach 24 Stunden das Fressen einstellen, kann man die Wirkung als gut bezeichnen. Die Kultur von *Bacillus thuringiensis* ist heute industriell möglich. Der im Vergleich zu Pestiziden etwas höhere Preis sollte unter Berücksichtigung der guten Umweltverträglichkeit die Entscheidung für dieses Präparat nicht beeinflussen. Eine gute Wirkung dieses mikrobiologisch erzeugten Mittels ist unter anderem für die folgenden Arten nachgewiesen: Kohlweißling *(Pieris rapae, P. brassicae),* Kohlmotte *(Plutella maculipennis),* Gespinstmotte (*Hyponomeuta* spp.), Goldafter *(Euproctis chrysorrhoea)* und Ringelspinner *(Malacosoma neustria).* Einige weniger empfindliche Arten wie die Wintersaateule *(Agrotis segetum)* und andere Eulenarten lassen sich mit *B.t.*-haltigen Köderpräparaten gut bekämpfen.

Viren, die Insektenkrankheiten verursachen, kommen auch natürlich vor und tragen zum Zusammenbruch der Popu-

Raupen der Gespinstmotte

Raupe des Goldafters

Pilze parasitieren nicht nur Nutzpflanzen, sondern auch verschiedene Insektenarten. Dazu keimen Konidien, ungeschlechtliche Verbreitungsformen. Die Abbildungen zeigen die Konidienträger von verschiedenen Pilzen

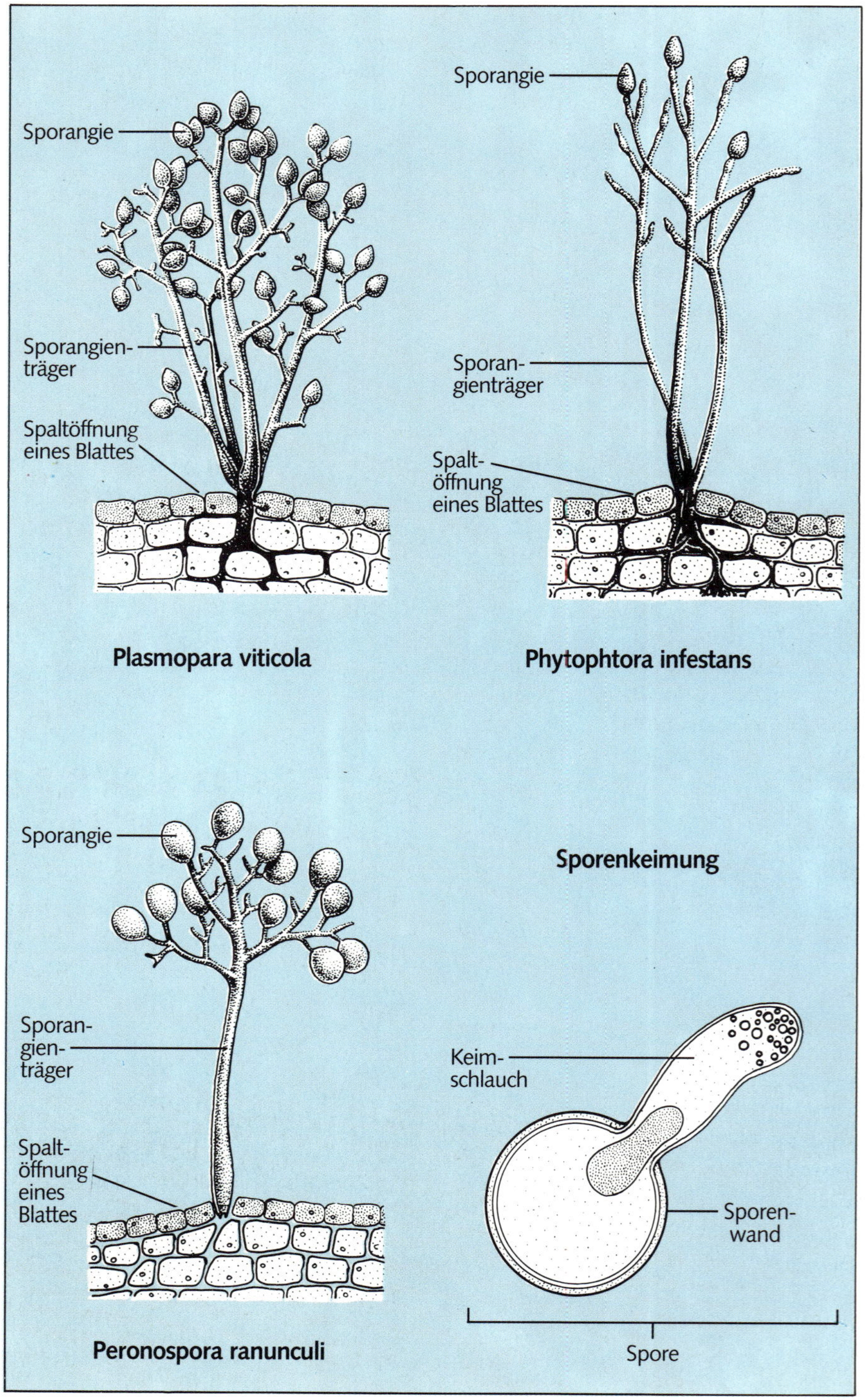

lationen bei. Aus diesem Grund lösen sich Schädlingsprobleme oft von allein. Die meisten dieser Viren wirken wirtsspezifisch ohne negative Effekte auf die belebte und unbelebte Umwelt; sie können sogar in Insektenzuchten gegen Schadinsekten eingesetzt werden. Vieler dieser Viren bedient man sich mittlerweile gegen schädliche Forstinsekten. Interessanter für den Gartenbereich sind die sogenannten Granulose-Viren des Apfelwicklers *(Laspeyresia pomonella)*, oder die Kernpolyeder-Viren gegen Kohl- sowie Gemüseeulen *(Mamestra brassicae* beziehungsweise *M. oleracea):* Bei entsprechender Konzentration besitzen sie die gleiche Wirkung wie herkömmliche Insektizide, ohne deren negative Begleiterscheinungen zu haben. Die Ausbringung der Viruspräparate (die mit dem Futter aufgenommen werden müssen) erfolgt mit Spritzgeräten.

Pilze treten ebenfalls nicht nur als Schaderreger an Nutzpflanzen auf, sondern parasitieren verschiedene Insektenarten. Im Gegensatz zu Bakterien und Viren, die immer mit der Nahrung aufgenommen werden müssen, um zu wirken, können Pilze auch aktiv in ihre Wirte eindringen. Dazu keimen Konidien (ungeschlechtlich entstandene Verbreitungsformen – laienhaft ausgedrückt, die „Samen" der Pilze) auf der Körperoberfläche der Wirtsinsekten und durchdringen die Körperhülle zwischen den einzelnen Chitinringen, um so in das Körperinnere zu gelangen. Dort bilden die parasitischen Pilze ein charakteristisches Gewebe, das Myzel, das den Insektenkörper entweder auszehrt oder ihn durch Ausscheidung von giftigen Substanzen zum Absterben bringt. Der Insektenkörper wird nun von innen nach außen durchwachsen. An der Oberfläche bilden sich dann wieder Konidien an speziellen Konidienträgern, die vom Wind, durch Regen oder andere Insekten verbreitet werden, so daß der Zyklus wieder von neuem beginnen kann.

Auf toten Stubenfliegen *(Musca domestica)* findet man im Herbst oft den weißlichen Fliegenschimmel, hervorgerufen durch den Pilz *Entomophthora muscae.* Der Befall von Blattläusen durch Pilze der Gattung *Entomophthora* ist ebenso weit verbreitet und stellt einen natürlichen Begrenzungsfaktor dar. Besondere Bedeutung erlangen derartige parasitische Pilze in naturnahen Kulturformen wie extensiv genutzten Obstanlagen. Um die Selbstregulation durch vom Pilz befallene Blattläuse nicht außer Kraft zu setzen, sollte die betroffene Blattlauspopulation niemals vollständig dezimiert werden. Aus dem gleichen Grund sollten auch unschädliche Blattlausarten, etwa die Apfelgraslaus *(Rhopalosiphum insertum)*, toleriert werden. In Gewächshäusern lassen sich darüber hinaus Blattlausarten wie die Grüne Pfirsichblattlaus *(Myzus persicae)* gut mit dem Pilz *Verticillium lecanii* bekämpfen.

Grüne Pfirsichblattlaus, geflügelt (oben)…

… und ungeflügelt (unten)

MISCHKULTUR

Auch höhere Pflanzen lassen sich im Rahmen der biologischen Kontrolle einsetzen – eine Erkenntnis, die durch die Mischkultur gezielt umgesetzt wird. Die Vorteile der Mischkultur sind in der Praxis seit Jahrhunderten bekannt, doch erst nach und nach gelingt es der Wissenschaft, die biologischen Ursachen hierfür aufzudecken.

Positiv wirkt sich so zum Beispiel der Anbau von Möhren und Zwiebeln auf dem gleichen Beet aus. Der Geruch der Zwiebel vertreibt die Möhrenfliege *(Psila rosae)*, während der Geruch des Möhrenlaubes wiederum die Zwiebelfliege *(Phorbia antiqua)* abhält.

Neben dem gegenseitigen Schutz vor Insekten, Nematoden und Pilzen kann man durch die Mischkultur auch das Wachstum der Pflanzen steigern oder hemmen, ein Effekt, der Allelopathie genannt wird. Ferner bietet der Anbau in Mischkultur die Möglichkeit, den Geschmack der Pflanzen zu beeinflussen.

Das Zusammenspiel der bei der Mischkultur wirksamen, über Wurzeln oder Blätter ausgeschiedenen Pflanzenstoffe ist in vielen Fällen noch nicht bekannt; wohl weiß man aber, daß die Menge der gebildeten Stoffe von Umweltfaktoren und der Sortenwahl abhängig ist. Dies mag erklären, warum gerade Anfänger in einigen Fällen vom Prinzip Mischkultur enttäuscht sind. Erschwerend kommt hinzu, daß der einschlägigen Literatur unterschiedliche, zum Teil gar widersprüchliche Angaben entnommen werden können. Allen Enttäuschten sei zum Trost gesagt, daß die Erfolge bei der Mischkultur oft größer sind, wenn die angepflanzten

Mischkultur

Gemüse/Obst	Günstige Kombination mit:	Ungünstige Kombination mit:
Bohnen	– Bohnenkraut (hilft gegen Läuse) – Gurken, Kohl, Mangold, Möhren, Radieschen, Rettich, rote Bete, Salat, Sellerie, Tomaten	– Knoblauch, Porree, Zwiebeln (stören Knöllchenbakterien) – Erbsen (fördern Krankheiten) – Fenchel
Erbsen	– Dill (fördert den Geschmack) – Kapuzinerkresse (zieht Blattläuse ab) – Fenchel, Gurken, Möhren, Kohlrabi, Salat, Mais, Radieschen, Rettich, Zucchini	– Knoblauch, Porree, Zwiebeln (siehe oben) – Kartoffeln, Tomaten
Erdbeeren	– Borretsch (Gurkenkraut, gegen Läuse) – Knoblauch (hemmt Grauschimmel) – Bohnen, Fenchel, Salat, Porree, Radieschen, Rettich, Zucchini	– Kohlgewächse (Starkzehrer, Nitrat stört Geschmacksbildung)
Gurken	– Basilikum (fördert Auflauf, verbessert Qualität) – Dill (verbessert Geschmack) – Kapuzinerkresse (zieht Läuse ab) – Knoblauch (hemmt Pilzsporenkeimung) – Koriander, Kümmel (fördern Geschmack) – Bohnen, Erbsen, Fenchel, Kohl, Mais, Porree, Salat, Sellerie, Zwiebeln	– Kartoffeln, Tomaten, Radieschen, Rettich
Kohlarten	– Bohnen (unter anderem bei Rosenkohl, wachstumsfördernd) – Dill, Kümmel, Koriander (Geschmack) – Salat (gegen Erdflöhe) – Salbei, Thymian, Ysop (gegen Raupen und Läuse) – Sellerie, Tomaten (gegen Kohlweißlinge und Erdflöhe) – Beifuß, Bohnen, Erbsen, Gurken, Klee, Mangold, Möhren, Porree, Radieschen, Rettich	– Knoblauch, Senf, Zwiebeln
Möhren	– Dill (Geschmack, verbesserter Auflauf) – Porree (gegen Möhrenfliege) – Tagetes (gegen Nematoden) – Zwiebeln (gegen Mörenfliege, Mäuse, Schnecken) – Bohnen, Erbsen, Mangold, Radieschen, Rettich, Rosmarin, Salbei, Schnittlauch, Schwarzwurzeln	– ungünstige Kombinationen sind nicht bekannt
Porree	– Möhren (gegen Lauchmotten) – Erdbeeren, Endivien, Kohlarten, Schwarzwurzeln, Sellerie, Tomaten, Zwiebeln	– Bohnen, Erbsen, rote Bete
Radieschen/ Rettich	– Bohnen, Kohlrabi, Salat (gegen Erdflöhe) – Kapuzinerkresse (zieht Läuse ab) – Kerbel (wachstumsfördernd) – Kresse, Möhren (Geschmacksverbesserung) – Bohnen, Erbsen, Erdbeeren, Kohlarten, Mangold, Möhren, Petersillie, Spinat, Tomaten	– Gurken, Zwiebeln

Gemüse/Obst	Günstige Kombination mit:	Ungünstige Kombination mit:
Rote Bete	– Dill, Kümmel, Koriander (Geschmack) – Gurken, Kohlarten, Knoblauch, Salat, Zwiebeln	– Kartoffeln, Mais, Möhren, Porree, Spinat
Salat (Kopf- und Pflücksalat)	– Dill (Geschmack) – Möhren (wachstumsfördernd) – Bohnen, Endivien, Erbsen, Erdbeeren, Fenchel, Gurken, Kerbel, Kohlrabi, Mais, Pfefferminze, Porree, Tomaten, Radieschen, Rettich, Schwarzwurzeln, Zwiebeln	– Petersillie, Sellerie
Sellerie	– Bohnen, Tomaten (wachstumsfördernd) – Kohlrabi, Stangenbohnen	– Kartoffeln, Mais, Salat
Spinat	– Bohnen, Erdbeeren, Kartoffeln, Kohlarten, Radieschen, Rettich, rote Bete, Tomaten	– ungünstige Kombinationen sind nicht bekannt
Tomaten	– Kapuzinerkresse (zieht Blattläuse ab) – Möhren (wachstumsfördernd) – Petersillie (Geschmack) – Buschbohnen, Kohlarten, Knoblauch, Porree, Radieschen, Rettich, rote Bete, Sellerie, Spinat	– Erbsen, Fenchel, Gurken, Kartoffeln
Zucchini	– Basilikum (fördert Auflauf) – Kapuzinerkresse (zieht Läuse ab) – Mais, Stangenbohnen, Zwiebeln	– ungünstige Kombinationen sind nicht bekannt

In der Mischkultur können sich die Pflanzen selbst vor Krankheiten und Schädlingen schützen

Gemüsearten sich nicht Reihe für Reihe abwechseln, sondern zum Beispiel mehrere Reihen Möhren von mehreren Reihen Zwiebeln abgelöst werden. In einem solchen Fall kann die wirksame Duftstoffmenge größer sein und die Kultur besser schützen.

Im übrigen sollte man nicht den Fehler begehen, Mischkultur als starres System verstehen zu wollen, vielmehr sind der Experimentierfreudigkeit des Gärtners keine Grenzen gesetzt. Ein sauber geführtes Gartentagebuch oder ein umfangreicher Gartenkalender (in Buchform) helfen bei der Planung und sind das beste Gedächtnis.

Im folgenden geben wir in Form einer Tabelle praktische Tips für die Anlage einer Mischkultur wieder:

Arten, die in dieser Aufzählung nicht genannt sind, wirken entweder indifferent, oder es ist nichts über eine Beeinflussung bekannt.

Neben dem Schutz vor Krankheiten und Schädlingen wirkt sich der Anbau in Mischkultur auch positiv auf den Boden aus. Nährstoffe, die der eine Partner sich nur schlecht aneignen kann, stellt der andere durch seine bessere Wurzelleistung zur Verfügung. Bei Bohnen und Erbsen wird der Boden zusätzlich sogar noch mit weiteren mit Stickstoffverbindungen angereichert.

Fruchtfolgen, die ebenfalls dem Krankheitsbefall unserer Kulturpflanzen vorbeugen, sind durch die Mischkultur allerdings nicht so einfach zu gestalten, da die Möglichkeiten zum Wechseln der Pflanzenarten geringer werden. Andererseits kann die Mischkultur aber selbst als eine Art Fruchtfolge ohne Zeitfaktor aufgefaßt werden. Fruchtfolgeprobleme wie Bodenpilze und Nematoden treten beim Nebeneinander verschiedener Pflanzenarten nicht in dem Maße wie bei einer Monokultur auf.

PFLANZEN ZUR BODENGESUNDUNG

Zur Vorbeugung und biologischen Bekämpfung von Nematoden existieren erprobte und wirksame Methoden, die ohne die umweltbelastenden Bodenentseuchungsmittel auskommen. Während letztere einen Rundumschlag gegen jegliches Bodenleben bedeuten, ohne jedoch wegen mangelnder Tiefenwirkung wirklich alle schädlichen Nematoden zu bekämpfen, wirken die folgenden Maßnahmen mindestens ebenso effektiv, aber nur gegen einzelne Fadenwurmarten. Die genaue Kenntnis der im Einzelfall betroffenen Arten ist deswegen sehr wichtig, um gute Erfolge zu erzielen.

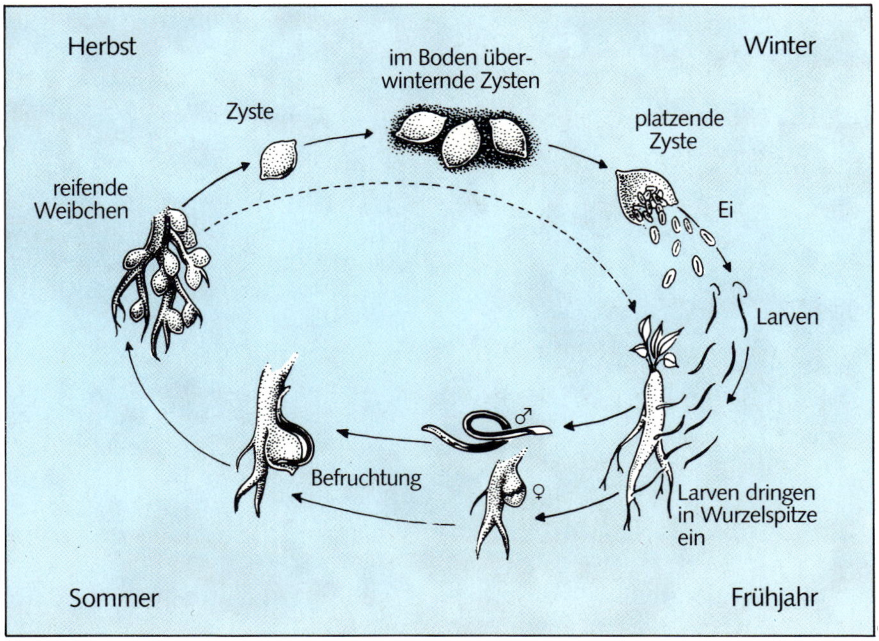

Nematodenzyklus

Mit Fangpflanzen lassen sich bestimmte festsitzende Zystennematoden (Gattungen *Meloidogyne* und *Heterodera*) gut kontrollieren. Der Trick bei der Fangpflanzentechnik besteht darin, daß anfällige Pflanzen, etwa Kohlarten oder Spinat, angebaut werden, die den Rübenzystennematoden *(Heterodera schachtii)* anlocken. Die Würmer dringen mit der vorderen Körperhälfte in die Pflanzen ein, das Weibchen wird begattet, bleibt unbeweglich und schwillt zu einer Zyste an, die den Nachwuchs in sich birgt. Werden die Pflanzen vor der Zystenreife vernichtet, ist der Zyklus unterbrochen. Unter (für Nematoden) geeigneten Bedingungen kann bei Spinatanbau die Zystenreife bereits vor der Erntereife der Pflanzen erfolgen. Um sicher zu gehen, sollte man daher Fangpflanzen eigens zu diesem Zweck anbauen.

Feindpflanzen wirken entgegengesetzt. Sie sondern mit der Wurzel Stoffe in den Boden ab, die die Nematoden hemmen oder sogar abtöten können. Hauptsächlich die Pflanzenfamilie der Köpfchenblütler *(Compositae)* hat eine Reihe brauchbarer Arten hervorgebracht. Unter 175 verschiedenen getesteten Arten hatten immerhin 70 hemmende Eigenschaften gegen den endoparasitisch lebenden (eindringenden) Nematoden *Pratylenchus penetrans.* Studentenblumen (besonders *Tagetes patula*) und Goldrute (*Solidago*-Arten) seien hier nur als Beispiel genannt.

Die Wirkung auf Nematoden erhöht sich, wenn die Pflanzen nach der Blüte eingearbeitet werden, da auch in den Blättern wirksame Stoffe vorhanden sind. Als Vorfrucht von Möhren, Kartoffeln und Erbsen hat sich besonders *Tagetes patula* zur Bekämpfung des Nematoden *Pratylenchus penetrans* bewährt. Drei bis vier Monate vor den Gemüsepflanzen kultiviert, sind mit ihr gute Erfolge zu erzielen.

Resistente Pflanzen, so etwa einige Kartoffelsorten, lassen Nematoden zwar eindringen (sind also eigentlich anfällig), doch sind ihre Inhaltsstoffe durch züchterische Eingriffe so verändert worden, daß viele Nematoden danach abgetötet werden oder verhungern. Leider kann die Pflanzenzüchtung noch nicht von allen Kulturpflanzen resistente Sorten liefern.

WIRKUNGSWEISE ALTERNATIVER MITTEL

Eine Alternative ist schlicht die Wahl oder Entscheidung zwischen zwei Möglichkeiten. Umgangssprachlich hat dieser Ausdruck eine weitere Bedeutung erhalten. Oft verspricht man sich von einer alternativen Lösung nicht nur eine andere, sondern eine bessere Lösung. So scheint es auch auf dem Gebiet der Schädlingskontrolle zu sein. Alternative Mittel bedeuten aber auch hier immer nur eine andere Vorgehensweise, nicht unbedingt eine bessere. Die Unterscheidung in „gute biologische" und „böse chemische" Präparate geht an der eigentlichen Problematik vorbei. Die für die meisten synthetischen Pestizide bekannten Nebenwirkungen müssen auch für manche Stoffe angenommen werden, die die Natur uns liefert. Gerade biologische Wirkstoffe mit Breitenwirkung beeinflussen Ökosysteme insgesamt, da sie nicht gezielt gegen bestimmte Schädlinge eingesetzt werden können. Bei Naturstoffen gibt es allerdings kaum persistente Substanzen, da sie schnell abgebaut werden. Dennoch sollten wir auch diese Stoffe mit Bedacht anwenden.

Natürliche Wirkstoffe

Nikotin

Dieses aus Tabakpflanzen (*Nicotiana*-Arten) synthetisierte Alkaloid ist nicht nur für Insekten, sondern auch für Warmblütler hochgiftig. Nikotin wirkt als Kontakt- und Atemgift, es lähmt das Nervensystem der Insekten. Für ein Kleinkind, das versehentlich eine halbe Zigarette verschluckt, kann deren Nikotinmenge tödlich sein.

Vielfach wird ein aus Zigarettentabak gewonnener Tee gegen Blattläuse an Zimmerpflanzen empfohlen. Wegen des üblen Geruchs, der Giftigkeit sowie einer möglichen Übertragung des Tabakmosaikvirus („tobacco mosaic virus") auf die Pflanzen können wir Nikotin nicht empfehlen.

Pyrethrum (und Pyrethroide)

Pyrethrum wird aus verschiedenen Chrysanthemen-Arten gewonnen. Die in den Blüten der Dalmatinischen Insektenblume *(Chrysanthemum cinerariifolium)* und der Persischen Insektenblume *(Ch. coccineum)* gebildeten Pyrethrine wirken insektizid. Lange Zeit ging man davon aus, daß die Pflanzenextrakte, deren Nutzung mindestena 400 Jahre alt ist, für Mensch und höhere Tiere absolut ungefährlich sei. Mittlerweile weiß man aber, daß auch natürliches Pyrethrum zu Gesundheitsschäden beim Menschen führen kann. Abgesehen davon, daß Pyrethrine für Fische sehr giftig sind, wirken die Pyrethrumextrakte fast ausnahmslos gegen alle Insekten, also auch gegen Nützlinge wie etwa Honigbienen. Andererseits kennt man mittlerweile schon Insektenarten, die gegen Pyrethrine resistent sind.

Wenn Chrysanthemen zur Gewinnung von Pyrethrum in den wärmeren Gebieten der Erde (Hauptanbaugebiet ist Kenia) großflächig angebaut werden, treten Probleme auf, wie sie ähnlich auch in anderen Monokulturen entstehen: Da die Pflanzen alleine kaum gegen die Begleitflora konkurrieren können, begünstigt der Anbau den Einsatz von Herbiziden. Im Kleinanbau muß gehackt werden, wobei die Arbeitskräfte zwangsläufig in Kontakt mit den auch für Menschen giftigen Pflanzen kommen. Beim Herstellen und Ausbringen des Extrakts ist die Gefährdung durch Konzentrierung des Wirkstoffes Pyrethrum noch größer.

Die vermeintlich geringe Humantoxizität bezieht sich nämlich lediglich auf den

Chrysanthemen: Verwandte Arten werden zur Gewinnung von Pyrethrum angebaut

Kontakt mit der gesunden Haut, kleinste Verletzungen lassen Pyrethrum dagegen in den Blutkreislauf gelangen, wo es bedeutend gefährlicher ist. Regelmäßiger Kontakt mit der Pflanze oder ihren Extrakten kann krankhafte Hautreaktionen hervorrufen. Pollenallergiker, also durch Heuschnupfen geplagte Zeitgenossen, sind besonders empfindlich. Menschen mit Pyrethrinallergie können bei der Anwendung mit Schockzuständen und Kreislaufkollaps reagieren.

Einzig der schnelle Zerfall des Pyrethrums infolge von Sauerstoff- und UV-Lichteinwirkung macht es im Vergleich zu persistenten Pestiziden zu einem Wirkstoff, der in bestimmten Fällen vom verantwortungsbewußten Freizeitgärtner verwendet werden kann – so zum Beispiel, wenn ausgeschlossen ist, daß nützliche Insekten in Mitleidenschaft gezogen werden. Dies kann etwa im Gewächshaus der Fall sein, wenn „langsamere" Bio-Mittel keine Wirkung mehr entfalten können. Doch Vorsicht: Vielfach sind den kurzlebigen Pyrethrinen Stabilisatoren und Synergisten beigemengt, die einen schnellen Zerfall verhindern. Solche Präparate sind dann weit weniger umweltverträglich.

Pyrethroide sind nach dem Muster des Naturstoffs Pyrethrum künstlich hergestellte Wirkstoffe. Ihr „Vorteil", der sich für die Umwelt allerdings schnell zum Nachteil wendete, liegt in ihrer langsameren Abbaufähigkeit; mit anderen Worten: Pyrethroide sind persistent. Durch ihren längeren Aufenthalt in der Umwelt begünstigen sie die Entstehung resistenter Zielinsektenstämme, weswegen immer größere Mengen oder veränderte Wirkstoffe eingesetzt werden müssen. Wegen ihrer Persistenz sammeln sich diese Stoffe, die mit dem Naturstoff in vielen Fällen nur noch den ähnlichen Namen gemein haben, im Fettgewebe und im Gehirn an. Pyrethroide in höheren Dosen wurden demzufolge auch in der Milch der jeweiligen Versuchstiere gefunden. Wie ihre natürlichen Ausgangsstoffe auch, sind sie für alle Insekten und Fische sehr giftig.

Darüber hinaus ist eine chronische Schädigung des menschlichen Nervensystems nicht ausgeschlossen. Ferner lösen einige Vertreter dieser Stoffgruppe Allergien aus und führen bei manchen Menschen zu Empfindungsstörungen.

Rotenon

Aus den Wurzeln verschiedener tropischer Schmetterlingsblütler wird ein Harz gewonnen, das eine Reihe mehr oder weniger stark insektizider Wirkstoffe enthält, die unter dem Sammelbegriff „Rotenoide" zusammengefaßt werden. Das Rotenon als wirksamste Substanz hat dieser Gruppe den Namen gegeben. Eine auf Borneo vorkommende Liane, *Derris elliptica,* und zwei *Lonchocarpus*-Arten aus dem Amazonasgebiet liefern dazu die Ausgangsstoffe.

Auf Insekten wirkt Rotenon lähmend, der Tod tritt erst nach einiger Zeit ein. Ursprünglich wurde der rotenonhaltige Wurzelextrakt von den einheimischen Indianern zum Fischfang benutzt, weil es auch bei Fischen zu Lähmungen führt. Aus diesem Grund dürfen rotenonhaltige Präparate nicht in Gewässernähe verwendet werden.

Über die Humantoxizität weiß man bisher wenig. Ältere Untersuchungen belegen die Harmlosigkeit von Rotenoiden; in der neueren Literatur werden allerdings auch Wirkungen auf Warmblütler beschrieben, was zur Vorsicht im Umgang mit Rotenoiden führen sollte.

Quassia

Der südamerikanische Fliegenholzbaum *(Quassia amara)* enthält verschiedene insektizide Wirkstoffe im Holz, die man unter dem Begriff „Amaroide" zusammenfaßt. Die gleichen Stoffe liefert der auf Jamaika vorkommende Baum mit dem botanischen Namen *Picraena excelsa.* Besonders gut soll der Quassiaextrakt gegen einige Sägewespenarten wirken; als wirksames Prinzip vermutet man die Zerstörung der Nervenzellen. Zur Herstellung einer Spritzbrühe werden Quassiaholzspäne geraspelt und mit Wasser aufgekocht (150 Gramm Holzspäne auf 2 Liter Wasser; die Brühe läßt man 24 Stunden ziehen)!

Seifen

Altbewährte Lösungen von Schmierseife (Kaliseife), die als Hausmittel gute Wirkung gegen Blattläuse zeigen, sind hinsichtlich ihrer Effektivität gesteigert worden. Unter dem chemischen Begriff „Kaliumsalze natürlicher Fettsäuren" sind sie im Handel erhältlich. Alle Seifenpräparate sind sehr gut umweltverträglich und nicht giftig.

Lecithin

Dies ist ein natürlicher Emulgator, der unter anderem in der Sojabohne oder im Eigelb vorkommt. Präparate auf Lecithinbasis wirken vorwiegend gegen Falsche Mehltaupilze *(Peronosporales),* aber auch gegen Stachelbeermehltau *(Sphaerotheca mors-uvae).*

Mittel auf Lecithinbasis sind umweltverträglich und ungiftig.

Schwefel

wirkt gegen Echte Mehltaupilze *(Erysiphales)* an Apfel und Birne. Er wird auch im konventionellen Obstbau angewendet und ist kein echtes „biologisches" Mittel. Die Umweltwirkungen von Schwefel, der als sogenannter Netzschwefel Verwendung findet, sind gering, sieht man von der bodenversauernden Wirkung ab, die allerdings bei den verwendeten Mengen zu vernachlässigen ist. Empfindliche Apfelsorten neigen allerdings zu Berostung. Vielfach reicht der Schwefelanteil im N-A-B-Mittel, einem fertig formulierten Handelspräparat, das zu je einem Drittel aus Netzschwefel (N), Algomin (A) und Bentonit (B), einem Tonmineral, besteht, völlig aus. Dort gibt es kein Berostungsproblem. Außerdem wirken die anderen Bestandteile pflanzenstärkend.

Gegen Blattläuse helfen Seifenpräparate

Kupfer

Kupfer wird in verschiedenen Formulierungen, zum Beispiel als Kupferkalk gegen Falschen Mehltau und andere Pilze, angewendet. Jahrelanger Gebrauch in Obstanlagen und im Weinbau haben zu starken Anreicherungen des nicht abbaubaren Schwermetalls geführt. Obwohl die Humantoxizität des Kupfers nicht besorgniserregend hoch ist, raten wir in der Regel von Kupferspritzungen wegen der Anhäufung im Boden ab.

Der naturbewußte Gärtner verwendet in seinem Garten hausgemachte Pflanzenschutzmittel

Hausgemachte Pflanzenschutzmittel

Neben Nutz- und Zierpflanzen sollte der umweltbewußte Gärtner auch eine Reihe von Pflanzen anbauen, aus denen er selber Präparate herstellen kann, und die als Pflanzenstärkungsmittel, Dünger oder „Pflanzenschutzmittel" im Garten Verwendung finden. Je nach Herstellungsweise unterscheiden wir Kaltwasserauszüge, Tees, Abkochungen und Jauchen.

Von den meisten dieser „sanften" Mittel kann man keine hundertprozentige Wirkung verlangen, aber dieses „Knopfdruckdenken" ist im Biogarten ohnehin nicht angebracht. Schließlich geht es ja nicht darum, lediglich ein synthetisches Insektizid gegen ein selbsthergestelltes zu ersetzen. Da die meisten wirksamen Pflanzeninhaltsstoffe schlecht wasserlöslich sind, vermutet man hierin die oft unbefriedigende Wirkung. Dabei kann eigenes Experimentieren mit geringen Zusätzen von Brennspiritus oder Weißöl („Promanal") zu besseren Erfolgen führen. Auch die Zugabe einer einprozentigen Schmierseifenlösung erhöht die Wirksamkeit, da hierdurch eine bessere Benetzung der Pflanzen und der dort befindlichen Insekten erzielt wird.

Wer in größeren Zusammenhängen und Vernetzungen denkt, beugt ohnehin einem Befall durch entsprechende Gartenkultur vor und ist auch bereit, mit der Natur zu teilen.

Die Wirkmechanismen von Pflanzenextrakten sind vielfach noch unbekannt. Daß sie wirken, ist in jahrhundertealter Tradition bewiesen worden. Mit dem Aufkommen der synthetischen Pestizide ist leider ein Teil des Wissens verlorengegangen. Erst in letzter Zeit wird wieder verstärkt auf diesem Sektor geforscht, erste Ergebnisse sind ermutigend. So listet die Untersuchung eines Forschungsinstitutes auf Hawaii 1900 „wirksame" Pflanzenarten auf, davon allein 1005 Arten mit Wirkung gegen Insekten. Auch unter einheimischen Pflanzen wird ein hohes insektizides Potential vermutet. Von 200 untersuchten Arten zeigten immerhin 15 Prozent eine beachtliche Wirkung. Jeder verantwortungsbewußte Mensch sollte nicht nur im eigenen Garten derartige Mittel anwenden, sondern auch öffentlich für eine verstärkte Bereitstellung von Forschungsmitteln für dieses Gebiet eintreten.

Kompostextrakt

Die pflanzenstärkenden Eigenschaften von Kompost, der als Bodendünger verwendet wird, sind allgemein bekannt. Neuere Untersuchungen an dem Institut für Pflanzenkrankheiten der Universität Bonn haben ergeben, daß eine hervorragende Wirkung gegen verschiedene Pilzkrankheiten wie *Phytophthora infestans* an Kartoffeln und Tomaten sowie *Botrytis fabae* (Schokoladenfleckenkrankheit) an Ackerbohnen erzielt wird, wenn vorbeugend wässrige Kompostextrakte auf die Pflanze gespritzt werden. Hierbei wirken die Inhaltsstoffe nicht direkt gegen die Schadpilze, sondern sie stimulieren anscheinend die Pflanze zur Bildung von eigenen Abwehrkräften gegen den Angriff der Pilze.

In den Bonner Versuchen wurden 6 bis 12 Monate abgelagerte Komposte aus Stroh, Gartenabfällen, Pferde-, Schweine- und Ziegenmist verwendet. Zur Herstellung der Spritzbrühe verrührte man einen Teil des jeweiligen Komposts mit drei Teilen Wasser und ließ diese Mischung bis zu 14 Tagen stehen. Die abgefilterte Flüssigkeit kann unverdünnt mit einer praxisüblichen Spritze angewendet werden.

Brennessel

Als Blattlausmittel mit unterschiedlich guter Wirkung wird ein Kaltwasserauszug von Blättern der Kleinen Brennessel *(Urtica urens)* empfohlen, die kurz vor oder während der Blüte, möglichst von einem sonnigen Standort aus, geerntet werden.

1 Kilogramm Frischmaterial soll in 10 Liter Wasser 12 bis 24 Stunden ziehen und alsbald unverdünnt gespritzt werden. Je nach Witterung ist die Behandlung nach einigen Tagen zu wiederholen.

Brennesseljauchen, die durch Vergären gewonnen werden, dienen in erster Linie als Stärkungsmittel und flüssiger Dünger. Sie werden verdünnt angewendet.

Schachtelhalm

Schachtelhalm

Die auch Katzenschwanz oder Zinnkraut genannte Pflanze *(Equisetum arvense)* ist an Wegen zu finden, wächst aber auch in jedem Garten. Ihre Verwendung als Tee zur vorbeugenden Behandlung gegen Pilzkrankheiten beruht auf ihrem hohen Kieselsäuregehalt. Dadurch werden die Epidermiszellen der behandelten Pflanzen mechanisch verstärkt. Auskeimende Pilze können dann nicht so leicht in das Blattgewebe eindringen.

Zur Herstellung von Schachtelhalmtee benötigt man 1 Kilogramm Frischmaterial, das am besten im Sommer geerntet wird. Man übergießt es mit 5 Liter kochendem Wasser und läßt den Tee einige Zeit ziehen. Zum Spritzen wird die Flüssigkeit im Verhältnis 1:1 mit Wasser verdünnt.

Jauchen können gegen Insekten und Spinnmilben verwendet werden. Hierzu läßt man 1 Kilogram Kraut in 10 Liter Wasser 10 Tage ziehen und verdünnt mit der 5fachen Menge Wasser.

Brennessel

Wurmfarn

Wurmfarn

Die Abkochung von 1 Kilogramm frischer Farnblätter *(Dryopteris filix-mas)* in 5 Liter Wasser über einen Zeitraum von einer Stunde wird als Mittel gegen Blatt-, Schmier- und Schildläuse empfohlen. Der Sud wird vor dem Spritzen mit weiteren 5 Liter Wasser verdünnt.

Rainfarn

ist kein echter Farn, sondern ein Köpfchenblütler wie die Margerite. Als Tee – 500 Gramm Rainfarnblätter *(Chrysanthemum vulgare)* werden mit 10 Litern kochendem Wasser übergossen – wirkt der erkaltete, unverdünnt gespritzte Auszug gegen Blattläuse. Da Rainfarn giftig ist, sollte man die Brühe mit entsprechenden Vorsichtsmaßnahmen verwenden.

Wermut

Der auch zur Herstellung von Magenbitter verwendbare, wärmeliebende Wermut *(Artemisia absinthium)* ist mit dem Estragon verwandt.

Gegen fressende Insekten hat sich ein Tee aus 500 Gramm frischen Wermutblättern, die aus dem oberen Teil der Pflanze stammen sollten, in 10 Liter Wasser

Links: Rainfarn

Rechts: Wermut

bewährt (Kräuter mit kochendem Wasser übergießen und abkühlen lassen; abseihen und anwenden).

Knoblauch
Auszüge dieser bekannten Gewürzpflanze vertreiben Insekten aufgrund des Geruchs. Die bekannten antimikrobiellen Eigenschaften von *Allium sativum* wirken ferner gegen Pilze, indem sie die Keimung ihrer Konidien hemmen.

Essigbaum
Blätter des in vielen Gärten als Ziergehölz anzutreffenden Essigbaums *(Rhus typhina)* werden nicht von Insekten gefressen. Diese Beobachtung führte zu Untersuchungen über insektizide Wirkstoffe. Mit gutem Erfolg konnte in Versuchen am Institut für biologische Schädlingsbekämpfung der Biologischen Bundesanstalt eine Wirkung gegen Kartoffelkäferlarven nachgewiesen werden: 8 Tage nach Anwendung von Essigbaumextrakt lebten nur noch 5 Prozent der Larven.

Diese Auflistung ist selbstverständlich nicht vollständig. Sie zeigt aber, daß biologischer Pflanzenschutz nichts mit Wunderglauben zu tun hat, sondern auf wissenschaftlich ebenso fundierter Basis steht wie die Forschungsergebnisse über synthetische Pestizide. Da die wissenschaftliche Erforschung des biologischen Pflanzenschutzes weitgehend noch in ihren Anfängen steht, sind ihre Ergebnisse sicher vielfach noch unzureichend. Dies kann jedoch kaum verwundern, wenn man bedenkt, daß wir gerade erst damit beginnen zu verstehen, wie Pflanzen im Laufe der Evolution „gelernt" haben, sich gegen Pilze und Insekten zu verteidigen. Daher sind nicht zuletzt auch Beobachtungen und Versuche von Laien wichtige Anhaltspunkte für das weitere Vorgehen auf diesem Gebiet.

Essigbaum

Knoblauch

DER OBSTGARTEN

Wie überall in der Natur, gibt es auch im Garten und in dessen Umgebung das sogenannte Nahrungsnetz: Bestimmte Insektenarten werden durch Räuber, Parasiten und Krankheitserreger in ihrer Populationsgröße beschränkt. Regulierend wirken sich auch Nahrungsangebot, Witterungsverhältnisse und Klima aus, so daß ein ständiges Wachsen und Absinken von Schädlings- und Nützlingspopulationen zu beobachten ist.
Durch seine Ernteabsichten greift der Mensch in dieses bestehende Ökosystem ein. Er unterscheidet zwischen Schädlingen, die den Ertrag mindern, und Nützlingen, die durch Vertilgung oder Parasitierung der Schädlinge einem Schaden entgegenwirken; außerdem findet er Krankheiten, die Pilze, Bakterien und Viren verursachen.
Ein Anbauer, der eine Ernte einbringen möchte, begibt sich in einen Konkurrenzkampf mit den sonst im Garten lebenden Organismen. Grundsätzlich sollten dabei nur ökologisch vertretbare Maßnahmen zur Anwendung kommen.
Die im Text bei den einzelnen Obstarten erwähnten allgemeinen Pflanzenschutzmaßnahmen (Schnitt, Hygiene und so weiter) werden ab Seite 126 erläutert.

Apfel

Kernobst

Botanisch gesehen handelt es sich beim sogenannten Kernobst um Sammelbalgfrüchte. Beim Queraufschneiden von Apfel oder Birne finden wir in der Regel fünf Bälge („Spelzen" umgeben einen braunen Samen), die sternförmig zusammengewachsen sind. Der eßbare Anteil dieser Früchte ist aus dem Blütenboden entstanden.

Apfel

Malus pumila var. *domestica*

Die Stammformen unserer Äpfel, Holz- und Zwergapfel *(Malus sylvestris* und *M. pumila)*, kommen im Mittelmeerraum und in Südwest- bis Zentralasien wild vor. Durch Kreuzungen, die bei Fremdbefruchtern spontan vorkommen, soll der Kulturapfel entstanden sein. Jungsteinzeitliche Funde belegen bereits die Vorliebe der damaligen Menschen für Äpfel. Den Römern war vor über 2000 Jahren bereits eine große Anzahl von Sorten bekannt. Heute unterscheiden wir darüber hinaus verschiedene Reifestadien: Tafeläpfel für den Sofortverzehr und Lageräpfel.

SCHÄDLINGE

Blattläuse

Aphididae

Verschiedene Arten können bei Kernobst und anderen Obstarten schädigend wirken. Durch ihre Saugtätigkeit an Blättern und jungen Trieben werden dem Baum Nährstoffe entzogen. Die angesaugten

Blätter rollen sich meist ein; durch den abgegebenen Honigtau der Tiere verkleben sie häufig. In der Folge können schwarze Rußtaupilze, wie sie besonders häufig auf Kirschblättern angetroffen werden, auftreten, die allerdings weder Früchte noch Blätter schädigen. Sie leben von den zuckerhaltigen Ausscheidungen der Blattläuse.
Bekämpfung: Ameisenkontrolle mit Leimringen – Baumanstrich – Frühjahrsspritzung mit paraffinhaltigen Mitteln wie „Promanal"

Apfelwickler

Laspeyresia pomonella

Schädlich ist hier die Larve, die sich in die Früchte einfrißt und diese von innen zerstört. Sie wird auch Obstmade genannt. Das Weibchen dieses Falters legt die Eier an die Früchte ab. Hauptflugzeit ist in den meisten Jahren die erste Julihälfte. Bei günstigen Witterungsverhältnissen kann es zur Ausbildung von mehreren Generationen im Jahr kommen.
Bekämpfung: Hygiene – Wellpappestreifen – Lockstoffallen – Spritzmittel

Blutlaus

Eriosoma lanigerum

Ab Mai sitzen die Tiere an versteckten Stellen der Blattachseln, in Borkenritzen oder an der Oberfläche befindlichen Wurzeln. Auch hier entsteht der Schaden durch Saugen der Pflanzennährstoffe. Schädigend wirkt auch der Speichel der Läuse, der krebsartige Wucherungen an den Saugstellen entstehen läßt: den Blutlauskrebs.
Bekämpfung: Schnitt – Baumanstrich – Kapuzinerkresse pflanzen – Spritzung mit „Promanal"

Frostspanner

Operophtera brumata

Im zeitigen Frühjahr (März bis Mai) frißt die Raupe dieses Schmetterlings an frischen Blüten, Früchten, Blättern und Knospen. Die Verpuppung der Larven erfolgt im Boden, auf den sich diese mit einem Spinnfaden herunterlassen. Nach dem Schlupf der Falter im Oktober kriecht das flugunfähige Weibchen den Stamm hoch, um sich mit den Männchen im Kronengerüst zur Paarung zu treffen.
Bekämpfung: Baumanstrich – Leimringe gegen weibliche Falter – Bekämpfung der Raupen vor der Blüte mit *Bacillus thuringiensis (B.t.)*, zum Beispiel „Dipel" und anderen Mitteln (nur in „Frostspannerjahren")

Obstbaumspinnmilbe

Panonychus ulmi

Die Obstbaumspinnmilbe gehört zu den wichtigsten Schadmilben im Apfelanbau. Die Milben treten meist nur auf der Blattunterseite auf, können jedoch bei starkem Befall auch die Oberseite der Blätter besiedeln. Durch ihre Saugtätigkeit verfärben sich die Blätter graubraun bis bronzefarben. Die rötlichen Wintereier dieser Milbe findet man meistens an Knospen.
Bekämpfung: Hygiene – „Promanal" und Schachtelhalmjauche spritzen

Links: Fraßloch der Obstmade

Rechts: Unterhalb von Blattlauskolonien siedeln sich harmlose Rußtaupilze an

Blutlauskrebs

Larve des Frostspanners

Oben: Lagerschorf an Äpfeln

Unten: Feuerbrand (an Cotoneaster)

Apfelmehltau

KRANKHEITEN

Schorf

Venturia inaequalis

Kennzeichen des Apfelschorfs sind olivgrüne bis grauschwarze Flecken auf Blattunterseiten und Früchten. Die befallenen Stellen trocknen aus; es bilden sich Risse. Findet die Infektion erst kurz vor der Ernte statt, entwickelt sich der Lagerschorf. Um die Zeit der Blüte werden die Sporen des Pilzes durch den Wind verbreitet und keimen bei geeigneten Bedingungen aus. Vor allem in nassen und warmen Jahren erfolgen das ganze Jahr über Neuinfektionen. Die Erstinfektion im Frühjahr geht meist von der Hauptfruchtform des Pilzes auf dem abgefallenen Laub des Vorjahres aus.

Bekämpfung: anfällige Sorten wie „Golden Delicious" oder „Glockenapfel" meiden („James Grieve", Renetten-Sortengruppe und „Boskoop" sind unempfindlich) – Schnitt – Hygiene – bei kleinen Bäumen Schwefel oder N-A-B-Mischung (siehe Seite 109) spritzen

Obstbaumkrebs

Nectria galligena

Der Obstbaumkrebs ruft eingesunkene und abgestorbene Rindenpartien hervor. Häufig sind starke Wucherungen zu sehen, da der Baum versucht, die Wunden zu überwachsen. Auch hier kann die Infektion ganzjährig über verletztes Holz und Rindenrisse erfolgen. *Nectria* ist ein Wundparasit, das heißt, er benötigt Wunden als Eintrittsöffnung.

Bekämpfung: Schnitt – Hygiene – Baumanstrich

Monilia-Fäule

Bei dieser Pilzfäule überwintert der Erreger an Fruchtmumien oder als Pilzgeflecht auf den Zweigen. Die abgestorbenen Gewebe verstopfen die Leitungsbahnen und verschiedene Organe wie Blätter, Blüten und so weiter. Die befallenen Früchte zeigen bräunliche Flecken, die in gelbbraunen, konzentrischen Ringen angeordnet sind.

Bekämpfung: Baumscheibenbepflanzung (siehe Seite 129) mit Meerrettich – Schnitt – Hygiene

Apfelmehltau

Podosphaera leucotricha

Der Pilz überwintert in Knospen und jungen Trieben. Im Frühjahr sieht man ein fei-

nes weißes Gewebe; die befallenen Organe sehen wie mit Mehl bestäubt aus und welken im weiteren Verlauf der Krankheit ab.
Bekämpfung: mehltauempfindliche Sorten wie „Cox Orange" oder „Jonathan" meiden – Schnitt – Hygiene

Bitterfäule
Gloeosporium fructigenum

Dieser Pilz erzeugt bräunliche, eingesunkene Flecken, die bis in das bitter schmeckende Fruchtfleisch reichen. Der Befall der Früchte erfolgt durch die Haut. Die Sporen überwintern an den Fruchtmumien oder an den Trieben.
Bekämpfung: Schnitt – Schwefelspritzung

Bakterienbrand
Erwinia amylovora

Die Feuerbrandkrankheit ist eine gefährliche Bakterienkrankheit. Die Blätter färben sich braun bis schwärzlich und wirken dadurch wie verbrannt. Schwarze Organe des Baumes (Blüten, Fruchtmumien) bleiben bis zum Winter in den Ästen hängen. Diese Krankheit ist meldepflichtig.
Bekämpfung: Schnitt – Hygiene

Birne

Birne

Pyrus communis var. *domestica*

Aus der mitteleuropäischen Holzbirne *(P. achras)* und der Schneebirne *(P. nivalis)*, die aus dem eurasischen Raum stammt, ist unsere Kulturbirne entstanden. Im Anbau benötigt die Birne etwas wärmere Lagen als der Apfel; sonst ist sie letzterem sehr ähnlich. Es gibt sogar Sorten, die Äpfeln auch in der Form zum Verwechseln ähnlich sehen.

SCHÄDLINGE

Apfelwickler
siehe Apfel

Frostspanner
siehe Apfel

Blutlaus
siehe Apfel

Blattläuse
siehe Apfel

Links: Monilia-Fäule

Kirschen

Birnengitterrost

Steinobst

Hier bildet das innere Fruchtgewebe um den eigentlichen Samen einen Stein. Reifes Steinobst ist sehr saftig und kaum lagerfähig.

Süßkirsche

Prunus avium

Sauerkirsche

P. cerasus

Über die Herkunft der Kirsche ist wenig bekannt. Sauerkirschformen sind seit etwa 2000 Jahren bekannt. Die gemeinsame Stammform ist die einheimische Vogelkirsche *(P. avium)*.

Süß- wie Sauerkirschen eignen sich in besonderem Maße für den Selbstversorger, da sie bis auf bestimmte verjüngende Schnittmaßnahmen kaum Pflege benötigen. Heute gibt es auch Süßkirschensorten für den kleinen Garten.

KRANKHEITEN

Birnengitterrost

Gymnosporangium sabinae

Die Krankheit zeigt sich als gelblichrote Flecken mit dicken rötlichen Pusteln auf den Blättern. Diese enthalten die Sporen, die der weiteren Verbreitung dienen. Der Pilz benötigt *Juniperus*-Arten (zum Beispiel Sadebaum) als Hauptwirte. Solange infizierte Sadebäume auch in größerer Entfernung stehen (eine Infektion kann noch über eine Entfernung von 500 Metern erfolgen) wird es immer wieder zu dieser Krankheit kommen. Da der Ertragsverlust nicht sehr groß ist, kann in Hausgärten auf eine Bekämpfung verzichtet werden. Eventuell befallene Sadebäume entfernen.

Schorf

siehe Apfel

Monilia-Fäule

siehe Apfel

SCHÄDLINGE

Kirschfruchtfliege

Rhagoletis cerasi

Das Weibchen dieser Fliege legt die Eier Mitte Mai an die gelbwerdende Frucht ab. Die Larven (Maden) finden sich später in den Früchten und fressen das Fruchtfleisch. Die verwurmten Früchte faulen und fallen ab. Die Maden der Kirschfruchtfliege verpuppen sich ab Juli im Boden und überwintern dort.

Bekämpfung: befallene Frücht entfernen – Gelbtafeln zum Fang verwenden

Blattläuse
siehe Apfel

Frostspanner
siehe Apfel

Obstbaumspinnmilbe
siehe Apfel

K R A N K H E I T E N

Schrotschußkrankheit
Clasterosporium carpophilum

Zunächst bilden sich auf den Blättern rundliche, rotbraune Flecken. Diese Stellen sterben im Verlauf der Krankheit ab und es entstehen Löcher. Die Blätter fallen bereits im Sommer ab. Beim Befall der Triebe kann es auch zu Gummifluß (aus der Rinde tritt ein gelblichbräunlicher, gummiartiger Saft aus) kommen. Bei starkem Befall treten erhebliche Ernteverluste auf.

Bekämpfung: Hygiene – Schnitt – Schwefelspritzung

Monilia-Fäule
siehe Apfel

Pflaumen

Prunus domestica

Aus der oben genannten Sammelart sind Echte Pflaumen, Renekloden, Mirabellen und Zwetschen hervorgegangen. Eine enge Verwandte der Kulturpflaumengruppe ist die Schlehe *(Prunus spinosa)*, auch Schwarzdorn oder Schlehdorn genannt. Gleichermaßen vielfältig verwendbar und anspruchslos in bezug auf die Bodengüte ist die „Hauszwetsche", besonders als sogenannte wurzelechte Form. Hierbei handelt es sich stets um Vermehrungsmaterial (wurzelbürtige Sprosse, die rund um den Mutterbaum wachsen), das von Ausläufern ertragreicher Mutterbäume gewonnen wird.

S C H Ä D L I N G E

Pflaumenwickler
Grapholita funebrana

Die Larven schlüpfen aus den an den Früchten abgelegten Eiern und fressen sich in die Pflaumen ein. Dabei dringen sie bis zum Stein vor. Die Früchte verfärben sich und fallen ab.

Bekämpfung: Fanggürtel – Lockstoffallen

Pflaume

Schadbild des Pflaumenwicklers

Links: Kirschfruchtfliege

Rechts: Schrotschußkrankheit

Pfirsich

Kräuselkrankheit an Pfirsichblättern

KRANKHEITEN

Zwetschgenrost
Tranzschelia discolor

Bei Befall zeigen sich im Anfangsstadium gelbe Flecken auf der Blattoberseite; auf der Blattunterseite bilden sich braune Pusteln. Im fortgeschrittenen Stadium können die Blätter abfallen (manchmal sind die Bäume im Sommer bereits völlig kahl).

Bekämpfung: Hygiene – Schwefelspritzung

Pflaumensägewespe
Hoplocampa minuta

Die Weibchen legen die Eier im April/Mai mit einer Legesäge unter die Kelchblätter der Blüten. Diese verfärben sich braun. Die schlüpfenden Larven bohren sich seitlich in die Früchte ein und fressen diese auf. Bis zu einem gewissen Grade sorgt die Sägewespe für eine oft notwendige Fruchtausdünnung. Erst bei starkem Befall ist eine Kontrolle nötig.

Bekämpfung: Hygiene – verschiedene Pflanzenschutzmittel (siehe Seite 110 ff.)

Blattläuse
siehe Apfel

Obstbaumspinnmilbe
siehe Apfel

Pfirsich

Prunus persica

Aprikose

P. armeniaca

Die Pfirsichkultur war den Chinesen bereits vor 4000 Jahren bekannt, die ältesten Quellen des Aprikosenanbaus stammen ebenfalls aus dem „Reich der Mitte". Bei uns dürften sich Pfirsich- und Aprikosenbäume am ehesten im Weinbauklima bewähren. Besonders der Pfirsich ist frostempfindlich und stellt hohe Ansprüche an den Boden; die Aprikose ist bei ähnlichen Bedürfnissen wenig anfällig gegenüber Trockenheit. Bei unzureichenden Standorten ist die Schädlings- und Krankheitsanfälligkeit der beiden Steinfruchtarten erhöht.

SCHÄDLINGE

Blattläuse
siehe Apfel

KRANKHEITEN

Kräuselkrankheit
Taphrina deformans

Die häufigste bei diesen Pflanzen auftretende Krankheit. Die Blätter haben aufgeblähte gelbe Flecken, und die Oberfläche kräuselt sich. Junge Triebe verdrehen sich. Weiterhin sieht man häufig starken Gummifluß und verformte Stellen auf den Früchten.
Bekämpfung: weniger anfällige Sorten wie „Amsden", „Mayflower" oder „Roter Ellerstädter" wählen – ab Knospenaustrieb mit Brennesseljauche und Algenkalk 14täglich spritzen – Knoblauch pflanzen

Monilia-Fäule
siehe Apfel

Beerenobst

Dieser Sammelbegriff ist botanisch betrachtet recht unglücklich gewählt, sind doch viele der „Beerenfrüchte" genau genommen Sammelstein- (Himbeere, Brombeere) oder Sammelnußfrüchte (Erdbeere). Echte Beeren gibt es bei Stachelbeere, Johannisbeere und Heidelbeere; übrigens sind auch Gurke, Kürbis und Paprika Beeren.

Erdbeeren

Fragaria

Die Erdbeere ist mit etwa 40 Arten in der nördlichen Hemisphäre natürlich beheimatet. Dazu gehört auch die einheimische Walderdbeere *(Fragaria vesca)*.

SCHÄDLINGE

Erdbeermilben
Tarsonemus pallidus

Die Blätter und Stengel verbiegen sich; Blüten und Knospen verkrüppeln durch die Saugtätigkeit. Die Tiere werden auch durch befallene Jungpflanzen in die Gärten verschleppt.
Bekämpfung: Mischkultur mit Knoblauch und Zwiebeln – wenig anfällige Sorten pflanzen

Obstbaumspinnmilbe
siehe Apfel

KRANKHEITEN

Grauschimmel
Botrytis cinerea

Die befallenen Früchte zeigen ein graues Pilzgeflecht. Der Befall kann sich bei feuchter Witterung sehr leicht im Bestand ausbreiten.
Bekämpfung: Mischkultur mit Knoblauch – Mulchen – befallene Früchte entfernen

Erdbeere

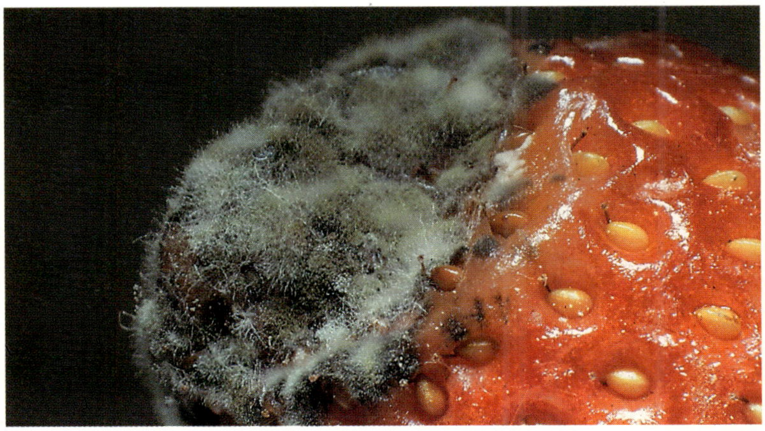

Grauschimmel

Brombeere

Himbeere

Rechts: Rutenkrankheit

Himbeeren

Rubus idaeus

Brombeeren

R. fruticosus

Die Gartenhimbeere ist durch Auslese aus der einheimischen Wildhimbeere, einer waldbewohnenden Staude, hervorgegangen. Die Kulturbrombeere liebt einen sonnigeren Stand und ist frostempfindlicher. Allein in Mitteleuropa gibt es etwa 70 wildwachsende Brombeerarten.

SCHÄDLINGE

Himbeerkäfer

Byturus tomentosus

Die Eiablage erfolgt im Juni/Juli an die Blüten. Die Larve frißt an den Früchten und verpuppt sich in einem dichten Gespinst. Der schlüpfende Käfer befällt nicht nur die unreifen Früchte, sondern auch sämtliche anderen Pflanzenteile.

Bekämpfung: verschiedene Pflanzenschutzmittel (siehe Seite 110 ff.)

Obstbaumspinnmilbe

siehe Apfel

KRANKHEITEN

Rutenkrankheit

Didymella applanata

Auf den Ruten zeigen sich braune bis violette Flecken. Die Rinde platzt auf und ganze Ruten können absterben. Der verursachende Pilz dringt über Verletzungen und Rindenrisse ein.

Bekämpfung: Wahl unanfälliger Sorten wie „Schönemann" oder „Malling Admiral" – für sauren Boden durch Mulchen sorgen – Ausschneiden erkrankter Ruten

Wurzelsterben

Fusarium-Arten

Schon bald nach der Pflanzung sterben die Jungpflanzen ab. Ruten mit Früchten vergilben an den Blättern und jungen Trieben. Der *Fusarium*-Pilz befällt die Pflanzen vom Boden her über die Wurzeln. Der Pilz überlebt im Boden oft mehrere Jahre.

Bekämpfung: Bodenpflege – Hygiene – Standort wechseln – befallene Pflanzen mit den Wurzeln entfernen und dann verbrennen

Johannisbeeren

Ribes rubrum; R. nigrum

Stachelbeeren

R. uva-crispa

Die Johannisbeere wächst in Europa und Nordasien wild als Bewohnerin felsiger Standorte und lichter Wälder. Als Stammformen werden verschiedene wilde Johannisbeerarten beschrieben. Im Garten stellt sie als Flachwurzler nur geringe Bodenansprüche; wenn für ausgeglichene Feuchtigkeit gesorgt wird, ist sie ebenso vielfältig verwendbar wie pflegeleicht. Schwarze Johannisbeeren haben einen sehr hohen Vitamin-C-Gehalt. Stachelbeeren sind noch genügsamer und gedeihen sogar besonders gut in kühleren Lagen; warme und trockene Standorte fördern den Mehltaubefall.

SCHÄDLINGE

Stachelbeerblattwespe
Pteronidea ribesii

Rascher Kahlfraß durch die Afterraupen (Larven), denen oft sämtliche Blätter zum Opfer fallen. Es treten 2 bis 4 Generationen im Jahr auf.
Bekämpfung: Mulchen

Johannisbeergallmilbe
Cecidophyopsis ribis

Die Milben befallen vor allem die Knospen, die dann kugelförmig anschwellen und nicht austreiben.
Bekämpfung: Bodenpflege – Hygiene – befallene Triebe entfernen

Blattläuse
siehe Apfel

KRANKHEITEN

Blattfallkrankheit
Drepanopeziza ribis

Auf den Blättern zeigen sich weißgelbliche Flecken. Später verfärben sich die Blätter dunkelviolett bis braun und fallen ab.
Bekämpfung: Pflanzung resistenter Sorten – Hygiene

Stachelbeere

Schwarze Johannisbeere

Fraßschaden der Stachelbeerblattwespe

Durch die Johannisbeergallm verursachtes Schadbild

Säulenrost

Stippigkeit des Apfels

Säulenrost
Cronartium ribicola

An der Blattunterseite gelbbraune, säulenartige Rostpusteln. Die Blätter fallen oft frühzeitig ab. Die Pilzsporen werden durch den Wind verbreitet und gehen von fünfnadeligen Kiefern (Zwischenwirte) aus.
Bekämpfung: Mulchen – die Nähe solcher Kiefern meiden

Pflanzenschutzmaßnahmen im Obstgarten

Nicht jede auftretende Krankheit und jeder gefundene Schädling müssen immer bekämpft werden. Ihr Auftreten ist natürlich und ein Zeichen für die ökologischen Vernetzungen in der Natur. Wenn die natürlichen Regulationsfaktoren wirken können, werden Krankheiten und Schädlinge nur selten überhand nehmen können.
Eine genaue Beobachtung der Pflanzen ist wichtig. Deshalb sollten gerade im Hausgarten an erster Stelle vorbeugende Pflanzenschutzmaßnahmen wie harmonische Nährstoffversorgung, Nützlingsförderung sowie Schnitt- und Hygienemaßnahmen stehen. Im übrigen sei ergänzend dazu auf die bereits auf den Seiten 84ff. beschriebenen ökologisch verträglichen Schutz- und Pflegemaßnahmen im Garten verwiesen.

Nährstoffversorgung

Eine richtige Nährstoffversorgung ist neben der Standort- und Sortenwahl die Voraussetzung für ein gesundes Pflanzenwachstum. So wird etwa durch zuviel Stickstoff die Anfälligkeit für Schädlinge und Krankheitserreger erhöht. Für Nutzgärten lohnt sich daher oft eine Bodenuntersuchung. Das Fehlen bestimmter Nährelemente wird dann durch eine gezielte Düngung mit organischen Düngern und Steinmehlen ausgeglichen. Mangelnde Versorgung mit Nährelementen kann auch die Ursache für Schädigungen an Früchten sein (physiologische Störungen). Bekannt ist zum Beispiel die Stippigkeit des Apfels (glasiges Fruchtfleisch und bräunliche Verfärbungen), die durch Kalzium- und Magnesiummangel verursacht wird und darüber hinaus sortentypisch ist. Für Abhilfe kann hier eine Kalziumspritzung sorgen. Bodenproben können zur Untersuchung an verschiedene Institute geschickt werden.

Schnitt

Bei einem ökologisch orientierten und fachgerechten Baum- und Strauchschnitt im Herbst oder Frühjahr werden auch mit Mehltau, Bitterfäule oder *Monilia* befallene Asstriebe, Rindenpartien, Fruchtmumien sowie die Wintereier von Spinnmilben entfernt. Größere Schnittwunden werden mit „Lac-Balsam" oder Tonpaste behandelt, der man noch pflanzenstärkende Präparate beimischen kann („Bio-Baumanstrich-Mittel"). Das Gewebe mit Obstbaumkrebs wird bis ins gesunde Holz ausgeschnitten, mit einem scharfen Messer geglättet und dann wie oben geschildert behandelt. Durch Schnittmaßnahmen schafft man auch die nötige Durchlüftung des Kronenbereichs, wodurch sich die Gefahr von Pilzerkrankungen verringert, da viele Pilzsporen feuchte Blätter zur Keimung benötigen. Gleichzeitig fördert man die geschmacksbildende Schalenausfärbung bei Apfelsorten.

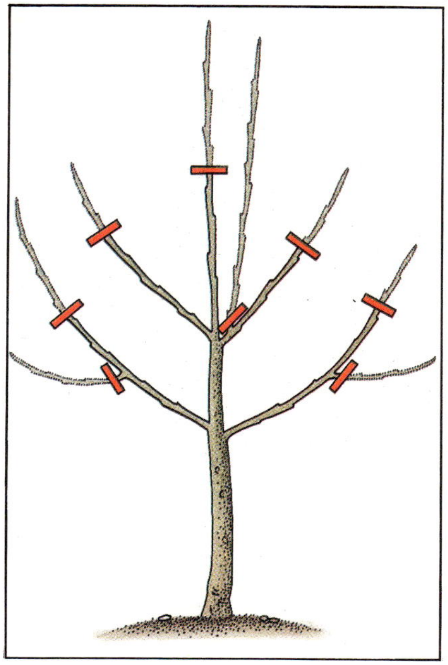

Links: Pflanzschnitt bei Baumobst

Rechts: Erziehungsschnitt bei Baumobst

Links: Erziehungsschnitt bei Beerenobst

Rechts: Pflanzschnitt bei Strauchobst

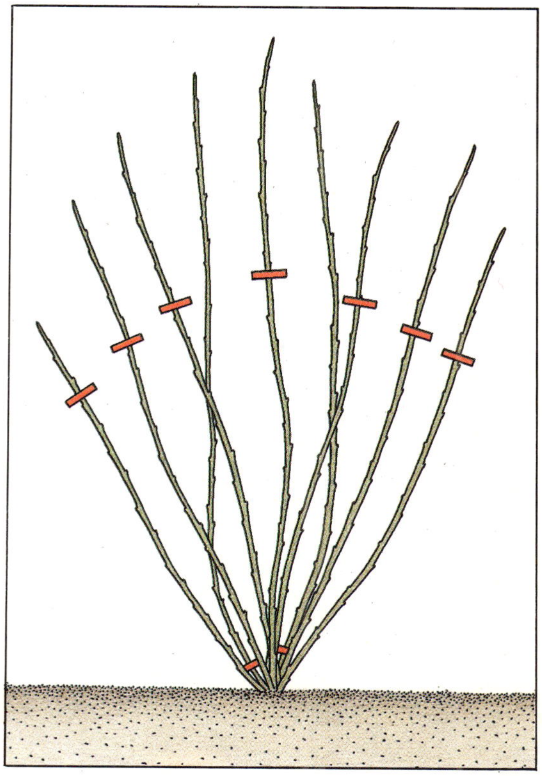

Abgefallenes Laub wird am besten kompostiert

Hygiene

Abgefallenes Laub sollte nach Jahren mit starkem Schorf- oder Zwetschgenrostbefall im Herbst zusammengerecht und schnell kompostiert werden, da die Pilze auf den Blättern überwintern und von dort aus eine Neuinfektion im Frühjahr verursachen. Die Arbeit des Kompostierens können übrigens auch Regenwürmer übernehmen. Fallobst in größeren Mengen, das verschiedene Schädlinge und Pilze enthalten kann, sollte eingesammelt werden. Kranke Äste werden ebenfalls beseitigt. Besonders bei starkem Pilzbefall muß die Hygiene im Garten eine vorrangige Rolle spielen, weil wir ja auf agressive Fungizide verzichten wollen. Erkranktes Holz sollte verbrannt und kranke Früchte nur dann kompostiert werden, wenn die Temperaturen im Komposthaufen hoch genug ansteigen können. Um mit Messer und Schere keine Pilze oder Viren zu verbreiten, sollten grundsätzlich immer zuerst gesunde Sträucher und Bäume, und dann erst kranke geschnitten werden. Nach der Arbeit werden alle Werkzeuge gründlich gesäubert.

Baumanstrich

Mit einem Rindenkratzer wird die trokkene Rinde am Hauptstamm bis in den Kronenbereich hinein abgekratzt. Der Stamm wird dann mit einem biologischen Baumanstrich versehen. Solche Präparate bestehen aus aufbereiteten Kieselsäuren, Tonmineralien, Wildkräutern und natürlichen Haftmitteln. Sie wirken vorbeugend und hygienisierend gegen Blut- und Schildläuse sowie Spinnmilben, deren Stadien an oder unter alten Borkenpartien überdauern. Ähnliches gilt für den Rindenschorf. Wichtig ist der Baumanstrich auch zur Vermeidung von Wunden und Rissen durch „Sonnenbrand". Bei starker Kälte und gleichzeitiger Sonnenbestrahlung besteht die Gefahr, daß am Stamm große Temperaturunterschiede entstehen, die zu Rindenrissen führen können. Diese Risse und Wunden sind dann häufig Eintrittsöffnungen für Krankheitserreger.

Baumscheibenbepflanzung und Mischkultur

Baumscheiben, also der Bodenbereich um den Stamm herum, sollten nicht offen gelassen werden, denn bepflanzte Baumscheiben wirken sich günstiger auf die Bodenstruktur und den Wasserhaushalt aus. So hat sich zu Beispiel Kapuzinerkresse *(Tropaeolum majus)* zur Baumscheibenbepflanzung bewährt. Diese zieht ab dem zweiten Jahr die Blutlaus vom Baum ab und soll der Kräuselkrankheit des Pfirsichs vorbeugen. Günstige wachstumsfördernde Eigenschaften hat auch die Bepflanzung mit verschiedenen Kräutern wie Pfefferminze, Basilikum oder Knoblauch zur Folge. Meerrettich soll der *Monilia*-Krankheit vorbeugen. Ähnlich günstig wirkt sich auch eine Mischkultur von Kräutern und Sträuchern aus. So beugt Knoblauch zwischen Erdbeeren dem Grauschimmel vor.

Links: Der Baumanstrich ist eine vorbeugende Hygienemaßnahme

Rechts: Zum Biogarten gehört die Bepflanzung der Baumscheibe

DER GEMÜSEGARTEN

Haben Sie sich schon einmal gefragt, was Gemüse eigentlich ist? Bei Obst liegen wir immer richtig, wenn wir damit die verschiedenen Früchte der Pflanzen meinen. Früchte gehen in der Regel aus einer Bestäubung der weiblichen Blütenorgane hervor und enthalten Samen, die zur Verbreitung der Art beitragen, wie zum Beispiel Apfelkerne, Pflaumensteine und die Sammelsteinfrüchte der Himbeeren.
Gemüse dagegen ist, botanisch betrachtet, ein heilloses Durcheinander von Wurzeln, Zwiebeln, Knollen, Stengeln und Blattstielen, Blättern, Blütenständen, Samen und auch Früchten.
Ordnung in ein System hineinzubringen, heißt immer auch, willkürlich vorzugehen. Wir haben die wichtigsten Gemüse nach Pflanzenfamilien, also nach ihrem Verwandtschaftsgrad, geordnet, denn verwandte Arten besitzen oft ähnliche Inhaltsstoffe und Abwehrsysteme. Damit ergeben sich wiederum bestimmte Krankheiten und Schädlinge, die meist sehr spezifisch „ihre" Wirtspflanze beziehungsweise auch Wirtspflanzenfamilie haben.
Da der „intelligente" Pflanzenschutz mit Nützlingen, Stärkungsmitteln und anbautechnischen Maßnahmen im Vordergrund stehen sollte, erschien deshalb die Darstellung der Gemüsearten nach Familien geboten.
Gleichzeitig haben wir die Herkunft der Arten erwähnt, da sich hieraus ihre Ansprüche an Klima und Boden sehr gut herleiten lassen.

Feldsalat

Baldriangewächse

Valerianaceae

Mit ihren unscheinbaren, trichterförmigen Blüten ist diese Pflanzenfamilie nicht sehr artenreich. Neben dem Baldrian *(Valeriana officinalis)*, einer ausdauernden Pflanze, die nicht nur auf Katzen, sondern auch auf Ratten und Regenwürmer erregend wirkt, kommt als Nutzpflanze nur der Feldsalat vor.

Feldsalat

Valerianella locusta

Der Feldsalat wird auch Ackersalat oder Rapunzel genannt; er kommt in ganz Europa wild vor. Er ist winterfest und gedeiht auf fast allen Böden. Der Anbau vom Feldsalat im Freiland erfolgt ab August als Nachkultur.
Geschätzt wird sein mild-aromatischer Geschmack. Im Vergleich zum Kopfsalat hat er bedeutend mehr Vitamin C.

SCHÄDLINGE

Schädlinge treten beim Feldsalat selten auf. Je nach Lage sollte man ihn vor Kaninchen, Hasen und Rehen schützen.

KRANKHEITEN

Falscher Mehltau
Peronospora valerianellae

Dieser tritt an der Blattunterseite als sichtbarer, lockerer Pilzrasen auf. Zur Vorbeugung können Pflanzenstärkungsmittel (Fettsäurepräparate), Schachtelhalmtee oder Knoblauchauszug gespritzt werden.
Bekämpfung: lecithinhaltige Mittel

Doldengewächse

Umbelliferae = *Apiaceae*

Diese Pflanzenfamilie mit ihren charakteristischen Blütenständen – Dolden oder, im Falle der Möhre, Doppeldolden – bringt neben Gemüsepflanzen auch eine Reihe von Gewürzkräutern hervor: Anis, Dill, Kümmel und Fenchel. Die meist längsgerippten Samen der Doldenblütler sind reich an ätherischen Ölen und zeichnen sich durch träges Keimen aus. Das Vorkeimen der Samen an einem warmen Ort ist deshalb sinnvoll.

Knollenfenchel

Foeniculum vulgare var. *azoricum*

Den Knollenfenchel, botanisch gesehen eine Zwiebel, finden wir immer häufiger im Angebot des Lebensmittelhandels. Da die Bodenansprüche der aus Südeuropa stammenden Pflanze nicht groß sind, ist der Anbau auch bei uns möglich, wenn ihr Wärmebedarf gedeckt werden kann. Hervorzuheben sind der durch den Gehalt an Anisöl verursachte süßlich-aromatische Geschmack und der hohe Vitamin-C-Gehalt.

SCHÄDLINGE

Vereinzelt können Blattläuse auftreten, deren Bekämpfung allerdings selten notwendig ist.

KRANKHEITEN

Violetter Wurzeltöter
Rhizoctonia solani

Kennzeichen ist eine vermorschte und verfärbte Stengellbasis; typische Fruchtfolgekrankheit. Zur Vorbeugung verabreicht man wie beim Feldsalat pflanzenstärkende Mittel.
Bekämpfung: weite Fruchtfolge einhalten – Bodenleben fördern

Möhre

Daucus carota ssp. *sativus*

Die Wildform der auch als Karotte oder Gelbe Rübe bezeichneten Möhre kommt in ganz Mitteleuropa vor. Unsere Gartenmöhre ist eine schon den Römern bekannte Kulturpflanze und soll aus einer Kreuzung mit der aus dem Mittelmeerraum stammenden Riesenmöhre *(D. maximus)* entstanden sein. Botanisch ist die Möhre eine Rübe. Am besten gedeiht sie auf sandigem, kalkigem Lehm, den man zusätzlich noch mit etwas Kompost mischen kann. Doch Vorsicht: Gaben von Frischmist erhöhen den Befall durch die Möhrenfliege.
Hervorzuheben ist ihr hoher Karotingehalt (Provitamin A). Ätherische Öle bestimmen ihren bekannten aromatischen Geschmack.

Knollenfenchel

Möhre

Nematoden verursachen die Wurzelbärtigkeit der Möhren

SCHÄDLINGE

Möhrenfliege
Psilla rosae

Ihre Maden (Larven) rufen rostbraune Verfärbungen und Fraßschäden an der Rübe (Eisenfleckigkeit) hervor.
Bekämpfung: Aussaat früher Sorten ab Juli – Anbau in offenen, windigen Lagen – Mischkultur mit Zwiebeln – Gemüsefliegennetz

Möhrenblattfloh
Trioza viridula

Die Blätter kräuseln sich durch die Saugtätigkeit der Tiere.
Bekämpfung: siehe Möhrenfliege – Seifenpräparate spritzen

Drahtwurm
Agriotes-Arten

Die Larven verursachen an der Rübe erhebliche Fraßschäden.
Bekämpfung: kein Anbau direkt nach Wiesenumbruch – Bodenlockerung – halbierte Kartoffeln mit der Schnittfläche zum Boden als Köder auslegen (tägliche Kontrolle)

Fadenwürmer
Nematoden

Bekämpfung: Bodenpflege und weite Fruchtfolge

KRANKHEITEN

Pelzfäule
Sclerotinia sclerotiorum

Die Pelzfäule ruft ein dichtes weißes Pilzgeflecht an der Rübe hervor, später erscheinen schwarzbraune, harte Dauerkörper (Sklerotien).
Bekämpfung: weite Fruchtfolge – Bodenpflege – Hygiene

Pastinake

Pastinake

Pastinaka sativa

Die ebenso wie die Möhre einheimische, auch Hammelmöhre oder Moorwurzel genannte Pflanze ist zu Unrecht in Vergessenheit geraten. Ihre Ansprüche an den Boden sind geringer als die der Möhre, die sie jedoch in bezug auf wertgebende Inhaltsstoffe übertrifft.
Im Geschmack erinnert die Pastinake an die Petersilienwurzel. Solange sie im Boden verbleiben, sind Pastinakenrüben winterhart.
Krankheiten und Schädlinge treten im großen und ganzen wie bei der Möhre auf; im allgemeinen ist die Pastinake allerdings unanfälliger.

Sellerie

Apium graveolens

Knollensellerie

A.g. var. *rapaceum*

Bleichsellerie

A.g. var. *dulce*

Auch hier haben wir es mit einer alten, schon den Ägyptern bekannten Kulturpflanze zu tun. Ihre Stammform bevorzugt salzhaltige Böden und kommt an den Küsten des Atlantiks und des Mittelmeeres natürlich vor. Im Anbau müssen wir also ihre Vorliebe für Feuchtigkeit und leicht salzhaltigen Boden befriedigen.
Im Vergleich zur Möhre besitzt Knollensellerie mehr Mineralstoffe und einen kräftigeren Geschmack. Allerdings sollten auch hier Frischmistgaben wegen der Gefahr durch Möhren- und Selleriefliegen vermieden werden.
Der Stangen- oder Bleichsellerie ist für Deutschland ein relativ „junges" Gemüse mit ähnlichen Ansprüchen bei geringerem Nährstoffbedarf.

SCHÄDLINGE

Selleriefliege

Psillophylla heraclei

Eindeutiges Kennzeichen sind die Fraßgänge der Larven im Blattgewebe, die sogenannten Blattminen.
Bekämpfung: wegen der Geringfügigkeit des verursachten Schadens unnötig

Möhrenfliege

siehe Möhre

Links: Sellerie

Rechts: Durch Minierfraß verursachte Blattminen (an Chrysantheme)

KRANKHEITEN

Blattfleckenkrankheit

Septoria apiicola

Krankheitssymptome sind die an Blättern und Stengeln auftretenden gelben bis braunen Flecken; später entstehen die in das Pflanzengewebe eingesenkten Fruchtkörper. Bei starkem Befall vorzeitiger Blattfall und kleinere Knollen. Tritt vor allem in feuchten Jahren auf.
Bekämpfung: gesundes Saatgut (unter Umständen mit 50 Grad Celsius warmem Wasser 25 Minuten beizen) – stark befallene Blätter vernichten – Bodenhygiene – weite Fruchtfolge – Sortenwahl

Blattfleckenkrankheit

Sellerieschorf

Phoma apii

Bei dieser Krankheit treten an den Knollen rotbraune Flecken und eine rissige Haut auf. Der eigentliche Schaden entsteht erst durch den Sekundärbefall mit Fäulniserregern, die die rissige Knolle besiedeln.
Bekämpfung: weite Fruchtfolge – gesunder Boden – Staunässe durch vorsichtige Bodenlockerung (Flachwurzler) vermeiden – mulchen

Sellerieschorf

Wurzelpetersilie

Wurzelpetersilie

Petrosilium crispum ssp. *tuberosum*

Alte Kulturpflanze, eine Unterart der Blattpetersilie, mit ähnlichen Bedürfnissen wie Sellerie, aber insgesamt anspruchsloser. Wurzelpetersilie wird heute leider viel zu selten angebaut.
Schädlinge und Krankheiten wie bei Sellerie, aber seltener auftretend.

Gänsefußgewächse

Chenopodiaceae

Diese Pflanzenfamilie verdankt ihren Namen der an einen Gänsefuß erinnernden Blattform. Viele der ursprünglichen Formen wachsen an Meeresufern (Salzpflanzen) oder an trockenen Standorten. Die wichtigste Nutzpflanze ist die Runkelrübe beziehungsweise die hieraus gezüchtete Zuckerrübe.

Mangold

Mangold

Beta vulgaris ssp. *vulgaris* var. *vulgaris*

Bekannt sind Blattmangold und Stielmangold. Beide Formen liefern im Sommer ein spinatartiges Gemüse – zu einer Zeit also, in der echter Spinat nicht angebaut werden kann. Ein weiterer Vorteil des zweijährigen Mangold liegt darin, daß er im ersten Jahr nicht „schießt" (austreibt). Das schmackhafte Blattgemüse ist sehr genügsam und leicht zu kultivieren, so daß sein Anbau im Garten nur empfohlen werden kann. Leider ist Mangold im Handel nur selten zu finden.

SCHÄDLINGE

Rübenfliege
Pegomya betae

Die Larven der Rübenfliege verursachen besonders im Frühjahr, wenn die Pflanze ihr Jugendstadium noch nicht überwunden hat, blasig aufgetriebene Blattminen.
Bekämpfung: frühe Saat – Gemüsefliegennetz – Hygiene

KRANKHEITEN

Blattfleckenkrankheit
Cercospora beticola

Diese Krankheit tritt als rundliche braune Flecken mit dunkelbraunem Rand und rotem Saum an den Blättern auf. Feucht-warme Witterung fördert den Befall.
Bekämpfung: gesundes Saatgut – Bodenpflege – Hygiene

Das richtige Frühstück
Gesunde Vollwertkost vitaminreich und naturbelassen. (0784) Von C. Kratzel, R. Böll, 32 S., 28 Farbfotos, Pappband. ●

Bocuse à la carte
Französisch kochen mit dem Meister. (4237) Von P. Bocuse, 88 S., 218 Farbfotos, Pappband. ●●

Kochschule mit Paul Bocuse
(6016) VHS, 60 Min. in Farbe. ●●●●●*

Der schön gedeckte Tisch
Vom einfachen Gedeck bis zur Festtafel stimmungsvoll und perfekt arrangiert. (4246) Von H. Tapper, 112 S., 206 Farbabbildungen, 21 s/w-Abbildungen, Pappband. ●●●

Servietten dekorativ falten
Geschmackvolle Anregungen aus Stoff und Papier. (0804) Von H. Tapper, 3T S., 134 Farbfotos, Pappband. ●

Cocktails
(4267) Von W. R. Hoffmann, W. Hubert, U. Lottring, 160 S., 164 Farbfotos, 1 s/w-Foto, Pappband. ●●●

Neue Cocktails und Drinks
mit und ohne Alkohol. (0517) Von S. Späth, 128 S., 4 Farbtafeln, kart., ●

Mixgetränke
mit und ohne Alkohol (5017) Von C. Arius, 64 S., 35 Farbfotos, Pappband. ●●

FALKEN-FEINSCHMECKER
Fruchtig, spritzig, eisgekühlt
Mixen ohne Alkohol
(0935) Von S. Späth, 64 S., 44 Farbfotos, Pappband. ●

Cocktails und Mixereien
für häusliche Feste und Feiern. (0075) Von J. Walker, 96 S., 4 Farbtafeln, kart. ●

Die besten Punsche, Grogs und Bowlen
(0575) Von F. Dingden, 64 S., 4 Farbtafeln, kart. ●

Weine und Säfte, Liköre und Sekt
selbstgemacht. (0702) Von P. Arauner, 232 S., 76 Abb., kart. ●●

Mitbringsel aus meiner Küche
selbst gemacht und liebevoll verpackt. (0668) Von C. Schönherr, 32 S., 30 Farbfotos, Pappband. ●

Weinlexikon
Wissenswertes über die Weine der Welt. (4149) Von U. Keller, 228 S., 6 Farbtafeln, 395 s/w-Fotos, Pappband. ●●●

Heißgeliebter Tee
Sorten, Rezepte und Geschichten. (4114) Von C. Maronde, 153 S., 16 Farbtafeln, 93 Zeichnungen, Pappband. ●●●

Tee für Genießer.
Sorten · Riten · Rezepte. (0356) Von M. Nicolin, 64 S., 4 Farbtafeln, kart. ●

Tee
Herkunft · Mischungen · Rezepte. (0515) Von S. Ruske, 96 S., 4 Farbtafeln, 16 s/w-Abbildungen, Pappband. ●

Kinder lernen spielend backen
(5110) Von M. Gutta, 64 S., 45 Farbfotos, Pappband. ●●

Kinder lernen spielend kochen
Lieblingsgerichte mit viel Spaß selbst zubereitet. (5096) Von M. Gutta, 64 S., 45 Farbfotos, Pappband, ●●

Komm, koch mit mir
Kunterbuntes Kochvergnügen für Kinder. (4285) Von S. und H. Theilig, Illustrationen von B. v. Hayek, 96 S., 48 Farbfotos, 350 Farb- und 1 s/w-Zeichnung, Pappband. ●●

Schlank werden nach Dr. Hay
Trennkost
Die bewährten Vollwert-Rezepte von Ursula Summ. (4298) Von U. Summ, 96 S., 54 Farbtafeln, 1 Zeichnung, kart. ●●

Gesund leben – schlank werden mit der
Bio-Kur
(0657) Von S. Winter. 144 S., 4 Farbtafeln, kart. ●

SLIM
Der neue, individuelle Schlankheitsplan (4277) Von Prof. Dr. E. Menden, W. Aign. 120 S., 440 Farbfotos, Pappband. ●●●

Kalorien – Joule
Eiweiß · Fett · Kohlenhydrate tabellarisch nach gebräuchlichen Mengen. (0374) Von M. Bormio, 88 S., kart. ●

Vitamine und Ballaststoffe
So ermittle ich meinen täglichen Bedarf (0746) Von Prof. Dr. M. Wagner, I. Bongartz. 96 S., 6 Farbabb., zahlreiche Tabellen, kart. ●

Hobby und Freizeit

Aquarellmalerei
als Kunst und Hobby. (4147) Von H. Haack, B. Wersche, 136 S., 62 Farbfotos, 119 Zeichnungen, Pappband. ●●●●

Aquarellmalerei
Materialien · Techniken · Motive. (5099) Von T. Hinz, 64 S., 79 Farbfotos, Pappband. ●●

Hobby Aquarellmalen
Landschaft und Stilleben. (0876) Von I. Schade, A. Brück, 80 S., 111 Farbabbildungen, kart. ●●

Videokassette
Hobby Aquarellmalen
Landschaft und Stilleben (6022) VHS, ca. 40 Min., in Farbe, ●●●●*

Aquarellmalerei leicht gelernt
Materialien · Techniken · Motive. (0787) Von T. Hinz, R. Braun, B. Zeidler, 32 S., 38 Farbfotos, 1 Zeichnung, Pappband. ●

Aquarellieren auf Seide
Materialien · Techniken · Motive. (0917) Von I. Demharter, 32 S., 41 Farbfotos, Pappband. ●

Hobby Ölmalerei
Landschaft und Stilleben. (0875) Von H. Kämper, I. Becker, 80 S., 93 Farbabb., kart. ●●

Videokassette
Hobby Ölmalerei
Landschaft und Stilleben (6025) VHS, ca. 40 Min., in Farbe, ●●●●*

Falken-Handbuch
Zeichnen und Malen
(4167) Von B. Bagnall, 336 S., 1154 Farbabb., Pappband. ●●●●●

Das große farbige PLAKA-Buch
Malen und Basteln
(4402) Von H.-J. Giesecke, 192 S., 225 Farbfotos, 20 Farb- und 4 s/w- Zeichnungen, Pappband. ●●

Das große farbige
Bastelbuch für Kinder
(4254) Von U. Barff, I. Burkhardt, J. Maier. 224 S., 157 Farbfotos, 430 Farb- und 69 s/w-Zeichnungen, Pappband. ●●●

Punkt, Punkt, Komma, Strich
Zeichenstunden für Kinder. (0564) Von H. Witzig, 144 S., über 250 Zeichnungen, kart. ●

Einmal grad und einmal krumm
Zeichenstunden für Kinder. (0599) Von H. Witzig, 144 S., 363 Abb. kart. ●

Naive Malerei
Materialien · Motive · Techniken. (5083) Von F. Krettek, 64 S., 76 Farbfotos, Pappband. ●●

Bauernmalerei
als Kunst und Hobby. (4057) Von A. Cast, H. Stegmüller, 128 S., 239 Farbfotos, 26 Rißzeichnungen, Pappband. ●●●●

Hobby Bauernmalerei
(0436) Von S. Ramos und J. Roszak, 80 S., 116 Farbfotos und 28 Motivvorlagen, kart. ●●

Bauernmalerei
Kreatives Hobby nach alter Volkskunst (5039) Von S. Ramos, 64 S., 85 Farbfotos, Pappband. ●●

Glasmalerei
als Kunst und Hobby. (4088) Von F. Krettek und S. Beeh-Lustenberger, 132 S., 182 Farbfotos, 38 Motivvorlagen, Pappband. ●●●●

Naive Hinterglasmalerei
Materialien · Techniken · Bildvorlagen (5145) Von F. Krettek, 64 S., 87 Farbfotos, 6 Zeichnungen, Pappband. ●●

Kalligraphie
Die Kunst des schönen Schreibens (4263) Von C. Hartmann, 120 S., 44 Farbvorlagen, 29 s/w-Vorlagen, 2 s/w-Zeichnungen, 38 Farbfotos, Pappband. ●●●●

Seidenmalerei als Kunst und Hobby
(4264) Von S. Hahn, 136 S., 256 Farbfotos, 1 s/w-Foto, 34 Farbzeichnungen, Pappband. ●●●●

Kunstvolle Seidenmalerei
Mit zauberhaften Ideen zum Nachgestalten. (0783) Von I. Demharter, 32 S., 56 Farbfotos, Pappband. ●

Zauberhafte Seidenmalerei
Materialien · Techniken · Gestaltungsvorschläge. (0664) Von E. Dorn, 32 S., 62 Farbfotos, Pappband. ●

Neue zauberhafte Seidenmalerei
Motive und Anregungen aus der Natur. (0924) Von R. Henge, 80 S., 148 Farbfotos, 27 s/w-Zeichnungen, kart. ●●

Hobby Seidenmalerei
(0611) Von R. Henge, 88 S., 106 Farbfotos, 28 Zeichnungen, kart. ●●

Hobby Stoffdruck und Stoffmalerei
(0555) Von A. Ursin, 80 S., 68 Farbfotos, 68 Zeichnungen, kart. ●●

Stoffmalerei und Stoffdruck
Materialien · Techniken · Ideen · Modelle (5074) Von H. Gehring, 64 S., 110 Farbfotos, Pappband. ●●

Batik
leicht gemacht. Materialien ·Färbetechniken · Gestaltungsideen. (5112) Von A. Gast, 64 S., 105 Farbfotos, Pappband. ●●

Die hier vorgestellten Bücher, Videokassetten und Software sind in folgende Preisgruppen unterteilt:

● Preisgruppe bis DM 10,–/S 79,–
●● Preisgruppe über DM 10,– bis DM 20,– S 80,– bis S 160,–
●●● Preisgruppe über DM 20,– bis DM 30,– S 161,– bis S 240,–
●●●● Preisgruppe über DM 30,– bis DM 50,– S 241,– bis S 400,–
●●●●● Preisgruppe über DM 50,–/S 401,–
*(unverbindliche Preisempfehlung)

Die Preise entsprechen dem Status beim Druck dieses Verzeichnisses (s. Seite 1) – Änderungen, im besonderen der Preise, vorbehalten –

FALKEN

 Falken-Verlag GmbH · Postfach 1120 D-6272 Niedernhausen/Ts. · Tel.: 06127/7020

Stoffpuppen
Liebenswerte Modelle selbermachen. (5150) Von I. Wolff, 56 S., 115 Farbfotos, 15 Zeichnungen, mit Schnittmusterbogen, Pappband. ●●

Hobby Puppen
Bezaubernde Modelle selbst gestalten. (0742) Von B. Wenzelburger, 88 S., 163 Farbfotos, 41 Zeichnungen, 11 Schnittmuster, kart. ●●

Selbstgestrickte Puppen
Materialien und Arbeitsanleitungen. (0638) Von B. Wehrle, 32 S., 21 Farbfotos, 24 Zeichnungen, Pappband. ●

Dekorative Rupfenpuppen
Arbeitsanleitungen und Gestaltungsvorschläge. (0733) Von B. Wenzelburger, 32 S., 57 Farbfotos, 14 Zeichnungen, Spiralbindung. ●

Phantasiepuppen stricken und häkeln
Märchenhafte Modelle mit Arbeitsanleitungen. (0813) Von B. Wehrle, 32 S., 26 Farbfotos, 30 einfarbige und 16 dreifarbige Zeichnungen, Pappband. ●

Heißgeliebte Teddybären
Selbermachen · Sammeln · Restaurieren. (0900) Von H. Nadolny, Y. Thalheim, 80 S., 119 Farbfotos, 23 s/w-Zeichnungen, 14 S. Schnittmusterbogen, kart. ●●

Schritt für Schritt zum Scherenschnitt
Materialien · Techniken · Gestaltungsvorschläge. (0732) Von H. Klingmüller, 32 S., 38 Farbfotos, 34 Vorlagen, Pappband. ●

Hobby Drachen
bauen und steigen lassen. (0767) Von W. Schimmelpfennig, 80 S., 1 dreiseitige Ausklapptafel, 55 Farbfotos, 139 Zeichnungen, kart. ●●

Ferngelenkte Motorflugmodelle
bauen und fliegen. (0400) Von W. Thies, 184 S., mit Zeichnungen und Detailplänen, kart. ●●

Flugmodelle
bauen und einfliegen. (0361) Von W. Thies und W. Rolf, 160 S., 63 Abb., 7 Faltpläne, kart. ●●

Kleine Welt auf Rädern
Das faszinierende Spiel mit **Modelleisenbahnen** (4175) Von F. Eisen, 256 S., 72 Farb- und 180 s/w-Fotos, 25 Zeichnungen, Pappband. ●●●

Anlagenbau in Modultechnik
für Modelleisenbahnen und Dioramen. (0845) Von J. Thal, 104 S., 68 Farbfotos, 28 Zeichnungen, kart. ●●●

Videokassette
Die Modelleisenbahn
Anlagenbau in Modultechnik. Neue kreative Gestaltung. Neue raffinierte Techniken. (6028) VHS, von J. Grahn, 30 Min., in Farbe, ●●●●*

Schiffsmodelle
selber bauen. (0500) Von D. und R. Lochner, 200 S., 93 Zeichnungen, 2 Faltpläne, kart. ●●

Ferngelenkte Segelflugmodelle
bauen und fliegen. (0446) Von W. Thies, 176 S., 22 s/w-Fotos, 115 Zeichnungen, kart. ●●

Garagentore selbst bemalt
Techniken und Motive. (0786) Von H. und Y. Nadolny, 32 S., 24 Farbfotos, 12 s/w-Zeichnungen, Pappband. ●

Falken Handbuch
Heimwerken
Reparieren und Selbermachen im Haus und Wohnung - über 1100 Farbfotos. Praktische Tips vom Profi: Selbermachen, Reparieren, Renovieren, Kostensparen. (4117) Von Th. Pochert, 440 S., 1103 Farbfotos, 100 ein- und zweifarbige Abb., Pappband. ●●●●

Falken-Heimwerker-Praxis
Tapezieren
(0743) Von W. Nitschke, 112 S., 186 Farbfotos, 9 Zeichnungen, kart. ●●

Falken-Heimwerker-Praxis
Anstreichen und Lackieren
(0771) Von P. Müller, 120 S., 186 Farbfotos, 2 s/w Fotos, 3 Zeichnungen, kart. ●●

Falken-Heimwerker-Praxis
Fahrrad-Reparaturen
(0796) Von R. van der Plas, 112 S., 140 Farbfotos, 113 farbige Zeichnungen, kart. ●●

Falken-Heimwerker-Praxis
Kleinmöbel aus Holz
(0905) Von O. Maier, 128 S., 210 Farbfotos, 80 Zeichnungen, kart. ●●

Restaurieren von Möbeln
Stilkunde, Materialien, Techniken, Arbeitsanleitungen in Bildfolgen. (4120) Von E. Schnaus-Lorey, 152 S., 37 Farbfotos, 75 s/w Fotos, 352 Zeichnungen, Pappband. ●●●●

Möbel aufarbeiten, reparieren und pflegen
(0386) Von E. Schnaus-Lorey, 96 S., 28 Fotos, 101 Zeichnungen, kart. ●

Feuerzeichen behaglicher Wohnkultur
Kachelöfen, Kamine und Kaminöfen
(4288) Hrsg. von C. Berninghaus. Von R. Heinen, G. Kosicek, H. P. Sabborrosch, 168 S., 291 Farbfotos, 2 s/w-Fotos, 8 Zeichnungen, Pappband. ●●●●●

Moderne Fotopraxis
(4401) Von G. Koshofer, Prof. H. Wedewardt, 224 S., 363 Farbfotos, 106 s/w-Fotos, 5 Farb- und 24 s/w-Zeichnungen, Pappband. ●●●

Aktfotografie
Interpretationen zu einem unerschöpflichen Thema. Gestaltung · Technik · Spezialeffekte. (0737) Von H. Wedewardt, 88 S., 144 Farb- und 6 s/w-Fotos, 6 Zeichnungen, kart. ●●

Videokassette
Aktfotografie
(6001) VHS, Laufzeit ca. 60 Min. in Farbe. ●●●●●*

So macht man bessere Fotos
Das meistverkaufte Fotobuch der Welt. (0614) Von M. L. Taylor, 192 S., 457 Farbfotos, 15 Abb., kart. ●●

Schmalfilmen
Ausrüstung · Aufnahmepraxis · Schnitt · Ton. (0342) Von U. Ney, 108 S., 4 Farbtafeln, 25 s/w-Fotos, kart. ●

Schmalfilme selbst vertonen
(0593) Von U. Ney, 96 S., 57 s/w-Fotos, 14 Zeichnungen, kart. ●

Videografieren
Filmen mit Video 8. Technik – Bildgestaltung – Schnitt – Vertonung. (0843) Von M. Wild, K. Möller, 120 S., 101 Farbfotos, 22 s/w-Fotos, 52 Zeichnungen, kart. ●●

Videokassette
Videografieren
Filmen mit Video 8. Technik – Bildgestaltung – Schnitt – Vertonung. (6031) VHS, (6033) Beta, (6034) Sony 8 mm, von M. Wild, 60 Min., in Farbe. ●●●●●*

Mit vollem Genuß
Pfeife rauchen
Alles über Tabaksorten, Pfeifen und Zubehör. (4227) Von H. Behrens, H. Frickert, 168 S., 127 Farbfotos, 18 Zeichnungen, Pappband. ●●●●

Die Fazination der Philatelie
Briefmarken sammeln
(4273) Von D. Stein, 212 S., 124 s/w-Fotos, 24 Farbtafeln, Pappband. ●●●

Briefmarken
sammeln für Anfänger. (0481) Von D. Stein. 120 S., 4 Farbtafeln, 98 s/w-Abb., kart. ●

Münzen
Ein Brevier für Sammler. (0353) Von E. Dehnke, 128 S., 4 Farbtafeln, 17 s/w-Abb., kart. ●●

Astronomie als Hobby
Sternbilder und Planeten erkennen und benennen. (0572) Von D. Block, 176 S., 16 Farbtafeln, 49 s/w-Fotos, 93 Zeichnungen, kart. ●●

Astronomie im Bild
Unser Sternenhimmel rund ums Jahr
(0849) Von Dr. E. Übelacker, 88 S., 48 Farbfotos, 1 s/w-Foto, 68 Farbzeichnungen, kart. ●●

Freizeit mit dem Mikroskop
(0291) Von M. Deckart, 132 S., 8 Farbtafeln, 64 s/w-Abb., 2 Zeichnungen, kart. ●

Gitarre spielen
Ein Grundkurs für den Selbstunterricht. (0534) Von A. Roßmann, 96 S., 1 Schallfolie, 150 Zeichnungen, kart. ●●●

Komm mit ins Land der Lieder
Das große Buch der Kinder-, Volks- und Chorlieder. (4261) Hrsg. von H. Rauhe, 176 S., 146 Farbzeichnungen, Pappband. ●●●

Die schönsten Wander- und Fahrtenlieder
(0462) Hrsg. von F. R. Miller, empfohlen vom Deutschen Sängerbund, 80 S., mit Noten und Zeichnungen, kart. ●

Die schönsten Volkslieder
(0432) Hrsg. von D. Walther, 128 S., mit Noten und Zeichnungen, kart. ●

Technik

Dampflokomotiven
(4204) Von W. Jopp, 96 S., 134 Farbfotos, Pappband. ●●●

Die Super-Eisenbahnen der Welt
(4287) Von W. Kosak, H. G. Isenberg, 224 S., 269 Farbfotos, 79 s/w-Fotos, 8 Vignetten, 5 farb. Ausklapptafeln, Pappband. ●●●●

Zivilflugzeuge
Vom Kleinflugzeug zum Überschall-Jet. (4218) Von R. J. Höhn, H. G. Isenberg, 96 S., 115 Farbfotos, Pappband. ●●●

Trucks
Giganten der Landstraßen in aller Welt. (4222) Von H. G. Isenberg, 96 S., 131 Farbfotos, Pappband. ●●●

Die Super-Trucks der Welt
(4257) Von H. G. Isenberg, 194 S., 205 Farbfotos, 87 s/w-Fotos, 7 Farbzeichnungen, 4 Ausklapptafeln, Pappband. ●●●●

Die hier vorgestellten Bücher, Videokassetten und Software sind in folgende Preisgruppen unterteilt:

● Preisgruppe bis DM 10,–/S 79,–
●● Preisgruppe über DM 10,– bis DM 20,– S 80,– bis S 160,–
●●● Preisgruppe über DM 20,– bis DM 30,– S 161,– bis S 240,–
●●●● Preisgruppe über DM 30,– bis DM 50,– S 241,– bis S 400,–
●●●●● Preisgruppe über DM 50,–/S 401,–
*(unverbindliche Preisempfehlung)

Die Preise entsprechen dem Status beim Druck dieses Verzeichnisses (s. Seite 1) – Änderungen, im besonderen der Preise, vorbehalten –

Die Super-Motorräder der Welt
(4193) Von H. G. Isenberg, 192 S., 170 Farb- und 100 s/w-Fotos, 8 Zeichnungen, Pappband. ●●●●

Motorrad-Hits
Chopper, Tribikes, Heiße Öfen. (4221) Von H. G. Isenberg, 96 S., 119 Farbfotos, Pappband. ●●●

Motorrad-Faszination
Heiße Öfen, von denen jeder träumt. (4223) Von H. G. Isenberg, 96 S., 103 Farb- und 20 s/w-Fotos, Pappband. ●●●

Sport und Fitneß

ZDF Sportjahr '87
Rekorde, Siege, Schicksale, Ergebnisse, Termine '88
(4290) Hrsg. von B. Heller, 192 S., 275 Farb- und 4 s/w-Fotos, kart. ●●

Neue Lehrmethoden der Judo-Praxis
(0424) Von P. Herrmann, 223 S., 475 Abb., kart. ●●

Judo
Grundlagen – Methodik. (0305) Von M. Ohgo, 208 S., 1025 Fotos, kart. ●●

Fußwürfe
für Judo, Karate und Selbstverteidigung. (0439) Von H. Nishioka, 96 S., 260 Abb., kart. ●

Modernes Karate
Das große Standardwerk mit 2229 Abbildungen. (4280) Von T. Okazaki, Dr. med. M. V. Stricevic, übers. von M. Pabst, 376 S., 2279 Abbildungen, Pappband. ●●●●●

Karate für alle
Karate-Selbstverteidigung in Bildern. (0314) Von A. Pflüger, 112 S., 356 s/w-Fotos, kart. ●

Nakayamas Karate perfekt 1
Einführung. (0487) Von M. Nakayama, 136 S., 605 s/w-Fotos, kart. ●●

Nakayamas Karate perfekt 2
Grundtechniken. (0512) Von M. Nakayama, 136 S., 354 s/w-Fotos, 53 Zeichnungen, kart. ●●

Nakayamas Karate perfekt 3
Kumite 1: Kampfübungen. (0538) Von M. Nakayama, 128 S., 424 s/w-Fotos, kart. ●●

Nakayamas Karate perfekt 4
Kumite 2: Kampfübungen. (0547) Von M. Nakayama, 128 S., 394 s/w-Fotos, kart. ●●

Nakayamas Karate perfekt 5
Kata 1: Heian, Tekki. (0571) Von M. Nakayama, 144 S., 1229 s/w-Fotos, kart. ●●

Nakayamas Karate perfekt 6
Kata 2: Bassai-Dai, Kanku-Dai, (0600) Von M. Nakayama, 144 S., 1300 s/w-Fotos, 107 Zeichnungen, kart. ●●

Nakayamas Karate perfekt 7
Kata 3: Jitte, Hangetsu, Empi. (0618) Von M. Nakayama, 144 S., 1988 s/w-Fotos, 105 Zeichnungen, kart. ●●

Nakayamas Karate perfekt 8
Gankaku, Jion. (0650) Von M. Nakayama, 144 S., 1174 s/w-Fotos, 99 Zeichungen, kart. ●●

Kontakt-Karate
Ausrüstung · Technik · Training. (0396) Von A. Pflüger, 112 S., 238 s/w-Fotos, kart. ●●

Karate-Do
Das Handbuch des modernen Karate. (4028) Von A. Pflüger, 360 S., 1159 Abb., Pappband. ●●●●

Bo-Karate
Kukishin-Ryu – die Techniken des Stockkampfes. (0447) Von G. Stiebler, 176 S., 424 s/w-Fotos, 38 Zeichnungen, kart. ●●

Karate 1
Einführung · Grundtechniken. (0227) Von A. Pflüger, 148 S., 195 s/w-Fotos, 120 Zeichnungen, kart. ●

Karate 2
Kombinationstechniken · Katas. (0239) Von A. Pflüger, 176 S., 452 s/w-Fotos und Zeichnungen, kart. ●

Karate Kata 1
Heian 1-5, Tekki 1, Bassai Dai. (0683) Von W.-D. Wichmann, 164 S., 703 s/w-Fotos, kart. ●●

Karate Kata 2
Jion, Empi, Kanku-Dai, Hangetsu. (0723) Von W.-D. Wichmann, 140 S., 661 s/ w-Fotos, 4 Zeichnungen, kart. ●●

25 Shotokan-Katas
Auf einen Blick: Karate-Katas für Prüfungen und Wettkämpfe. (0859) Von A. Pflüger, 88 S., 185 s/w-Abbildungen, 26 ganzseitige Tafeln mit über 1.600 Einzelschritten, kart. ●●

Videokassette
Karate
Einführung und Grundtechniken. (6037) VHS, Von A. Pflüger, ca. 45 Min., in Farbe, ●●●●●*

Ninja 1
Die Lehre der Schattenkämpfer. (0758) Von S. K. Hayes, 144 S., 137 s/w-Fotos, kart. ●●

Ninja 2
Die Wege zum Shoshin (0763) Von S. K. Hayes, 160 S., 309 s/w-Fotos, kart. ●●

Ninja 3
Der Pfad des Togakure-Kämpfers. (0764) Von S. K. Hayes, 144 S., 197 s/w-Fotos, 2 Zeichnungen, kart. ●●

Ninja 4
Das Vermächtnis der Schattenkämpfer. (0807) Von S. K. Hayes, 196 S., 466 s/w-Fotos, kart. ●●

Der König des Kung-Fu
Bruce Lee
Sein Leben und Kampf. (0392) Von L. Lee, 136 S., 104 s/w-Fotos, kart. ●●

Bruce Lees Kampfstil 1
Grundtechniken. (0473) Von B. Lee, M. Uyehara, 109 S., 220 Abb., kart. ●

Bruce Lees Kampfstil 2
Selbstverteidigungs-Techniken. (0486) Von B. Lee, M. Uyehara, 128 S., 310 Abb., kart. ●

Bruce Lees Kampfstil 3
Trainingslehre. (0503) Von B. Lee, M. Uyehara, 112 S., 246 Abb., kart. ●

Bruce Lees Kampfstil 4
Kampftechniken. (0523) Von B. Lee, M. Uyehara, 104 S., 211 Abb., kart. ●

Bruce Lees Jeet Kune Do
(0440) Von B. Lee, 192 S., mit 105 eigenhändigen Zeichnungen von B. Lee, kart. ●●

Ju-Jutsu 1
Grundtechniken – Moderne Selbstverteidigung. (0276) Von W. Heim, F. J. Gresch, 164 S., 450 s/w-Fotos, 8 Zeichnungen, kart. ●

Ju-Jutsu 2
für Fortgeschrittene und Meister. (0378) Von W. Heim, F. J. Gresch, 160 S., 798 s/w- Fotos, kart. ●●

Ju-Jutsu 3
Spezial-, Gegen- und Weiterführungs-Techniken. (0485) Von W. Heim, F. J. Gresch, 200 S., über 600 s/w-Fotos, kart. ●●

Ju-Jutsu als Wettkampf
(0826) Von G. Kulot, 168 S., 418 s/w-Fotos, 2 Zeichnungen, kart. ●●

Nunchaku
Waffe · Sport · Selbstverteidigung. (0373) Von A. Pflüger, 144 S., 247 Abb., kart. ●●

Shuriken · Tonfa · Sai
Stockfechten und andere bewaffnete Kampfsportarten aus Fernost. (0397) Von A. Schulz, 96 S., 253 s/w-Fotos, kart. ●●

Illustriertes Handbuch des Taekwondo
Koreanische Kampfkunst und Selbstverteidigung. (4053) Von K. Gil, 248 S., 1026 Abb., Pappband. ●●●

Taekwon-Do
Koreanischer Kampfsport. (0347) Von K. Gil, 152 S., 408 Abb., kart. ●●

Taekwondo perfekt 1
Die Formenschule bis zum Blaugurt. (0890) Von K. Gil, Kim Chul-Hwan, 176 S., 439 s/w-Fotos, 107 Zeichnungen, kart. ●●

Aikido
Lehren und Techniken des harmonischen Weges. (0537) Von R. Brand, 280 S., 697 Abb., kart. ●●

Kung-Fu und Tai-Chi
Grundlagen und Bewegungsabläufe. (0367) Von B. Tegner, 182 S., 370 s/w-Fotos, kart. ●●

Kung-Fu
Theorie und Praxis klassischer und moderner Stile. (0376) Von M. Pabst, 160 S., 330 Abb., kart. ●●

Shaolin-Kempo – Kung-Fu
Chinesisches Karate im Drachenstil. (0395) Von R. Czerni, K. Konrad. 246 S., 723 Abb., kart. ●●

Hap Ki Do
Grundlagen und Techniken koreanischer Selbstverteidigung. (0379) Von Kim Sou Bong, 112 S., 153 Abb., kart. ●●

Dynamische Tritte
Grundlagen für den Zweikampf. (0438) Von C. Lee, 96 S., 398 s/w-Fotos, 10 Zeichnungen, kart. ●

Kickboxen
Fitneßtraining und Wettkampfsport. (0795) Von G. Lemmens, 96 S., 208 s/w-Fotos, 23 Zeichnungen, kart. ●●

Selbstverteidigung
Abwehrtechniken für Sie und Ihn (0853) Von E. Deser, 96 S., 259 s/w-Fotos, kart. ●

Muskeltraining mit Hanteln
Leistungssteigerung für Sport und Fitness. (0676) Von H. Schulz, 108 S., 92 s/w-Fotos, 2 Zeichnungen, kart. ●

Leistungsfähiger durch Krafttraining
Eine Anleitung für Fitness-Sportler, Trainer und Athleten (0617) Von W. Kieser, 100 S., 20 s/w-Fotos, 62 Zeichnungen, kart. ●

Die Faszination athletischer Körper
Bodybuilding
mit Weltmeister Ralf Möller. (4281) Von R. Möller, 128 S., 169 Farbfotos, 14 s/w-Fotos, 1 Farbzeichnung, Pappband. ●●●●

Die hier vorgestellten Bücher, Videokassetten und Software sind in folgende Preisgruppen unterteilt:

● Preisgruppe bis DM 10,–/S 79,–
●● Preisgruppe über DM 10,– bis DM 20,– S 80,– bis S 160,–
●●● Preisgruppe über DM 20,– bis DM 30,– S 161,– bis S 240,–
●●●● Preisgruppe über DM 30,– bis DM 50,– S 241,– bis S 400,–
●●●●● Preisgruppe über DM 50,–/S 401,–
*(unverbindliche Preisempfehlung)

Die Preise entsprechen dem Status beim Druck dieses Verzeichnisses (s. Seite 1) – Änderungen, im besonderen der Preise, vorbehalten –

Bodybuilding
Anleitung zum Muskel- und Konditionstraining für sie und ihn. (0604) Von R. Smolana. 160 S., 171 s/w-Fotos, kart. ●

Hanteltraining zu Hause
(0800) Von W. Kieser, 80 S., 71 s/w-Fotos, 4 Zeichnungen, kart. ●

Fit und gesund
Körpertraining und Bodybuilding zu Hause. (0782) Von H. Schulz, 80 S., 100 Farbfotos, 3 Zeichnungen, kart. ●●

Videokassette
Fit und gesund
(6013) VHS, Laufzeit 30 Minuten, in Farbe. ●●●●*

Bodybuilding für Frauen
Wege zu Ihrer Idealfigur (0661) Von H. Schulz, 108 S., 84 s/w-Fotos, 4 Zeichnungen, kart. ●●

Bodyshaping · Bodybuilding
Mit Anja Albrecht zur Idealfigur. (4405) Von A. Albrecht, 128 S., 164 Farbfotos, 4 s/w-Fotos, 1 Farb- und 1 s/w-Zeichnung, Pappband. ●●●●

Optimale Ernährung
für Krafttraining und Budybuilding. (0912) Von B. Dahmen, 88 S., 8 Farbtafeln, 8 Zeichnungen, kart. ●

Top-Form im Sport
Ernährungs-Training
Das Erfolgsprogramm für den Ausdauersportler. (0945) Von M. Inzinger, Dipl.-Oec. troph. G. Wagner, 160 S., 31 Farbzeichnungen, 16 Grafiken, kart. ●●

Gesund und leistungsfähig durch
Konditionsübungen, Fitneßtraining, Wirbelsäulengymnastik
(0844) Von R. Milser, K. Grafe, 104 S., 99 Farbfotos, 12 Farbzeichnungen, 5 s/w-Zeichnungen, kart. ●●

Stretching
Mit Dehnungsgymnastik zu Entspannung. Geschmeidigkeit und Wohlbefinden. (0717) Von H. Schulz, 80 S. 90 s/w-Fotos, kart. ●

Isometrisches Training
Übungen für Muskelkraft und Entspannung. (0529) Von L. M. Kirsch, 140 S., 162 s/w-Fotos, kart. ●

Gesund und fit durch Gymnastik
(0366) Von H. Pilss-Samek, 132 S., 150 Abb., kart. ●

Spaß am Laufen
Jogging für die Gesundheit. (0470) Von W. Sonntag, 140 S., 41 s/w-Fotos, 1 Zeichnung, kart. ●

Mein bester Freund, der Fußball
(5107) Von D. Brüggemann, D. Albrecht, 144 S., 171 Abb., kart. ●●

Fußball
Training und Wettkampf. (0448) Von H. Obermann, P. Walz, 166 S., 92 s/w-Fotos, 15 Zeichnungen, 29 Diagramme, kart. ●●

Handball
Technik · Taktik · Regeln. (0426) Von F. und P. Hattig, 128 S., 91 s/w-Fotos, 121 Zeichnungen, kart. ●●

Volleyball
Technik · Taktik · Regeln. (0351) Von H. Huhle, 104 S., 330 Abb., kart. ●

Badminton
Technik · Taktik · Training. (0699) Von K. Fuchs, L. Sologub, 168 S., 51 Abb., kart., ●●

Die neue Tennis-Praxis
Der individuelle Weg zu erfolgreichem Spiel. (4097) Von R. Schönborn, 240 S., 202 Farbzeichnungen, 31 s/w-Abb., Pappband. ●●●●

Erfolgreiche Tennis-Taktik
(4086) Von R. Ford Greene, übersetzt von M. R. Fischer, 182 S., 87 Abb., kart. ●●

Moderne Tennistechnik
(4187) Von G. Lam, 192 S., 339 s/w-Fotos, 91 Zeichnungen, kart. ●●●

Tennis
Technik · Taktik · Regeln. (0375) Von H. Elschenbroich, 112 S., 81 Abb., kart. ●

Tischtennis-Technik
Der individuelle Weg zu erfolgreichem Spiel. (0775) Von M. Perger, 144 S., 296 Abb. kart. ●●

Squash
Ausrüstung · Technik · Regeln. (0539) Von D. von Horn, H.-D. Stünitz, 96 S., 55 s/w-Fotos, 25 Zeichnungen, kart. ●

Golf
Ausrüstung · Technik · Regeln. (0343) Von J. C. Jessop, übersetzt von H. Biemer, mit einem Vorwort von H. Krings, Präsident des Deutschen Golf-Verbandes, 160 S., 65 Abb., Anhang Golfregeln des DGV, kart. ●●

Pool-Billard
(0484) Herausgegeben vom Deutschen Pool- Billard-Bund, von M. Bach, K.-W. Kühn, 104 S., mit über 64 Abb., kart. ●

Sportschießen
für jedermann. (0502) Von A. Kovacic, 124 S., 116 s/w-Fotos, kart. ●●

Fechten
Florett · Degen · Säbel. (0449) Von E. Beck, 88 S., 185 Fotos, 10 Zeichnungen, kart. ●●

Wir lernen tanzen
Standard- und lateinamerikanische Tänze. (0200) Von E. Fern, 168 S., 118 s/w-Fotos, 47 Zeichnungen, kart. ●

So tanzt man Rock'n'Roll
Grundschritte · Figuren · Akrobatik. (0573) Von W. Steuer und G. Marz, 224 S., 303 Abb., kart. ●●

Tanzen überall
Discofox, Rock'n'Roll, Blues, Langsamer Walzer, Cha-Cha-Cha zum Selberlernen. (0760) Von H. M. Pritzer, 112 S., 128 Farbfotos, kart. ●●

Anmutig und fit durch
Bauchtanz
(0911) Von Marta, 120 S., 229 Farbfotos, 6 s/w-Zeichnungen, kart. ●●

Fit mit **Stretching**
(2304) Von B. Kurz, 96 S., 255 Farbfotos, kart. ●●

Fit mit **Tai Chi**
als sanfte Körpererfahrung
(2305) Von B. u. K. Moegling, 112 S., 121 Farbfotos, 6 Farb- u. 4 s/w-Zeichnungen, kart. ●●

Fit mit **Volleyball**
(2302) Von Dr. A. Scherer, 104 S., 27 Farb- und 1 s/w-Foto, 12 Farb- und 29 s/w-Zeichnungen, kart. ●●

Fit mit **Tanzen**
(2303) Von K. Richter, H. Kleinow, 88 S., 94 Farbfotos, kart. ●●

Fit mit **Karate**
(2308) Von A. Pflüger, 96 S., 134 Farbfotos, 4 s/w-Zeichnungen, kart. ●●

Funboard-Surfen
Material · Technik · Regatten · Internationale Reviere. (4297) Von J. Evans, 144 S., 106 Farbfotos, 9 Farbzeichnungen, 68 zweifarbige und 5 s/w-Zeichnungen, kart. ●●●

Segeln
Der neue Grundschein – Vorstufe zum A-Schein – Mit Prüfungsfragen. (5147) Von C. Schmidt, 80 S., 8 Farbtafeln, 18 Farbfotos, 82 Zeichnungen, kart., ●●

Falken-Handbuch
Angeln
in Binnengewässern und im Meer. (4090) Von H. Oppel, 344 S., 24 Farbtafeln, 66 s/w-Fotos, 151 Zeichnungen, gebunden. ●●●●

Angeln
Kleine Fibel für den Sportfischer. (0198) Von E. Bondick, 96 S., 116 Abb., kart. ●

Sportfischen
Fische – Geräte – Techniken. (0324) Von H. Oppel, 144 S., 49 s/w-Fotos, 8 Farbtafeln, kart. ●

Sporttauchen
Theorie und Praxis des Gerätetauchens. (0647) Von S. Müßig, 144 S., 8 Farbtafeln, 35 s/w-Fotos, 89 Zeichnungen, kart. ●●

Ski-Gymnastik
Fit für Piste und Loipe. (0450) Von H. Pilss-Samek, 104 S., 67 s/w-Fotos, 20 Zeichnungen, kart. ●

Alpiner Skisport
Ausrüstung · Techniken · Skigymnastik. (5130) Von K. Meßmann, 128 S., 8 Farbtafeln, 93 s/ w-Fotos, 45 Zeichnungen, kart. ●●

Skilanglauf, Skiwandern
Ausrüstung · Techniken · Skigymnastik. (5129) Von T. Reiter und R. Kerler, 80 S., 8 Farbtafeln, 85 Zeichnungen und s/w-Fotos, kart. ●●

Eishockey
Lauf- und Stocktechnik, Körperspiel, Taktik, Ausrüstung und Regeln. (0414) Von J. Čapla, 264 S., 548 s/w-Fotos, 163 Zeichnungen, kart. ●●

Fibel für Kegelfreunde
Sport- und Freizeitkegeln · Bowling. (0191) Von G. Bocsai, 72 S., 62 Abb., kart. ●

Beliebte und neue Kegelspiele
(0271) Von G. Bocsai, 92 S., 62 Abb., kart. ●

111 spannende Kegelspiele
(2031) Von H. Regulski, 88 S., 53 Zeichnungen, kart., ●

Schach

Einführung in das Schachspiel
(0104) Von W. Wollenschläger und K. Colditz, 92 S., 116 Diagramme, kart. ●

Falken-Handbuch **Schach**
(4051) Von T. Schuster, 360 S., über 340 Diagramme, gebunden. ●●●●

Spielend Schach lernen
(2002) Von T. Schuster, 128 S., kart. ●

Kinder- und Jugendschach
Offizielles Lehrbuch des Deutschen Schachbundes zur Erringung der Bauern-, Turm- und Königsdiplome. (0561) Von B. J. Withuis, H. Pfleger, 144 S., 220 Zeichnungen und Diagramme, kart. ●●

Neue Schacheröffnungen
(0478) Von T. Schuster, 108 S., 100 Diagramme, kart. ●

Die hier vorgestellten Bücher, Videokassetten und Software sind in folgende Preisgruppen unterteilt:

● Preisgruppe bis DM 10,–/S 79,–
●● Preisgruppe über DM 10,– bis DM 20,– S 80,– bis S 160,–
●●● Preisgruppe über DM 20,– bis DM 30,– S 161,– bis S 240,–
●●●● Preisgruppe über DM 30,– bis DM 50,– S 241,– bis S 400,–
●●●●● Preisgruppe über DM 50,–/S 401,–
*(unverbindliche Preisempfehlung)

Die Preise entsprechen dem Status beim Druck dieses Verzeichnisses (s. Seite 1) – Änderungen, im besonderen der Preise, vorbehalten –

Schach für Fortgeschrittene
Taktik und Probleme des Schachspiels. (0219) Von R. Teschner, 96 S., 85 Diagramme, kart. ●

Taktische Schachendspiele
(0752) Von J. Nunn, 200 S., 151 Diagramme, kart. ●●

Die Schach-Revanche
Kasparow/Karpow 1986. (0831) Von O. Borik, H. Pfleger, M. Kipp-Thomas, 144 S., 19 s/w-Fotos, 72 Diagramme, kart. ●●

Schachstrategie
Ein Intensivkurs mit Übungen und ausführlichen Lösungen. (0584) Von A. Koblenz, dt. Bearb. von K. Colditz, 212 S., 240 Diagramme, kart. ●●

Schachtraining mit den Großmeistern
(0670) Von H. Bouwmeester, 128 S., 90 Diagramme, kart. ●●

Schach als Kampf
Meine Spiele und mein Weg. (0729) Von G. Kasparow, 144 S., 95 Diagramme, 9 s/w-Fotos, kart. ●●

Helmut Pflegers
Schachkabinett
Amüsante Aufgaben – überraschende Lösungen. (0877) Von H. Pfleger, 160 S., 118 Diagramme, kart. ●●

Die besten Partien deutscher Schachgroßmeister
(4121) Von H. Pfleger, 192 S., 29 s/w-Fotos, 89 Diagramme, Pappband. ●●●

Lehr-, Übungs- und Testbuch der Schachkombinationen
(0649) Von K. Colditz, 184 S., 227 Diagramme, kart. ●●

Die hohe Schule der
Schachkombination
(0920) Von W. Golz, P. Keres, 272 S., 322 Diagramme, Pappband. ●●

Offizielles Lehrbuch des Deutschen Schachbundes
Das systematische Schachtraining
Trainingsmethoden, Strategien und Kombinationen. (0857) Von Sergiu Samarian, 152 S., 159 Diagramme, 1 Zeichnung, kart. ●●

So denkt ein Schachmeister
Strategische und taktische Analysen. (0915) Von H. Pfleger, G. Treppner, 120 S., 75 Diagramme, kart. ●●

FALKEN-SOFTWARE
Das komplette Schachprogramm
Spielen, Trainieren, Problemlösen mit dem Computer. (7006) Von J. Egger, Diskette für C 64, C 128 PC, mit Begleitheft. ●●●●●*

Zug um Zug
Schach für jedermann 1
Offizielles Lehrbuch des Deutschen Schachbundes zur Erringung des Bauerndiploms. (0648) Von H. Pfleger, E. Kurz, 80 S., 24 s/w-Fotos, 8 Zeichnungen, 60 Diagramme, kart. ●

Zug um Zug
Schach für jedermann 2
Offizielles Lehrbuch des Deutschen Schachbundes zur Erringung des Turmdiploms. (0659) Von H. Pfleger, E. Kurz, 132 S., 8 s/w-Fotos, 14 Zeichnungen, 78 Diagramme, kart. ●

Zug um Zug
Schach für jedermann 3
Offizielles Lehrbuch des Deutschen Schachbundes zur Erringung des Königdiploms. (0728) Von H. Pfleger, G. Treppner, 128 S., 4 s/w-Fotos, 84 Diagramme, 10 Zeichnungen, kart. ●

Zug um Zug
Schach für jedermann 1
(7015) Wendediskette für C 64/C 128 PC, mit Begleitheft. ●●●●*
(7005) Wendediskette für Atari ST 520/1040, mit Begleitheft. ●●●●●*

Schach mit dem Computer
(0747) Von D. Frickenschmidt, 140 S., 112 Diagramme, 29 s/w-Fotos, 5 Zeichnungen, kart. ●●

Spiele und Denksport

Kartenspiele
(2001) Von C. D. Grupp, 144 S., kart. ●

Neues Buch der siebzehn und vier Kartenspiele
(0095) Von K. Lichtwitz, 96 S., kart. ●

Alles über Pokern
Regeln und Tricks. (2024) Von C. D. Grupp, 112 S., 29 Kartenbilder, kart. ●

Rommé und Canasta
in allen Variationen. (2025) Von C. D. Grupp, 124 S., 24 Zeichnungen, kart., ●

Schafkopf, Doppelkopf, Binokel, Cego, Gaigel, Jaß, Tarock und andere „Lokalspiele".
(2015) Von C. D. Grupp, 152 S., kart. ●●

Spielend Skat lernen
unter freundlicher Mitarbeit des Deutschen Skatverbandes. (2005) Von Th. Krüger, 156 S., 181 s/w-Fotos, 22 Zeichnungen, kart. ●

Das Skatspiel
Eine Fibel für Anfänger. (0206) Von K. Lehnhoff, überarb. von P. A. Höfges, 96 S., kart. ●

Black Jack
Regeln und Strategien des Kasinospiels. (2032) Von K. Kelbratowski, 88 S., kart. ●

Falken-Handbuch **Patiencen**
Die 111 interessantesten Auslagen. (4151) Von U. v. Lyncker, 216 S., 108 Abbildungen, Pappband. ●●●

Patiencen
in Wort und Bild. (2003) Von I. Wolter, 136 S., kart. ●

Neue Patienten
(2036) Von H. Sosna, 160 S., 43 Farbtafeln, kart. ●●

Falken-Handbuch **Bridge**
Von den Grundregeln zum Turnierspiel. (4092) Von W. Voigt und K. Ritz, 280 S., 792 Zeichnungen, gebunden. ●●●●

Spielend Bridge lernen
(2012) Von J. Weiss, 108 S., 58 Zeichnungen, kart. ●

Spieltechnik im Bridge
(2004) Von V. Mollo und N. Gardener, deutsche Adaption von D. Schröder, 216 S., kart. ●●

Besser Bridge spielen
Reiztechnik, Spielverlauf und Gegenspiel. (2026) Von J. Weiss, 144 S., 60 Diagramme, kart. ●●

Herausforderung im Bridge
200 Aufgaben mit Lösungen. (2033) Von V. Mollo, 152 S., kart. ●●

Präzisions-Treff im Bridge
(2037) Von E. Jannersten, 152 S., kart. ●●

Kartentricks
(2010) Von T. A. Rosee, 80 S., 13 Zeichnungen, kart. ●

Mah-Jongg
Das chinesische Glücks-, Kombinations- und Gesellschaftsspiel. (2030) Von U. Eschenbach, 80 S., 30 s/w-Fotos, 5 Zeichnungen, kart. ●

Neue Kartentricks
(2027) Von K. Pankow, 104 S., 20 Abb., kart. ●

Backgammon
für Anfänger und Könner. (2008) Von G. W. Fink und G. Fuchs, 116 S., 41 Abb., kart. ●

Würfelspiele
für jung und alt. (2007) Von F. Pruss, 112 S., 21 s/w-Zeichnungen, kart. ●

Gesellschaftsspiele
für drinnen und draußen. (2006) Von H. Görz, 128 S., kart. ●

Spiele für Party und Familie
(2014) Von Rudi Carrell, 160 S., 50 Abb., kart. ●

Das japanische Brettspiel Go
(2020) Von W. Dörholt, 104 S., 182 Diagramme, kart. ●

Roulette richtig gespielt
Systemspiele, die Vermögen brachten. (0121) Von M. Jung, 96 S., zahlreiche Tabellen, kart. ●

Spielend Roulette lernen
(2034) Von E. P. Caspar, 152 S., 1 s/w-Foto, 45 Zeichnungen, kart. ●●

Gesellschaftsspiele
für drinnen und draußen. (2006) Von H. Görz, 128 S., kart. ●

Spiele für Party und Familie
(2014) Von Rudi Carrel, 160 S., 50 Abb. kart. ●

Neue Spiele für Ihre Party
(2022) Von G. Blechner, 120 S., 54 Zeichnungen, kart. ●

Lustige Tanzspiele und Scherztänze
für Partys und Feste. (0165) Von E. Bäulke, 80 S., 53 Abb., kart. ●

Straßenfeste, Flohmärkte und Basare
Praktische Tips für Organisation und Durchführung. (0592) Von H. Schuster, 96 S., 52 Fotos, 17 Zeichnungen, kart. ●●

Zaubertricks für jedermann
(0282) Von J. Merlin, 176 S., 113 Abb., kart. ●●

Zaubern
einfach - aber verblüffend. (2018) Von D. Bouch, 84 S., 41 Zeichnungen, kart. ●

Magische Zaubereien
(0672) Von Widemann, 64 S., 31 Zeichnungen, kart. ●

Kinderspiele
die Spaß machen. (2009) Von H. Müller-Stein, 112 S., 28 Abb., kart. ●

Spiele für Kleinkinder
(2011) Von D. Kellermann, 80 S., 23 Abb., kart. ●

Spiel und Spaß am Krankenbett
für Kinder und die ganze Familie. (2035) Von H. Bücken, 104 S., 97 Zeichnungen, kart. ●

Die hier vorgestellten Bücher, Videokassetten und Software sind in folgende Preisgruppen unterteilt:

● Preisgruppe bis DM 10,–/S 79,–
●● Preisgruppe über DM 10,– bis DM 20,– S 80,– bis S 160,–
●●● Preisgruppe über DM 20,– bis DM 30,– S 161,– bis S 240,–
●●●● Preisgruppe über DM 30,– bis DM 50,– S 241,– bis S 400,–
●●●●● Preisgruppe über DM 50,–/S 401,–
*(unverbindliche Preisempfehlung)

Die Preise entsprechen dem Status beim Druck dieses Verzeichnisses (s. Seite 1) – Änderungen, im besonderen der Preise, vorbehalten –

FALKEN

Kasperletheater
Spieltexte und Spielanleitungen · Basteltips für Theater und Puppen. (0641) Von U. Lietz, 136 S., 4 Farbtafeln, 12 s/w-Fotos, 39 Zeichnungen, kart. ●

Knobeleien und Denksport
(2019) Von K. Rechberger, 142 S., 105 Zeichnungen, kart. ●

Das Geheimnis der magischen Ringe
Alles über das Puzzle vom Würfel-Erfinder. Die schönsten Figuren.
(0878) Von Dr. Ch. Bandelow, 96 S., 198 Zeichnungen, 8 Cartoons, kart. ●

Quiz
Mehr als 1500 ernste und heitere Fragen aus allen Gebieten. (0129) Von R. Sautter und W. Pröve, 92 S., 9 Zeichnungen, kart. ●

500 Rätsel selberraten
(0681) Von E. Krüger, 272 S., kart. ●

501 Rätsel selberraten
(0711) Von E. Krüger, 272 S., kart. ●

Riesen-Kreuzwort-Rätsel-Lexikon
über 250.000 Begriffe. (4197) Von H. Schiefelbein, 1024 S., Pappband. ●●●

Das Super-Kreuzwort-Rätsel-Lexikon
Über 150.000 Begriffe. (4279) Von H. Schiefelbein, 688 S., Pappband. ●●

Guten Tag, Kinder!
Neue Texte mit Spielanleitungen fürs Kasperletheater. (0861) Von U. Lietz, 96 S., 18 s/w-Zeichnungen, kart. ●

Kindergeburtstag
Vorbereitung, Spiel und Spaß. (0287) Von Dr. I. Obrig, 136 S., 40 Abb., 11 Zeichnungen, 9 Lieder mit Noten, kart. ●

Kindergeburtstage die keiner vergißt
Planung, Gestaltung, Spielvorschläge. (0698) Von G. und G. Zimmermann, 102 S., 80 Vignetten, kart. ●

Kinderfeste
daheim und in Gruppen. (4033) Von G. Blechner, 240 S., 320 Abb., kart. ●●

Scherzfragen, Drudel und Blödeleien
gesammelt von Kindern. (0506) Hrsg. von W. Pröve, 112 S., 57 Zeichnungen, kart. ●

Humor und Unterhaltung

Heitere Vorträge und witzige Reden
Lachen, Witz und gute Laune. (0149) Von E. Müller, 104 S., 44 Abb., kart. ●

Heitere Vorträge
(0528) Von E. Müller, 128 S., 14 Zeichnungen, kart. ●

Die große Lachparade
Neue Texte für heitere Vorträge und Ansagen. (0188) Von E. Müller, 80 S., kart. ●

So feiert man Feste fröhlicher
Heitere Vorträge und Gedichte. (0098) Von Dr. Allos, 96 S., 15 Abb., kart. ●

Lustige Vorträge für fröhliche Feiern
(0284) Von K. Lehnhoff, 96 S., kart. ●

Vergnügliches Vortragsbuch
(0091) Von J. Plaut, 192 S., kart. ●

Humor und Stimmung
Ein heiteres Vortragsbuch. (0460) Von G. Wagner, 112 S., kart. ●

Humor und gute Laune
Ein heiteres Vortragsbuch. (0635) Von G. Wagner, 112 S., 5 Zeichnungen, kart. ●

Gereimte Vorträge
für Bühne und Bütt. (0567) Von G. Wagner, 96 S., kart. ●

Damen in der Bütt
Scherze, Büttenreden, Sketsche. (0354) Von T. Müller, 136 S., kart. ●

Narren in der Bütt
Leckerbissen aus dem rheinischen Karneval. (0216) Zusammengestellt von T. Lücker, 112 S., kart. ●

Rings um den Karneval
Karnevalsscherze und Büttenreden. (0130) Von Dr. Allos, 144 S., 2 Zeichnungen, kart. ●●

Helau und Alaaf 1
Närrisches aus der Bütt. (0304) Von E. Müller, 112 S., 4 Zeichnungen, kart. ●

Helau und Alaaf 2
Neue Büttenreden. (0477) Von E. Luft, 104 S., kart. ●

Helau und Alaaf 3
Neue Reden für die Bütt. (0832) Von H. Fauser, 144 S., 13 Zeichnungen, kart. ●

Wir feiern Karneval
Festgestaltung und Reden für die närrische Zeit. (0904) Von M. Zweigler, 120 S., 4 Zeichnungen, kart. ●

Tolle Sketche
mit zündenden Pointen – zum Nachspielen. (0656) Von E. Cohrs, 112 S., kart. ●

Vergnügliche Sketche
(0476) Von H. Pillau, 96 S., 7 Zeichnungen, kart. ●

Fidele Sketche und heitere Vorträge
Humor zum Nachspielen. (0157) Von H. Ehnle. 96 S., kart. ●

Vorhang auf!
Neue Sketche für jung und alt. (0898) Von H. Pillau, 96 S., 22 Zeichnungen, kart. ●

Sketche und spielbare Witze
für bunte Abende und andere Feste. (0445) Von H. Friedrich, 120 S., 7 Zeichnungen, kart. ●

Sketche
Kurzspiele zu amüsanter Unterhaltung. (0247) Von M. Gering, 132 S., 16 Abb., kart., ●

Witzige Sketche zum Nachspielen
(0511) Von D. Hallervorden, 160 S., kart. ●●

Sketche und Blackouts zum Nachspielen
(0941) Von E. Cohrs, 112 S., 12 Zeichnungen, kart. ●

Locker vom Hocker
Witzige Sketche zum Nachspielen. (4262) Von W. Giller, 144 S., 41 Zeichnungen, Pappband. ●●

Phantasievolles Schminken
Verzauberte Gesichter für Maskeraden, Laienspiel und Kinderfeste. (0907) Hrsg. von Y. u. H. Nadolny, 64 S., 227 Farbfotos, kart. ●●

Die Kleidermotte ernährt sich von nichts, sie frißt nur Löcher
Stilblüten, Sprüche und Widersprüche aus Schule, Zeitung, Rundfunk und Fernsehen. (0738) Von P. Haas, D. Kroppach, 112 S., zahlreiche Abb. kart. ●

Da lacht das Publikum
Neue lustige Vorträge für viele Gelegenheiten. (0716) Von H. Schmalenbach, 104 S., kart. ●

Witzig, witzig
(0507) Von E. Müller, 128 S., 16 Zeichnungen, kart. ●

Die besten Witze und Cartoons des Jahres 1
(0454) Hrsg. von K. Hartmann, 288 S., 125 Zeichnungen, geb. ●●

Die besten Witze und Cartoons des Jahres 4
(0579) Hrsg. von K. Hartmann, 288 S., 140 Zeichnungen, Pappband. ●●

Die besten Witze und Cartoons des Jahres 5
(0642) Hrsg. von K. Hartmann, 288 S., 88 Zeichnungen, Pappband. ●●

Die besten Witze und Cartoons des Jahres 6
(0916) Hrsg. von D. Kroppach, 288 S., 84 Zeichnungen, Pappband. ●●

Das Superbuch der Witze
(4146) Von B. Bornheim, 504 S., 54 Cartoons, Pappband. ●●

Witze
Lachen am laufenden Band (4241) Von J. Burkert, D. Kroppach, 400 S., 41 Zeichnungen, Pappband. ●●

Heller Wahnwitz
(0887) Von D. Kroppach, 220 S., 200 Vignetten, kart. ●

Spaßvögel
Über sexhundert komische Nummern. (0888) Von E. Zeller, mit Limericks von W. Müller, 220 S., 200 Vignetten, kart. ●

Total bescheuert
Kinder- und Schülerwitze. (0889) Von G. Geßner und E. Zeller, 220 S., 200 Vignetten, kart. ●

Die besten Beamtenwitze
(0574) Hrsg. von W. Pröve, 112 S., 59 Cartoons, kart. ●

Die besten Kalauer
(0705) Von K. Frank, 112 S., 12 Zeichnungen, kart., ●

Robert Lembkes Witzauslese
(0325) Von Robert Lembke, 160 S., 10 Zeichnungen von E. Köhler, Pappband. ●●

Fred Metzlers Witze mit Pfiff
(0368) Von F. Metzler, 112 S., kart. ●

O frivol ist mir am Abend
Pikante Witze von Fred Metzler. (0388) Von F. Metzler, 128 S., mit Karikaturen, kart. ●

Herrenwitze
(0589) Von G. Wilhelm, 112 S., 31 Zeichnungen, kart. ●

Witze am laufenden Band
(0461) Von F. Asmussen, 118 S., kart. ●

Horror zum Totlachen
Gruselwitze
(0536) Von F. Lautenschläger, 96 S., 44 Zeichnungen, kart. ●

Die besten Ostfriesenwitze
(0495) Hrsg. von O. Freese, 80 S., 15 Zeichnungen, kart. ●

Olympische Witze
Sportlerwitze in Wort und Bild. (0505) Von W. Willnat, 112 S., 126 Zeichnungen, kart. ●

Ich lach mich kaputt! Die besten Kinderwitze
(0545) Von E. Hannemann, 128 S., 15 Zeichnungen, kart. ●

Die hier vorgestellten Bücher, Videokassetten und Software sind in folgende Preisgruppen unterteilt:

● Preisgruppe bis DM 10,–/S 79,–
●● Preisgruppe über DM 10,– bis DM 20,– S 80,– bis S 160,–
●●● Preisgruppe über DM 20,– bis DM 30,– S 161,– bis S 240,–
●●●● Preisgruppe über DM 30,– bis DM 50,– S 241,– bis S 400,–
●●●●● Preisgruppe über DM 50,–/S 401,–
*(unverbindliche Preisempfehlung)

Die Preise entsprechen dem Status beim Druck dieses Verzeichnisses (s. Seite 1) – Änderungen, im besonderen der Preise, vorbehalten –

Lach mit!
Witze für Kinder, gesammelt von Kindern. (0468) Hrsg. von W. Pröve, 96 S., 17 Zeichnungen, kart. ●

Die besten Kinderwitze
(0757) Von K. Rank, 112 S., 28 Zeichnungen, kart. ●

Lustige Sketche für Jungen und Mädchen
Kurze Theaterstücke für Jungen und Mädchen. (0669) Von U. Lietz und U. Lange, 104 S., kart. ●

Spielbare Witze für Kinder
(0824) Von H. Schmalenbach, 128 S., 30 Zeichnungen, kart. ●

Garten, Tiere, Umwelt

Garten heute
Der moderne Ratgeber · Über 1000 Farbbilder. (4283) Von H. Jantra, 384 S., über 1000 Farbabbildungen, Pappband. ●●●●

Das Gartenjahr
Arbeitsplan für den Hobbygärtner. (4075) Von G. Bambach, 152 S., 16 Farbtafeln, 141 Abb., kart. ●●

Gärtner Gustavs Gartenkalender
Arbeitspläne · Pflanzenporträts · Gartenlexikon. (4155) Von G. Schoser, 120 S., 146 Farbfotos, 13 Tabellen, 203 farbige Zeichnungen, Pappband. ●●●

Der richtige Schnitt von Obst- und Ziergehölzen, Rosen und Hecken
(0619) Von E. Zettl, 88 S., 8 Farbtafeln, 39 Zeichnungen, 21 s/w-Fotos, kart. ●

Blumenpracht im Garten
(5014) Von I. Manz, 64 S., 93 Farbfotos, Pappband. ●●

Blütenpracht in Haus und Garten
(4145) Von M. Haberer, u. a., 352 S., 1012 Farbfotos, Pappband. ●●●●

Sag's mit Blumen
Pflege und Arrangieren von Schnittblumen. (5103) Von P. Möhring, 64 S., 68 Farbfotos, 2 s/w-Abb., Pappband. ●●

Grabgestaltung
Bepflanzung und Pflege zu jeder Jahreszeit. (5120) Von N. Uhl, 64 S., 77 Farbfotos, 2 Zeichnungen, Pappband. ●●

Wintergärten
Das Erlebnis, mit der Natur zu wohnen. Planen, Bauen und Gestalten. (4256) Von LOG, ID, 136 S., 130 Farbfotos, 107 Zeichnungen, Pappband. ●●●●

Häuser in lebendigem Grün
Fassaden und Dächer mit Pflanzen gestalten. (0846) Von U. Mehl, K. Werk, 88 S., 116 Farbfotos, 4 Farb- und 17 s/w-Zeichnungen, kart. ●●

Rund ums Jahr erfolgreich gärtnern
Gewächshäuser
planen · bauen · einrichten · nutzen. (4408) Von Dr. G. Schoser, J. Wolff, 232 S., 315 Farbfotos, 5 s/w-Fotos, 53 Farbzeichnungen, Pappband. ●●●●●

Gartenteiche und Wasserspiele
planen, anlegen und pflegen. (4083) Von H. R. Sikora, 160 S., 31 Farb- und 31 s/w-Fotos, 73 Zeichnungen, Pappband. ●●●

Wasser im Garten
Von der Vogeltränke zum Naturteich – Natürliche Lebensräume selbst gestalten. (4230) Von H. Hendel, P. Keßeler, 240 S., 247 Farbfotos, 68 Farbzeichnungen, Pappband. ●●●●●

Mein kleiner Gartenteich
planen – anlegen – pflegen (0851) Von I. Polaschek, 144 S., 85 Farbfotos, 10 Farbzeichnungen, kart. ●●

Leben im Naturgarten
Der Biogärtner und seine gesunde Umwelt. (4124) Von N. Jorek, 128 S., 68 s/w-Fotos, kart. ●●

So wird mein Garten zum Biogarten
Alles über die Umstellung auf naturgemäßen Anbau. (0706) Von I. Gabriel, 128 S., 73 Farbfotos, 54 Farbzeichnungen, kart. ●●

Gesunde Pflanzen im Biogarten
Biologische Maßnahmen bei Schädlingsbefall und Pflanzenkrankheiten. (0707) Von I. Gabriel, 128 S., 126 Farbfotos, 12 Farbzeichnungen, kart. ●●

Kosmische Einflüsse auf unsere Gartenpflanzen
Sterne beeinflussen Wachstum und Gesundheit der Pflanzen. (0708) Von I. Gabriel, 112 S., 57 Farbfotos, 43 Farbzeichnungen, kart. ●●

Der Biogarten unter Glas und Folie
Ganzjährig erfolgreich ernten. (0722) Von I. Gabriel, 128 S., 62 Farbfotos, 45 Farbzeichnungen, kart. ●●

Obst und Beeren im Biogarten
Gesunde und schmackhafte Früchte durch natürlichen Anbau. (0780)Von I. Gabriel, 128 S., 38 Farbfotos, 71 Farbzeichnungen, kart. ●●

Kräuter und Heilpflanzen im Biogarten
Gesunde Ernte durch natürlichen Anbau. (0929) Von I. Gabriel, 112 S., 63 Farbfotos, 19 Farbzeichnungen, kart. ●●

Neuanlage eines Biogartens
Planung, Bodenvorbeitung, Gestaltung. (0721) Von I. Gabriel, 128 S., 73 Farbfotos, 39 Zeichnungen, kart. ●●

Der biologische Zier- und Wohngarten
Planen, Vorbereiten, Bepflanzen und Pflegen. (0748) Von I. Gabriel, 128 S., 72 Farbfotos, 46 Farbzeichnungen, kart. ●●

Gemüse im Biogarten
Gesunde Ernte durch naturgemäßen Anbau (0830) Von I. Gabriel, 128 S., 26 Farbfotos, 86 Farbzeichnungen, kart. ●●

Erfolgreich gärtnern
durch naturgemäßen Anbau (4252) Von I. Gabriel, 416 S., 176 Farbfotos, 212 Farbzeichnungen, Pappband. ●●●

Das Bio-Gartenjahr
Arbeitsplan für naturgemäßes Gärtnern. (4169) Von N. Jorek, 128 S., 8 Farbtafeln, 70 s/w-Abb. kart. ●●

Selbstversorgung aus dem eigenen Anbau
Reichen Erntesegen verwerten und haltbar machen. (4182) Von M. Bustorf-Hirsch, M. Hirsch, 216 S., 270 Zeichnungen, Pappband. ●●●

Mischkultur im Nutzgarten
Mit Jahreskalender und Anbauplänen. (0651) Von H. Oppel, 112 S., 8 Farbtafeln, 23 s/w- Fotos, 29 Zeichnungen, kart. ●

Erfolgreich gärtnern mit
Frühbeet und Folie
(0828) Von Dr. Gustav Schoser, 88 S., 8 Farbtafeln, 46 s/w-Fotos, kart. ●

Erfolgstips für den Gemüsegarten
Mit naturgemäßem Anbau zu höherem Ertrag. (0674) Von F. Mühl, 80 S., 30 s/w-Fotos, 4 Zeichnungen, kart. ●

Erfolgstips für den Obstgarten
Gesunde Früchte durch richtige Sortenwahl und Pflege. (0827) Von F. Mühl, 184 S., 16 Farbtafeln, 33 Zeichnungen, kart. ●●

Erfolgstips für den Zierkarten
Schmuckpflanzen und Rasen richtig pflegen. (0930) Von F. Mühl, 156 S., 12 Farbtafeln, 26 s/w–Zeichnungen, kart. ●●

Gemüse, Kräuter, Obst aus dem Balkongarten – Erfolgreich ernten auf kleinstem Raum. (0694) Von S. Stein, 32 S., 34 Farbfotos, 6 Zeichnungen, Spiralbindung, kart. ●

Keime, Sprossen, Küchenkräuter
am Fenster ziehen – rund ums Jahr. (0658) Von F. und H. Jantzen, 32 S., 55 Farbfotos, Pappband. ●

Balkons in Blütenpracht
zu allen Jahreszeiten. (5047) Von N. Uhl, 64 S., 80 Farbfotos, Pappband. ●●

Kletterpflanzen
Rankende Begrünung für Fassade, Balkon und Garten. (5140) Von M. Haberer, 64 S., 70 Farbabb., 2 Zeichnungen, Pappband. ●●

Mein Kräutergarten rund ums Jahr
Täglich schnittfrisch und gesund würzen. (4192) Von Prof. Dr. G. Lysek, 136 S., 15 Farbtafeln, 91 Zeichnungen, kart. ●●

Blühende Zimmerpflanzen
94 Arten mit Pflegeanleitungen. (5010) Von R. Blaich, 64 S., 107 Farbfotos, Pappband. ●●

Prof. Stelzers grüne Sprechstunde
Gesunde Zimmerpflanzen
Krankheiten erkennen und behandeln · Mit neuem Diagnosesystem. (4274) Von Prof. Dr. G. Stelzer, 192 S., 410 Farbfotos, 10 s/w-Zeichnungen, Pappband. ●●●●

365 Erfolgstips für schöne Zimmerpflanzen
(0893) Von H. Jantra, 144 S., 215 Farbfotos, kart. ●●

Videokassette
Pflanzenjournal
Blumen- und Pflanzenpflege im Jahreslauf. (6036) VHS, ca. 30 Min., in Farbe, ●●●●*

Blütenpracht in Grolit 2000
Der neue, mühelose Weg zu farbenprächtigen Zimmerpflanzen. (5127) Von G. Vocke, 64 S., 50 Farbfotos, Pappband. ●●

Ziergräser
Über 100 Arten erfolgreich kultivieren. (0829) Von H. Jantra, 104 S., 73 Farbfotos, 6 Farbzeichnungen, kart. ●●

Bonsai
Japanische Miniaturbäume und Miniaturlandschaften. Anzucht, Gestaltung und Pflege. (4091) Von B. Lesniewicz, 160 S., 106 Farbfotos, 46 s/w-Fotos, 115 Zeichnungen, gebunden. ●●●●●

Zimmerbäume, Palmen und andere Blattpflanzen
Standort, Pflege, Vermehrung, Schädlinge. (5111) Von G. Schoser, 96 S., 98 Farbfotos, 7 Zeichnungen, Pappband. ●●

Die hier vorgestellten Bücher, Videokassetten und Software sind in folgende Preisgruppen unterteilt:

● Preisgruppe bis DM 10,–/S 79,–
●● Preisgruppe über DM 10,– bis DM 20,– S 80,– bis S 160,–
●●● Preisgruppe über DM 20,– bis DM 30,– S 161,– bis S 240,–
●●●● Preisgruppe über DM 30,– bis DM 50,– S 241,– bis S 400,–
●●●●● Preisgruppe über DM 50,–/S 401,–
*(unverbindliche Preisempfehlung)

Die Preise entsprechen dem Status beim Druck dieses Verzeichnisses (s. Seite 1) – Änderungen, im besonderen der Preise, vorbehalten –

Biologisch zimmergärtnern
Zier- und Nutzpflanzen natürlich pflegen. (4144) Von N. Jorek, 152 S., 15 Farbtafeln, 120 s/w-Fotos, Pappband. ●●

Zimmerpflanzen in Hydrokultur
Leitfaden für problemlose Blumenpflege. (0660) Von H.-A. Rotter, 32 S., 76 Farbfotos, 8 farbige Zeichnungen, Pappband. ●

Kakteen und andere Sukkulenten
300 Arten mit über 500 Farbfotos. (4116) Von G. Andersohn, 316 S., 520 Farbfotos, 193 Zeichnungen, Pappband. ●●●●

Fibel für Kakteenfreunde
(0199) Von H. Herold, 102 S., 23 Farbfotos, 37 s/w-Abb., kart. ●

Kakteen
Herkunft, Anzucht, Pflege, Arten. (5021) Von W. Hoffmann, 64 S., 70 Farbfotos, Pappband. ●●

Faszinierende Formen und Farben
Kakteen
(4211) Von K. und F. Schild, 96 S., 127 Farbfotos, Pappband. ●●●

Falken-Handbuch **Orchideen**
Lebensraum, Kultur, Anzucht und Pflege. (4231) Von G. Schoser, 144 S., 121 Farbfotos, 28 Farbzeichnungen, Pappband. ●●●

Vogelhäuschen, Nistkästen, Vogeltränken
mit Plänen und Anleitungen zum Selbstbau. (0695) Von J. Zech 32 S., 42 Farbfotos, 6 Zeichnungen, Pappband. ●

Falken-Handbuch
Umweltschutz
Das Öko-Testbuch zur Eigeninitiative. (4160) Von M. Häfner, 352 S., 411 Farbf., 152 Farbzeichnungen, Pappband. ●●●●

Pilze
erkennen und benennen. (0380) Von J. Raithelhuber, 136 S., 110 Farbfotos, kart. ●●

Falken-Handbuch **Pilze**
Mit über 250 Farbfotos und Rezepten. (4061) Von M. Knoop, 276 S., 250 Farbfotos, Pappband. ●●●●

Speisepilze aus eingener Zucht
Anbau · Pflege · Zubereitung (0909) Von U. Groos, 72 S., 8 Farbtafeln, 16 s/w-Zeichnungen, kart. ●

Grizimek Juniors **BUNTE TIERWELT**
(4295) Von Chr. Grizimek, 208 S., 308 Farbfotos, Pappband. ●●●

Falken-Handbuch **Katzen**
(4158) Von B. Gerber, 176 S., 294 Farb- und 88 s/w-Fotos, Pappband. ●●●●

Katzen
Rassen · Haltung · Pflege. (4216) Von B. Eilert-Overbeck, 96 S., 82 Farbfotos, Pappband. ●●●

Das neue Katzenbuch
Rassen – Aufzucht – Pflege. (0427) Von B. Eilert-Overbeck, 136 S., 14 Farbfotos, 26 s/w-Fotos, kart. ●

Katzenkrankheiten
Erkennung und Behandlung. Steuerung des Sexualverhaltens. (0652) Von Dr. med. vet. R. Spangenberg, 176 S., 64 s/w-Fotos, 4 Zeichnungen, kart. ●

Falken-Handbuch **Hunde**
(4118) Von H. Bielfeld, 176 S., 222 Farb- und 73 s/w-Abb., Pappband. ●●●●

Hunde
Rassen · Erziehung · Haltung. (4209) Von H. Bielfeld, 96 S., 101 Farbfotos, Pappband. ●●●

Das neue Hundebuch
Rassen · Aufzucht · Pflege. (0009) Von W. Busack, überarbeitet von Dr. med. vet. A. H. Hacker und H. Bielfeld, 112 S., 8 Farbtafeln, 27 s/w-Fotos, 6 Zeichnungen, kart. ●

Falken-Handbuch
Der Deutsche Schäferhund
(4077) Von U. Förster, 228 S., 160 Abb., Pappband. ●●●

Der Deutsche Schäferhund
Aufzucht, Pflege und Ausbildung. (0073) Von A. Hacker, 104 S., 56 Abb., kart. ●

Dackel, Teckel, Dachshund
Aufzucht · Pflege · Ausbildung. (0508) Von M. Wein-Gysae, 112 S., 4 Farbtafeln, 43 s/w-Fotos, 2 Zeichnungen, kart. ●

Hundeausbildung
Verhalten – Gehorsam – Abrichtung. (0346) Von Prof. Dr. R. Menzel, 96 S., 18 Fotos, kart. ●

Grundausbildung für Gebrauchshunde
Schäferhund, Boxer, Rottweiler, Dobermann, Riesenschnauzer, Airedaleterrier, Hovawart und Bouvier. (0801) Von M. Schmidt und W. Koch, 104 S., 8 Farbtafeln, 51 s/w-Fotos, 5 s/w-Zeichnungen, kart. ●

Hundekrankheiten
Erkennung und Behandlung, Steuerung des Sexualverhaltens. (0570) Von Dr. med. vet. R. Spangenberg, 128 S., 68 s/w-Fotos, 10 Zeichnungen, kart. ●

Falken-Handbuch **Pferde**
(4186) Von H. Werner, 176 S., 196 Farb-und 50 s/w-Fotos, 100 Zeichnungen, Pappband. ●●●●

Wellensittiche
Arten · Haltung · Pflege · Sprechunterricht · Zucht. (5136) Von H. Bielfeld, 64 S., 59 Farbfotos, Pappband. ●●

Papageien und Sittiche
Arten · Pflege · Sprechunterricht. (0591) Von H. Bielfeld, 112 S., 8 Farbtafeln, kart. ●

Geflügelhaltung als Hobby
(0749) Von M. Baumeister, H. Meyer, 184 S., 8 Farbtafeln, 47 s/w-Fotos, 15 Zeichnungen, kart. ●●

Das Süßwasser-Aquarium
Einrichtung · Pflege · Fische · Pflanzen. (0153) Von H. J. Mayland, 152 S., 16 Farbtafeln, 43 s/w-Zeichnungen, kart. ●●

Falken-Handbuch
Süßwasser-Aquarium
(4191) Von H. J. Mayland, 288 S., 564 Farbfotos, 75 Zeichnungen, Pappband. ●●●●

DIE TIERSPRECHSTUNDE
Tiere im Wassergarten
(0808) Von Dr. med. vet. E. M. Bartenschlager, 96 S., 84 Farbfotos, 7 Zeichnungen, kart. ●

DIE TIERSPRECHSTUNDE
Sittiche und kleine Papageien
(0864) Von Dr. med. vet. E. M. Bartenschlager, 88 S., 84 Farbfotos, 9 Zeichnungen, kart. ●

DIE TIERSPRECHSTUNDE
Junge Katzen
(0862) Von Dr. med. vet. E. M. Bartenschlager, 72 S., 40 Farbfotos, 4 Farbzeichnungen, kart. ●

DIE TIERSPRECHSTUNDE
Alles über Igel in Natur und Garten
(0810) Von Dr. med. vet. E. M. Bartenschlager, 68 S., 51 Farbfotos, kart. ●

DIE TIERSPRECHSTUNDE
Alles über Meerschweinchen
(0809) Von Dr. med. vet. E. M. Bartenschlager, 72 S., 43 Farbfotos, 11 Farbzeichnungen, kart. ●

DIE TIERSPRECHSTUNDE
Alles über junge Hunde
(0863) Von Dr. med. vet. E. M. Bartenschlager, 64 S., 49 Farbfotos, 6 Zeichnungen, kart. ●

DIE TIERSPRECHSTUNDE
Richtige Hundeernährung
(0811) Von Dr. med. vet. E. M. Bartenschlager, 80 S., 51 Farbfotos, 4 Farbzeichnungen, kart. ●

Dinosaurier
und andere Tiere der Urzeit. (4219) Von G. Alschner, 96 S., 81 Farbzeichnungen, 4 Fotos, Pappband. ●●●

Mensch und Gesundheit

Die Frau als Hausärztin
Der unentbehrliche Ratgeber für die Gesundheit. (4072) Von Dr. med. A. Fischer-Dückelmann, 808 S., 14 Farbtafeln, 146 s/w-Fotos, 203 Zeichnungen, Pappband. ●●●

Dr. Reitners großes Gesundheitslexikon
Mit über 5000 Stichwörtern. (4282) Von Dr. med. H.-J. Lewitzka-Reitner, in Zusammenarbeit mit P. Janknecht und U. Kannapinn, 504 S., 424 s/w-Abbildungen, Pappband. ●●

Sexualberatung
(0402) Von Dr. M. Röhl, 168 S., 8 Farbtafeln, 17 Zeichnungen, Pappband. ●●

Die Kunst des Stillens
nach neuesten Erkenntnissen (0701) Von Prof. Dr. med. E. Schmidt, S. Brunn, 112 S., 20 Fotos und Zeichnungen, kart. ●

Wenn Sie ein Kind bekommen
(4003) Von U. Klamroth, Dr. med. H. Oster, 240 S., 86 s/w-Fotos, 30 Zeichnungen, kart. ●●●

Der moderne Ratgeber
Wir werden Eltern
Schwangerschaft · Geburt · Erziehung des Kleinkindes. (4269) Von B. Nees-Delaval, 376 S., 335 zweifarbige Abbildungen, Pappband. ●●●●

Vorbereitung auf die Geburt
Schwangerschaftsgymnastik, Atmung, Rückbildungsgymnastik. (0251) Von S. Buchholz, 112 S. 98 s/w-Fotos, kart. ●

Wie soll es heißen?
(0211) Von D. Köhr, 136 S., kart. ●

Das Babybuch
Pflege · Ernährung · Entwicklung. (0531) Von A. Burkert, 128 S., 16 Farbtafeln, 38 s/w-Fotos, 30 Zeichnungen, kart. ●●

Wenn der Mensch zum Vater wird
Ein heiter-besinnlicher Ratgeber. (4259) Von D. Zimmer, 160 S., 20 Zeichnungen, Pappband. ●●

Wenn Kinder krank werden
Medizinischer Ratgeber für Eltern. (4240) Von Dr. med. I. J. Chasnoff, B. Nees-Delaval, 232 S., 163 Zeichnungen, Pappband. ●●●

Die hier vorgestellten Bücher, Videokassetten und Software sind in folgende Preisgruppen unterteilt:

● Preisgruppe bis DM 10,–/S 79,–
●● Preisgruppe über DM 10,– bis DM 20,– S 80,– bis S 160,–
●●● Preisgruppe über DM 20,– bis DM 30,– S 161,– bis S 240,–
●●●● Preisgruppe über DM 30,– bis DM 50,– S 241,– bis S 400,–
●●●●● Preisgruppe über DM 50,–/S 401,–
*(unverbindliche Preisempfehlung)

Die Preise entsprechen dem Status beim Druck dieses Verzeichnisses (s. Seite 1) – Änderungen, im besonderen der Preise, vorbehalten –

FALKEN

Psycho-Tests
– Erkennen Sich sich selbst. (0710) Von B. M. Nash, R. B. Monchick, 304 S., 81 Zeichnungen, kart. ●●

FALKEN-SOFTWARE
Ego-Tests
Sich und andere besser erkennen und verstehen. (7012) Diskette für IBM PC kompatible (MS DOS) mit Begleitheft. ●●●●●*

Frauenträume – Männerträume
und ihre Bedeutung. (4198) Von G. Senger, 272 S., mit Traumlexikon, Pappband. ●●●

Wie Sie im Schlaf das Leben meistern
Schöpferisch träumen
Der Klartraum als Lebenshilfe. (4258) Von Prof. D. P. Tholey, K. Utecht. 256 S., 1 s/w-Foto, 20 Zeichnungen, Pappband. ●●●

So deutet man Träume
Die Bildersprache des Unbewußten. (0444) Von G. Haddenbach, 160 S., Pappband. ●

Bildatlas des menschlichen Körpers
(4177) Von G. Pogliani, V. Vannini, 112 S., 402 Farbabb. 28 s/w-Fotos, Pappband. ●●●

Ratgeber Aids
Entstehung, Ansteckung, Krankheitsbilder, Heilungschancen, Schutzmaßnahmen. (0803) Von B. Baartman, Vorwort von Dr. med. H. Jäger, 112 S., 8 Farbtafeln, 4 Grafiken, kart. ●●

Enzyme
Vitalstoffe für die Gesundheit. (0677) Von G. Leibold, 96 S., kart. ●

Heilfasten
(0713) Von G. Leibold, 108 S., kart. ●

Besser leben durch Fasten
(0841) Von G. Leibold, 100 S., kart. ●

Fastenkuren
Wege zur gesunden Lebensführung. Rezepte und Tips für die Nachfastenzeit. Kurzfasten · Saftfastenkuren · Fastenschalttage · Heilfasten. (4248) Von Ha. A. Mehler, H. Keppler, 144 S., 16 s/w-Fotos, 9 Zeichnungen, Pappband. ●●●

Aus dem Schatz der Naturmedizin
Heilkräuterkuren
(4268) Von Dr. med. E. Rauch, Dr. rer. nat. P. Kruletz, 144 S., 49 Zeichnungen, kart. ●●

Rheuma behandeln und lindern
Mit einem Vorwort von Dr. med. Max-Otto-Bruker. (0836) Von G. Leibold, 100 S., kart. ●

Die echte Schroth-Kur
(0797) Von Dr. med. R. Schroth, 88 S., 2 s/w-Fotos, kart. ●

Streß bewältigen durch Entspannung
(0834) Von Dr. med. Chr. Schenk, 88 S., 29 Zeichnungen, kart. ●

Gesundheit und Spannkraft durch Yoga
(0321) Von L. Frank und U. Ebbers, 112 S., 50 s/w-Fotos, kart. ●

Yoga für jeden
(0341) Von K. Zebroff, 156 S., 135 Abb., Spiralbindung. ●●●

Yoga für Schwangere
Der Weg zur sanften Geburt. (0777) Von V. Bolesta-Hahn, 108 S., 76 zweifarbige Abb. kart. ●●

Yoga gegen Haltungsschäden und Rückenschmerzen
(0394) Von A. Raab, 104 S., 215 Abb., kart. ●

Bauch, Taille und Hüfte gezielt formen durch
Aktiv-Yoga
(0709) Von K. Zebroff, 112 S., 102 Farbfotos, kart. ●●

Hypnose und Autosuggestion
Methoden – Heilwirkungen – praktische Beispiele. (0483) Von G. Leibold, 120 S., 9 Illustrationen, kart. ●

Kneippkuren zu Hause
(0779) Von G. Leibold, 112 S., 25 Zeichnungen, kart. ●

Krebsangst und Krebs behandeln
Mit einem Vorwort von Prof. Dr. med. Friedrich Douwes. (0839) Von G. Leibold, 104 S., kart. ●

Allergien behandeln und lindern
Mit einem Vorwort von Prof. Dr. med. Axel Stemmann. (0840) Von G. Leibold, 104 S., 4 Zeichnungen, kart. ●

Besser sehen durch Augentraining
Ein Gesundheitsprogramm zur Verbesserung des Sehvermögens. (0914) Von K. Schutt, B. Rumpler, 96 S., 32 s/w-Zeichnungen, kart. ●

Darmleiden
Krankheitsbilder, Behandlung, Selbstbehandlung, Richtige Lebensführung und Ernährung. (0798) Von Dr. med. K. Steffens, 112 S., 46 Zeichnungen, kart. ●

Massage
(0750) Von B. Rumpler, K. Schutt, 112 S., 116 zweifarbige Zeichnungen, kart. ●●

Fußmassage
Reflexzonentherapie am Fuß (0714) Von G. Leibold, 96 S., 38 Zeichnungen, kart. ●

Rheuma und Gicht
Krankheitsbilder, Behandlung, Therapieverfahren, Selbstbehandlung, Richtige Lebensführung und Ernährung. (0712) Von Dr. J. Höder, J. Bandick, 104 S., kart. ●

Diabetes
Krankheitsbild, Therapie, Kontrollen, Schwangerschaft, Sport, Urlaub, Alltagsprobleme, Neueste Erkenntnisse der Diabetesforschung. (0895) Von Dr. med. H. J. Krönke, 120 S., 4 Farbtafeln, 14 s/w-Fotos, 13 s/w-Zeichnungen, kart. ●

Krampfadern
Ursachen, Vorbeugung, Selbstbehandlung, Therapieverfahren. (0727) Von Dr. med. K. Steffens, 96 S., 38 Abb., kart. ●

Gallenleiden
Krankheitsbilder, Behandlung, Therapieverfahren, Selbstbehandlung, Richtige Lebensführung und Ernährung. (0673) Von Dr. med. K. Steffens, 104 S., 34 Zeichnungen, kart. ●

Asthma
Pseudokrupp, Bronchitis und Lungenemphysem. (0778) Von Prof. Dr. med. W. Schmidt, 120 S., 56 Zeichnungen, kart. ●

Autogenes Training
Anwendung · Heilwirkungen · Methoden. (0541) Von R. Faller, 128 S., 3 Zeichnungen, kart. ●

Die fernöstliche Fingerdrucktherapie Shiatsu
Anleitungen zur Selbsthilfe – Heilwirkungen. (0615) Von G. Leibold, 196 S., 180 Abb., kart. ●●

Eigenbehandlung durch Akupressur
Heilwirkungen – Energielehre – Meridiane. (0417) Von G. Leibold, 152 S., 78 Abb., kart. ●

Chinesische Naturheilverfahren
Selbstbehandlung mit bewährten Methoden der physikalischen Therapie. Atemtherapie · Heilgymnastik · Selbstmassage · Vorbeugen · Behandeln · Entspannen. (4247) Von F. T. Lie, 160 S., 292 zweifarbige Zeichnungen, Pappband. ●●●

Massagetechniken und Heilanzeigen
Reflexzonentherapie
(4404) Von G. Leibold, 128 S., 53 Farbzeichnungen, Pappband. ●●●

Chinesisches Schattenboxen
Tai-Ji-Quan
für geistige und körperliche Harmonie. (0850) Von F. T. Lie, 120 S., 221 s/w-Fotos, 9 s/w-Zeichnungen, Beilage: 1 s/w-Poster mit zahlreichen Abbildungen, kart. ●●

Gesundheit durch altbewährte Kräuterrezepte und Hausmittel aus der
Natur-Apotheke
(4156) Von G. Leibold, 236 S., 8 Farbtafeln, 100 Zeichnungen, kart., ●●

Heiltees und Kräuter für die Gesundheit
(4123) Von G. Leibold, 136 S., 15 Farbtafeln, 16 Zeichnungen, kart. ●●

Falken-Handbuch **Heilkräuter**
Modernes Lexikon der Pflanzen und Anwendungen (4076) Von G. Leibold, 392 S., 183 Farbfotos, 22 Zeichnungen, geb. ●●●●

Kochen für Diabetiker
Gesund und schmackhaft für die ganze Familie. (4132) Von M. Toeller, W. Schumacher, A. C. Groote, 224 S., 109 Farbfotos, 94 Zeichnungen, Pappband. ●●●

Neue Rezepte für Diabetiker-Diät
Vollwertig – abwechslungsreich - kalorienarm. (0418) Von M. Oehlrich, 120 S., 8 Farbtafeln, kart. ●

Diät bei Krankheiten des Magens und Zwölffingerdarms
Rezeptteil von B. Zöllner. (3201) Von Prof. Dr. med. H. Kaess, 96 S., 35 Farbfotos, 1 s/w-Zeichnung, kart. ●●

Diät bei Herzkrankheiten und Bluthochdruck
Salzarme (natriumarme) Kost, Rezeptteil von B. Zöllner. (3202) Von Prof. Dr. med. H. Rottka, 92 S., 4 Farbtafeln, kart. ●●

Diät bei Erkrankungen der Nieren, Harnwege und bei Dialysebehandlung
Rezeptteil von B. Zöllner. (3203) Von Prof. Dr. med. Dr. h. c. H. J. Sarre und Prof. Dr. med. R. Kluthe, 96 S., 33 Farbfotos, 1 s/w-Zeichnung, kart. ●●

Richtige Ernährung wenn man älter wird
Rezeptteil von B. Zöllner. (3204) Von Prof. Dr. med. H.-J. Pusch. 96 S., 36 Farbfotos und 3 s/w-Zeichnungen, kart. ●●

Diät bei Gicht und Harnsäuresteinen
Rezeptteil von B. Zöllner. (3205) Von Prof. Dr. med. N. Zöllner, 80 S., 4 Farbtafeln, kart. ●●

Diät bei Zuckerkrankheit
Rezeptteil von B. Zöllner. (3206) Von Prof. Dr. med. P. Dieterle, 112 S., 42 Farbfotos, 4 vierfarbige Vignetten, 1 s/w-Zeichnung, kart. ●●

Diät bei Krankheiten der Gallenblase, Leber und Bauchspeicheldrüse
Rezeptteil von B. Zöllner. (3207) Von Prof. Dr. med. H. Kasper, 88 S., 4 Farbtafeln, kart. ●●

Diät bei Störungen des Fettstoffwechsels und zur Vorbeugung der Arteriosklerose
Rezeptteil von B. Zöllner. (3208) Von Prof. Dr. med. G. Wolfram und Dr. med. O. Adam, 104 S., 4 Farbtafeln, kart. ●●

Diät bei Übergewicht
Rezeptteil von B. Zöllner. (3209) Von Prof. Dr. med. Ch. Keller, 104 S., 42 Farbfotos, 3 s/w-Zeichnungen, kart. ●●

Die hier vorgestellten Bücher, Videokassetten und Software sind in folgende Preisgruppen unterteilt:

● Preisgruppe bis DM 10,–/S 79,–
●● Preisgruppe über DM 10,– bis DM 20,– S 80,– bis S 160,–
●●● Preisgruppe über DM 20,– bis DM 30,– S 161,– bis S 240,–
●●●● Preisgruppe über DM 30,– bis DM 50,– S 241,– bis S 400,–
●●●●● Preisgruppe über DM 50,–/S 401,–
*(unverbindliche Preisempfehlung)

Die Preise entsprechen dem Status beim Druck dieses Verzeichnisses (s. Seite 1) – Änderungen, im besonderen der Preise, vorbehalten –

Schülerlexikon der Mathematik
Formeln, Übungen und Begriffserklärungen für die Klassen 5–10. (0430) Von R. Müller, 176 S., 96 Zeichnungen, kart. ●

Mathematik verständlich
Zahlenbereiche Mengenlehre, Algebra, Geometrie, Wahrscheinlichkeitsrechnung, Kaufmännisches Rechnen. (4135) Von R. Müller, 652 S., 10 s/w- und 109 Farbfotos, 802 farbige und 79 s/w-Zeichnungen, über 2500 Beispiele und Übungen mit Lösungen, Pappband. ●●●●●

Mathematische Formeln für Schule und Beruf
Mit Beispielen und Erklärungen. (0499) Von R. Müller, 156 S., 210 Zeichnungen, kart. ●

Rechnen aufgefrischt
für Schule und Beruf. (0100) Von H. Rausch, 144 S., kart. ●

Physik verständlich
Förderkurs für die Klassen 7 bis 10 (0926) Von Dr. Th. Neubert, 136 S., 146 s/w-Zeichnungen, 166 Aufgaben, kart. ●●

Mehr Erfolg in Schule und Beruf
Besseres Deutsch
Mit Übungen und Beispielen für Rechtschreibung, Diktate, Zeichensetzung, Aufsätze, Grammatik, Literaturbetrachtung, Stil, Briefe, Fremdwörter, Reden. (4115) Von K. Schreiner, 444 S., 7 s/w-Fotos, 27 Zeichnungen, Pappband. ●●●

Richtiges Deutsch
Rechtschreibung · Zeichensetzung · Grammatik · Stilkunde. (0551) Von K. Schreiner, 128 S., 7 Zeichnungen, kart. ●

Diktate besser schreiben
Übungen zur Rechtschreibung für die Klassen 4–8. (0469) Von K. Schreiner, 152 S., 31 Zeichnungen, kart. ●

Aufsätze besser schreiben
Förderkurs für die Klassen 4–10. (0429) Von K. Schreiner, 144 S., 4 s/w-Fotos, 27 Zeichnungen, kart. ●

Deutsche Grammatik
Ein Lern- und Übungsbuch. (0704) Von K. Schreiner, 112 S., kart. ●

Mehr Erfolg in der Schule
Deutsche Rechtschreibung und Grammatik
Übungen und Beispiele für die Klassen 5–10. (4407) Von K. Schreiner, 256 S., durchgehend zweifarbig, Pappband. ●●●

Mehr Erfolg in der Schule
Der Deutschaufsatz
Übungen und Beispiele für die Klassen 5–10. (4271) Von K. Schreiner, 240 S., 4 s/w-Fotos, 51 Zeichnungen, Pappband. ●●●

Richtige Zeichensetzung
durch neue, vereinfachte Regeln. Erläuterungen der Zweifelsfragen anhand vieler Beispiele. (0774) Von Prof. Dr. Ch. Stetter, 160 S., kart. ●

Richtige Groß- und Kleinschreibung
durch neue, vereinfachte Regeln. Erläuterungen der Zweifelsfragen anhand vieler Beispiele. (0897) Von Prof. Dr. Ch. Stetter, 96 S., kart. ●

Besseres Englisch
Grammatik und Übungen für die Klassen 5 bis 10. (0745) Von E. Henrichs, 144 S., ●●

The Grammar Master
Englische Grammatik üben und beherrschen. (7002) Diskette für den C 64/C 128 (im 64er Modus) ●●●●*

Vokabeltrainer Englisch
Von B. Hoppius. (7001) Wendediskette für C 64/C 128 PC, mit Begleitheft. ●●●●*
(7007) Wendediskette für Atari ST 520/1040, mit Begleitheft. ●●●●●*

Take a Trip to Britain
(7004) Von reLine, Diskette für C 64/C 128 PC, mit Begleitheft. ●●●●*

Schnell und sicher zum Führerschein
Tips und Tricks aus 30jähriger-Fahrschul-Praxis. (0921) Von O. Einert, 152 S., 156 Farbfotos, 161 z. T. farb. Zeichnungen, kart. ●●

Maschinenschreiben für Kinder
(0274) Von H. Kaus, 48 S., farbige Abb., kart. ●

So lernt man leicht und schnell
Maschinenschreiben
Lehrbuch für Schulen, Lehrgänge und Selbstunterricht. (0568) Von M. Kempkes, 112 S., 31 s/w- Fotos, 36 Zeichnungen, kart. ●●

Maschinenschreiben durch Selbstunterricht
(0170) Von A. Fonfara, 84 S., kart. ●

Maschinenschreiben
In 10 Tagen spielend gelernt. Von Unterrichtsmedien Hoppius. (7008) Diskette für den C 64 und C 128 PC ●●●●*
(7009) für IBM PC + kompatible, ●●●●●*
(7010) für Schneider CPC 464, 664, 6128, ●●●●●*

Stenografie leicht gelernt
im Kursus oder Selbstunterricht. (0266) Von H. Kaus, 64 S., kart. ●

Buchführung
leicht gefaßt. Ein Leitfaden für Handwerker und Gewerbetreibende. (0127) Von R. Pohl. 104 S., kart. ●

Buchführung leicht gemacht
Ein methodischer Grundkurs für den Selbstunterricht. (4238) Von D. Machenheimer, R. Kersten, 252 S., Pappband. ●●●

Erfolgreiche Kaufmannspraxis
Wirtschaftliche Grundlagen, Geld, Kreditwesen, Steuern, Betriebsführung, Recht, EDV. (4046) Von W. Göhler, H. Gölz, M. Heibel, Dr. D. Machenheimer, 544 S., gebunden. ●●●●

Familienrecht
Ehe – Scheidung – Unterhalt. (4190) Von T. Drewes, R. Hollender, 368 S., Pappband. ●●●

Scheidung und Unterhalt
nach dem neuen Eherecht. Mit dem Unterhaltsänderungsgesetz 1986. (0403) Von T. Drewes, 112 S., mit Kosten und Unterhaltstabellen, kart. ●

Erziehungsgeld, Mutterschutz, Erziehungsurlaub
Alles über das neue Recht für Eltern. Mit den Gesetzestexten. (0835) Von J. Grönert, 144 S., kart. ●●

Endlich 18 und nun?
Rechte und Pflichten mit der Volljährigkeit. (0646) Von R. Rathgeber, 224 S., 27 Zeichnungen, kart. ●●

Was heißt hier minderjährig?
(0765) Von R. Rathgeber, C. Rummel, 148 S., 50 Fotos, 25 Zeichnungen, kart. ●●

Erbrecht und Testament
Mit Erläuterungen des Erbschaftssteuergesetzes von 1974. (0046) Von Dr. jur. H. Wandrey, 124 S., kart. ●

Testament und Erbschaft
Erbfolge, Rechte und Pflichten der Erben, Erbschafts- und Schenkungssteuer, Mustertestamente. (4139) Von T. Drewes, R. Hollender, 304 S., Pappband. ●●●

Mein letzter Wille
Ratgeber für Erblasser, Erben und Hinterbliebene. (0939) Von T. Drewes, 136 S., 9 s/w-Zeichnungen, kart. ●●

Präzise Ratschläge für
Ihre optimale Rente
Vorbereitung · Berechnungsgrundlagen · Gesetzesänderungen · Individuelle Rechenbeispiele. (0806) Von K. Möcks, 96 S., 24 Formulare, 1 Graphik, kart. ●

Mietrecht
Leitfaden für Mieter und Vermieter. (0479) Von J. Beuthner, 196 S., kart. ●●

Wege zum Börsenerfolg
Aktien · Anleihen · Optionen (4275) Von H. Krause, 252 S., 4 s/w-Fotos, 86 Zeichnungen, Pappband. ●●●

So werde ich erfolgreich
Ratschläge und Tips für Beruf und Privatleben. (0918) Von H. Hans, 104 S., kart. ●●

99 Alternativen für Umsteiger
Mehr Freude am Leben mit dem richtigen Beruf. (4251) Von D. Maxeiner, P. Birkenmeier, 192 S., 143 Fotos, 46 Zeichnungen, kart. ●●●

Lebenslauf und Bewerbung
Beispiele für Inhalt, Form und Aufbau. (0428) Von H. Friedrich, 112 S. kart. ●

Erfolgreiche Bewerbungsbriefe und Bewerbungsformen
(0138) Von W. Manekeller, 88 S., kart. ●

Die erfolgreiche Bewerbung
Bewerbung und Vorstellung. (0173) Von W. Manekeller, 156 S., kart. ●

Die Bewerbung
Der moderne Ratgeber für Bewerbungsbriefe, Lebenslauf und Vorstellungsgespräche. (4138) Von W. Manekeller, 264 S., Pappband. ●●

Erfolgreiche Bewerbung um einen Ausbildungsplatz
(0715) Von H. Friedrich, 136 S., kart. ●

Die ersten Tage am neuen Arbeitsplatz
Ratschläge für den richtigen Umgang mit Kollegen und Vorgesetzten (0855) Von H. Friedrich, 104 S., kart. ●

Zeugnisse im Beruf
richtig schreiben, richtig verstehen. (0544) Von H. Friedrich, 112 S., kart. ●

Vorstellungsgespräche
sicher und erfolgreich führen. (0636) Von H. Friedrich, 144 S., kart. ●

Keine Angst vor Einstellungsstests
Ein Ratgeber für Bewerber. (0793) Von Ch. Titze. 120 S., 67 Zeichnungen, kart. ●

Esoterik

Bauernregeln, Bauernweisheiten, Bauernsprüche
(4243) Von G. Haddenbach, 192 S., 62 Farbabb. 9 s/w-Fotos, 144 s/w-Zeichnungen, Pappband. ●●●

Gesund durch Gedankenenergie
Heilung im gemeinsamen Kraftfeld (6035) VHS, 45 Min., in Farbe ●●●●●*

Die hier vorgestellten Bücher, Videokassetten und Software sind in folgende Preisgruppen unterteilt:

● Preisgruppe bis DM 10,–/S 79,–
●● Preisgruppe über DM 10,– bis DM 20,– S 80,– bis S 160,–
●●● Preisgruppe über DM 20,– bis DM 30,– S 161,– bis S 240,–
●●●● Preisgruppe über DM 30,– bis DM 50,– S 241,– bis S 400,–
●●●●● Preisgruppe über DM 50,–/S 401,–
*(unverbindliche Preisempfehlung)

Die Preise entsprechen dem Status beim Druck dieses Verzeichnisses (s. Seite 1) – Änderungen, im besonderen der Preise, vorbehalten –

Die Magie der Zahlen
So nutzen Sie die Geheimnisse der Numerologie für Ihr persönliches Glück mit dem völlig neuen Planetennumeroskop
(4242) Von B. A. Mertz, 224 S., 36 Abbildungen, Pappband. ●●●

I Ging der Liebe
Das altchinesische Orakel für Partnerschaft und Ehe. (4244) Von G. Damian-Knight, 320 S., 64 s/w-Zeichnungen, Pappband. ●●●

Die neue Lebenshilfe **Biorhythmik**
Höhen und Tiefen der persönlichen Lebenskurven vorausberecnen und danach handeln. (0458) Von W. A. Appel, 157 S., 63 Zeichnungen, Pappband. ●●

Die neue Erkenntnisse zum Biorhythmus
Individuelle Rhythmogramme für Berufserfolg und Gesundheit, Partnerschaft und Freizeit, Beilage: Tagesformplaner. (4276) Von H. Bott, 144 S., 35 s/w-Zeichnungen, Pappband. ●●●

Falken-Handbuch **Kartenlegen**
Wahrsagen mit Tarot-, Skat-, Lenormand- und Zigeunerblättern.
(4226) Von B. A. Mertz, 288 S., 38 Farb- und 108 s/w-Abb. Pappband. ●●●●

Wahrsagen mit Tarot-Karten
(0482) Von E. J. Nigg, 112 S., 4 Farbtafeln, 52 s/w-Abb., Pappband. ●●

Selbst Wahrsagen mit Karten
Die Zukunft in Liebe, Beruf und Finanzen. (0404) Von R. Koch, 112 S., 252 Abb., Pappband. ●●

Weissagen, Hellsehen, Kartenlegen ...
Wie jeder die geheimen Kräfte ergründen und für sich nutzen kann. (4153) Von G. Haddenbach, 192 S., 40 Zeichnungen, Pappband. ●●

Erkennen Sie Psyche und Charakter durch **Handdeutung**
(4176) Von B. A. Mertz, 252 S., 9 s/w-Fotos, 160 Zeichnungen, Pappband. ●●●●

Falken-Handbuch **Astrologie**
Charakterkunde · Schicksal · Liebe und Beruf · Berechnung und Deutung von Horoskopen · Aszendenttabelle. (4068) Von B. A. Mertz, 342 S., mit 60 erläuternden Grafiken, Pappband. ●●●

Die Familie im Horoskop
Glück und Harmonie gemeinsam erleben – Probleme und Gegensätze verstehen und tolerieren. (4161) Von B. A. Mertz, 296 S., 40 Zeichnungen, kart. ●●●

Aztekenhoroskop
Deutung von Liebe und Schicksal nach dem Aztekenkalender. (0543) Von C.-M. und R. Kerler, 160 S., 20 Zeichnungen, Pappband. ●

Was sagt uns das Horoskop?
Praktische Einführung in die Astrologie. (0655) Von B. A. Mertz, 176 S., 25 Zeichnungen, kart. ●

Das Super-Horoskop
Der neue Weg zur Deutung von Charaker, Liebe und Schicksal nach chinesischer und abendländischer Astrologie. (0465) Von G. Haddenbach, 175 S., kart. ●

Liebeshoroskop für die 12 Sternzeichen
Alles über Chancen, Beziehungen, Erotik, Zärtlichkeit, Leidenschaft. (0587) Von G. Haddenbach, 144 S., 11 Zeichnungen, kart. ●

Die 12 Sternzeichen
Charakter, Liebe und Schicksal. (0385) Von G. Haddenbach, 160 S., Pappband. ●●

Die 12 Tierzeichen im chinesischen Horoskop
(0423) Von G. Haddenbach, 128 S., Pappband. ●

Sternstunden
für Liebe, Glück und Geld, Berufserfolg und Gesundheit. Das ganz persönliche Mitbringsel für Widder (0621), Stier (0622), Zwillinge (0623), Krebs (0624), Löwe (0625), Jungfrau (0626), Waage (0627), Skorpion (0628), Schütze (0629), Steinbock (0630), Wassermann (0631), Fische (0632) Von L. Cancer, 62 S., durchgehend farbig, Zeichnungen, Pappband. ●

Computer-Bücher und Software

Computer Grundwissen
Eine Einführung in Funktion und Einsatzmöglichkeiten. (4302) Von W. Bauer, 176 Seiten, 193 Farb- und 12 s/w-Fotos, 37 Computergrafiken, kart., ●●●
(4301) Pappband, ●●●●

Einführung in die Programmiersprache BASIC. (4303) Von S. Curran und R. Curnow, 192 S., 92 Zeichnungen, kart. ●●

Intelligenz in BASIC
für Schneider CPC 464/664/6128. Mit Diskette 3". (4320) Von K.-H. Koch, 160 S., 14 Zeichnungen, kart. ●●●●●

Lernen mit dem Computer. (4304)
Von S. Curran und R. Curnow, 144 S., 34 Zeichnungen, Spiralbindung, ●●

Garantiert BASIC lernen mit dem C 128
Mit kompletter Kurs-Diskette
(4321) Von A. Görgens, 288 S., 4 s/w-Fotos, 83 Zeichnungen, kart. ●●●●

Grundwissen Informationsverarbeitung
(4314) Von H. Schiro, 312 S., 59 s/w-Fotos, 133 s/w-Zeichnungen, Pappband. ●●●●●

Heimcomputer-Bastelkiste
Messen, Steuern, Regeln mit C 64-, Apple II-, MSX-, TANDY-, MC-, Atari- und Sinclair-Computern. (4309) Von G. A. Karl, 256 S., 160 Zeichnungen, kart. ●●●●

WORDSTAR 2000
Textverarbeitung für Einsteiger und Profis Mit erprobten Anwendungen aus der Praxis. (4317) Von D. Nasser, 200 S., 9 s/w-Fotos, 3 Zeichnungen, kart. ●●●●●

Drucker und Plotter
Text und Grafik für Ihren Computer. (4315) Von K.-H. Koch, 192 S., 12 Farbtafeln, 5 s/w-Fotos, kart. ●●●●

Computergrafik
Von den Grundlagen bis zum perfekten 3 D-Programm. (4319) Von A. Brück, 296 S., 20 Farbtafeln, 180 s/w-Grafiken, 50 s/w- Zeichnungen, 83 Listings, Pappband. ●●●●●

Textverarbeitung mit Home- und Personal-Computern
Systeme – Vergleiche – Anwendungen. (4316) Von A. Görgens, 128 S., 49 s/w-Fotos, kart. ●●●●

Die tägliche PC-Praxis
Anwendungshilfen, Programme und Erweiterungen für MS-DOS-Computer (4322) Von A. Görgens, 224 S., 25 Abbildungen, kart. ●●●●

dBase III
Einführung für Einsteiger und Nachschlagewerk für Profis. (4310) Von J. Brehm, G. A. Karl, 211 S., 23 Abb., kart. ●●●●●

FALKEN PC PRAXIS
Desktop Publishing
Setzen und Drucken auf dem Schreibtisch. (4323) Von A. Görgens, 120 S., 11 s/w-Fotos, 72 Zeichnungen, kart. ●●●

FALKEN PC PRAXIS
WordStar Praxis professionell
Für die Versionen 3.4/3.45/4.0
Erweiterungen · Praxis-Tips · Datenaustausch · Desktop Publishing. (4324) Von A. Görgens, 172 S., 2 s/w-Fotos, 2 s/w-Zeichnungen, 116 s/w-Grafiken, kart. ●●●●

Die Super-Preisleistung

Die 100 bekanntesten und beliebtesten Volkslieder, mit wunderschönen Farbzeichnungen von Brian Bagnall, durchgehend farbig im Großformat als gebundener Pappband.

Kein schöner Land... Das große Buch unserer beliebtesten Volkslieder. (0001) Hrsg. von Norbert Linke, 208 Seiten, 118 Farbzeichnungen, Pappband.

Erschienen in der F. Bassermann'schen Verlagsbuchhandlung Nachf.

Die hier vorgestellten Bücher, Videokassetten und Software sind in folgende Preisgruppen unterteilt:

- ● Preisgruppe bis DM 10,–/S 79,–
- ●● Preisgruppe über DM 10,– bis DM 20,– S 80,– bis S 160,–
- ●●● Preisgruppe über DM 20,– bis DM 30,– S 161,– bis S 240,–
- ●●●● Preisgruppe über DM 30,– bis DM 50,– S 241,– bis S 400,–
- ●●●●● Preisgruppe über DM 50,–/S 401,–

*(unverbindliche Preisempfehlung)

Die Preise entsprechen dem Status beim Druck dieses Verzeichnisses (s. Seite 1) – Änderungen, im besonderen der Preise, vorbehalten –

Für die Schweiz: sFr.-Preise gemäß Preisauszeichnung in der Buchhandlung

Gartenmelde

Atriplex hortensis

Schon den Römern bekannte Kultuform der anspruchslosen Wildpflanze. Aussaat, sobald der Boden frostfrei ist; Folgesaaten sind sinnvoll, weil ältere Pflanzen zum Schießen neigen.
Schädlinge und Krankheiten kommen nur selten vor.

Rote Bete

Beta vulgaris ssp. *vulgaris* var. *conditiva*

Die auch Salatrübe oder rote Rübe genannte zweijährige Pflanze bildet eine eßbare Knolle. Nach Kälteperioden kann das Schießen schon bei Jungpflanzen ausgelöst werden. In weitgestellter Fruchtfolge ist die rote Bete eine gesunde Kultur. Borhaltige Dünger und Algenmehle verhindern die Trockenherzfäule.
Die mineralstoffreiche Knolle wird gekocht und meist sauer zubereitet. Ihr Saft gilt als Heilmittel.

SCHÄDLINGE

Rübenfliege
siehe Mangold

KRANKHEITEN

Blattfleckenkrankheit
siehe Mangold

Links: Gartenmelde

Rechts: Rote Bete

Spinat

Spinacia oleracea

Die aus dem Kaukasus stammende Pflanze wurde von den Arabern vor etwa 1000 Jahren nach Spanien gebracht, von wo aus sie sich über große Teile der gemäßigten Klimate verbreitete. Man sollte beim Anbau von Spinat (und auch Kopfsalat) darauf achten, daß diese Pflanze als Langtagpflanze zum Schießen neigt. (Die Lichtmenge – Tageslänge – steuert bei vielen Pflanzen den Eintritt in die sogenannte generative Phase, die bei einjährigen Pflanzen mit der Bildung von Samen und Früchten beendet wird. Wenn Wurzeln, Knollen oder Blätter geerntet werden sollen, ist der Eintritt in die generative Phase unerwünscht. Im Sommer schießt Spinat ohne nennenswerte Blattbildung, um schnell Blüten zu bilden. Deshalb sollte der Anbau nur im Kurztag [Frühjahr, Herbst] erfolgen.)
Spinat hat einen hohen Vitamin-C-Gehalt, der Oxalsäureanteil kann durch Zubereitung mit Sahne (Rahmspinat) „entschärft" werden. Die Blätter liefern aber auch einen bißfesten Salat.

Spinat

Falscher Mehltau an Spinatblättern

Zuckermais

SCHÄDLINGE

Rübenfliege
siehe Mangold

KRANKHEITEN

Falscher Mehltau
Peronospora farinosa

Kennzeichen sind ein weißliches Pilzgeflecht auf der Blattunter.- und Verfärbungen auf der Blattoberseite.
Bekämpfung: Anbau resistenter Sorten

Gräser

Gramineae

Zu den wichtigsten landwirtschaftlichen Nutzpflanzen gehören die Getreidearten. Als Gemüse wird bei uns seit einiger Zeit Zuckermais angebaut.

Zuckermais

Zea mays convar. *saccharata*

Die Urform des Mais soll aus Mittelamerika stammen, mittlerweile ist durch die Erfolge der Züchtung Maisanbau auch in kühlen Gegenden möglich. Ein warmer Boden oder die Anzucht in Räumen ist zur Entwicklung der Jungpflanze unabläßlich. Die Bodenansprüche sind gering, wenn nur genügend Nährstoffe vorhanden sind. In seiner Heimat legen die Indios Bohnensamen um die Pflanze aus, die sich später an ihr hochwinden.
Der Zuckermais ist eine Mutation: Im Korn wird hauptsächlich Zucker statt Stärke gespeichert. Die Ernte erfolgt früh im Stadium der Milchreife (die Körner sind dann innen noch flüssig) zur Verwendung als Gemüse oder sehr früh (wenn die Kolben fingerstark sind) als Sauergemüse. Zuckermais hat einen sehr hohen Kaloriengehalt.

SCHÄDLINGE

Maiszünsler
Ostrinia nubilalis

Die Larven des Schmetterlings fressen sich in die oberen Halmteile ein; später besteht Halmbruchgefahr.
Bekämpfung: Entfernen der männlichen Blütenstände (Fahnen) etwa eine Woche nach der Blüte – Bodenpflege

Fritfliege
Oscinella frit

Die Fritfliege verursacht eine Vergilbung des Herzblattes, das sich dann herausziehen läßt. Zur Vorbeugung kann man die Pflanzen unter Glas oder dem Gemüsefliegennetz anzüchten.

KRANKHEITEN

Maisbeulenbrand
Ustilago mayidis

An Stengeln, seltener an Blättern, treten beim Maisbeulenbrand weißlichgraue, große Beulen mit dunkler Sporenmasse auf. Künstliche Eintrittsöffnungen (Verletzungen) erhöhen den Befall.
Bekämpfung: Bodenpflege – Hygiene – weite Fruchtfolge

Knöterichgewächse

Polygonaceae

„Vielknieig" lautet die korrekte Übersetzung der wissenschaftlichen Bezeichnung der Knöterichgewächse. Die Stengel der unter diesem Namen zusammengefaßten kleinen Pflanzenfamilie besitzen auffällig verdickte Knoten, die etwa beim Wiesenknöterich gut erkennbar sind.
Neben Buchweizen hat lediglich Rhabarber eine größere Bedeutung im Anbau. Hier ist auch die für Knöterichgewächse typische, den Stengelgrund umfassende Röhre sichtbar.

Rhabarber

Rheum rhabarbarum

Der Anbau des Rhabarbers als Arzneipflanze ist über 4000 Jahre alt. Relativ jung ist die Pflanze dagegen als Basis des aus seinen fleischigen Blattstielen herstellbaren, erfrischenden Kompotts. Besonders aus rotstieligen Sorten läßt sich ein hervorragender Wein gewinnen.
Rhabarber benötigt lediglich nährstoffreichen Boden, ansonsten ist die ausdauernde Pflanze sehr anspruchslos und kann 10 Jahre und länger an ihrem Platz stehen. Danach lohnt sich das Umpflanzen der Wurzelstöcke in entsprechend vorbereitete Böden, weil Nematoden zur „Bodenmüdigkeit" führen können.
Schädlinge und Krankheiten kommen sonst nicht in nennenswertem Umfang vor.

Sauerampfer

Rumex acetosa var. *hortensis*

Die Kulturform der Wildpflanze ist in unseren Gärten zu Unrecht eine Seltenheit. Aus den jung, kurz oberhalb der Erde abgeschnittenen Blättern lassen sich pikante Suppen und Saucen kochen. Nach dem Schnitt treiben frische Blätter, so daß man mehrmals ernten kann. Da der Sauerampfer bei Aussaat im Frühjahr zum „Schießen" neigt, wird der Herbstanbau vorgezogen. Die Kultur ist sehr genügsam und kommt auch mit sehr armen Böden und schattiger Lage aus.
Schädlinge und Krankheiten kommen nicht in nennenswertem Maße vor.

Maisbeulenbrand

Links: Rhabarber

Rechts: Sauerampfer

Links: Kopfsalat

Mitte: Eissalat

Rechts: Junge Endivie

Köpfchenblütler

Compositae

Charakteristikum dieser, bei uns weit verbreiteten, Pflanzenfamilie ist die köpfchenförmige Ausbildung des Blütenstandes. Jede Blüte besteht nämlich aus einer ganzen Anzahl von Einzelblüten. Am bekanntesten dürfte der Löwenzahn sein, dessen Blütenstand nur aus den sogenannten Zungenblüten besteht. Dahlien besitzen dagegen einen äußeren Kranz aus (sterilen) Zungenblüten und inneren Röhrenblüten. Wenn Blattgemüse geerntet werden soll, ist die Blütenbildung – wie beim Kopfsalat – unerwünscht, da ihr das „Schießen" vorausgeht.
Viele Arten enthalten einen bitter schmeckenden, weißlichen Milchsaft, der appetitanregend wirkt.

Kopfsalat

Lactuca sativa var. *capitata*

Schnittsalat

L. sativa var. *crispa*

Römischer Salat

L. sativa var. *romana*

Wurzellaus

Endivie

Cichorium endivia

Der Wilde Lattich *(L. serriola)*, Stammvater der vielen Salatformen, wächst auch bei uns auf Schuttplätzen. Trockene Gebiete Südeuropas werden als seine Heimat angenommen. Der Salatanbau reicht zurück bis in die Zeiten des alten Ägypten.
Alle *Lactuca*-Formen liefern zarte Blätter mit leicht bitterem, appetitanregendem Aroma. Die Endivie stammt aus Südasien und ist winterfest, ihre Blätter sind fester und etwas bitterer im Geschmack.
Als Langtagpflanzen neigen die Pflanzen im Sommer zum „Schießen", weswegen schoßfeste Sommersorten in dieser Zeit zum Anbau kommen sollten.

SCHÄDLINGE

Wurzelläuse

Pemphigus-Arten

Die Läuse halten sich vorwiegend an der Wurzel und am Wurzelhals auf. Kränkelnde Pflanzen sterben unter Verfärbung der Blätter ab.
Bekämpfung: widerstandsfähige Sorten wie „Avon de france" anbauen – Wurzelguß mit seifenhaltigen Brühen

Drahtwürmer
siehe Möhre

KRANKHEITEN

Salatmosaik
Lactuca-Virus 1

Krankheitsbild sind Blätter mit hell- und dunkelgrünen Feldern und gezackten Rändern. Die Krankheit wird vor allem im Sommer auffällig und bewirkt eine nur schwach ausgeprägte Kopfbildung. Sie wird durch Blattläuse übertragen.
Bekämpfung: gesundes Saatgut – Verwendung resistenter Sorten – Blattlausbefall durch geschickten Anbau minimieren – Gemüsefliegennetz

Grauschimmel
Botrytis cinerea

Der Grauschimmelpilz verursacht braun gefleckte Blätter mit lockerem, mausgrauem Pilzrasen, die später verfaulen. Der Pilz ist ein Schwächeparasit.
Bekämpfung: befallene Blätter entfernen – Pflanzengesundheit fördern – Knoblauchauszug spritzen

Falscher Mehltau
Bremia lactucae

Gelbliche Blattflecken, die dunkler werden und ein weißer Pilzbelag auf der Blattunterseite sind untrügliche Kennzeichen dieser Krankheit. Später faulen die Blätter.
Bekämpfung: siehe Grauschimmel – mehltauresistente Sorten bevorzugen

Schwarzwurzel

Schwarzwurzel

Scorzonera hispanica

Die mehrjährige Pflanze stammt, wie ihr lateinischer Artname schon vermuten läßt, aus Südeuropa. Die etwa 30 Zentimeter lang werdende, brüchige Wurzel enthält viel Vitamin B1 und bestimmte Kohlenhydrate, die die Schwarzwurzel zu einem schmackhaften und wertvollen Diätgemüse machen.
Ihr Anbau setzt tiefgründigen, nicht zu festen Boden voraus, der reichlich Kalium enthalten soll.
Manchmal trifft man in unseren Gärten auch die nach Austern schmeckende Haferwurzel *(Tragapogon porrifolius)* an.

SCHÄDLINGE

Als Schädlinge sind besonders Wirbeltiere wie beispielsweise Mäuse und Kaninchen zu verzeichnen.

KRANKHEITEN

Echter Mehltau
Erysiphe cichoriacearum

Da der Pilz, ein weißlicher Belag auf den Blättern, meist erst spät auftritt, erübrigt sich eine gezielte Bekämpfung.

Topinambur

Helianthus tuberosus

Die sonnenblumenartige, auch Erdartischocke oder Erdbirne genannte, bis zu zwei Metern hoch werdende, anspruchslose Pflanze wurde aus Nordamerika um 1600 bei uns eingeführt. Ihre Knollen liefern ein sehr charakteristisch schmeckendes Diätgemüse. Geerntet wird, wenn die oberirdischen Teile im Herbst absterben.

Topinamburknollen

Da die Knollen schlecht gelagert werden können, aber frostfest sind, entnimmt man immer nur den Tagesbedarf. Blätter und Knollen kann man gut als Viehfutter verwenden.
Topinambur wird auch als Windschutz und Bodenlockerer geschätzt. Die Pflanzen neigen jedoch zum Wuchern.
Schädlinge und Krankheiten existieren nicht in nennenswertem Umfang.

Kreuzblütler

Cruciferae

Diese nach ihren über Kreuz stehenden Blütenorganen bezeichnete, große Pflanzenfailie hat eine ganze Reihe an Gemüsearten parat. Die wichtigsten, etwa unsere Kohlarten, sind in der Gattung *Brassica* zu finden. Ihre Wildform ist an den Küsten von Mittelmeer und Atlantik zu finden – ein Hinweis darauf, daß Kohlarten Feuchtigkeit, Nährstoffe und leichten Salzgehalt bevorzugen.
Durch entsprechende Züchtung sind alle Pflanzenorgane zu Gemüselieferanten geworden. Die meisten Kohlarten sind zweijährig.
Wir unterscheiden

- Kopfkohl (vergrößerte Knospe) bei Weiß-, Rot-, Wirsing- und Rosenkohl,
- Blütenstandskohl bei Blumenkohl und Brokkoli,
- Blattkohl bei Grün- und Chinakohl,
- Knollenkohl bei Kohlrabi, Kohlrübe und Radieschen und
- Wurzelkohl mit den Vertretern Rettich und Mairübe.

Weißkohl

Brassica oleracea var. *capitata* f. *alba*

Rotkohl

B.o. var. *capitata* f. *rubra*

Wirsing

B.o. var. *subauda*

Rosenkohl

B.o. var. *gemmifera*

Obwohl gerade die Kopfkohlarten etwas abfällig als „Grobgemüse" bezeichnet werden, ist ihr hoher Gehalt an Vitamin C und Mineralstoffen hervorzuheben. Kohlgeruch beim Kochen ist meist auf Überdüngung zurückzuführen. Selbst angebauter Kohl „stinkt" nicht.

Rotkohl

SCHÄDLINGE

Kleine Kohlfliege
Phorbia brassicae

Große Kohlfliege
P. floralis

Die Maden verursachen Fraßgänge in der Wurzelrinde. Die Blätter verfärben sich bleigrau und welken. Außerdem bleibt die Kopfentwicklung zurück.
Bekämpfung: Pflänzchen tief setzen und anhäufeln – Kohlfliegenkragen – Gemüsefliegennetz

Drehherzmücke
Contarinia nasturtii

Schadbild sind die auffällig nach innen gedrehten Blätter von Jungpflanzen; bei Zerstörung des Vegetationspunktes entstehen mehrere kleine Köpfchen aus Seitentrieben.
Bekämpfung: Gemüsefliegennetz

Wirsing

Rosenkohl

Larve des Kohlgallenrüßlers

Links: Kohlblattläuse

Rechts: Kohlerdflöhe mit typischem Fraßbild

Kohlgallenrüßler
Ceutorrhynchus polystigma

Die Larven erzeugen am Wurzelhals etwa erbsengroße, hohle Gallen (Wucherungen), in denen sie leben. Ein Schaden entsteht nur, wenn nachfolgend Fäulnis auftritt.
Bekämpfung: Gemüsefliegennetz

Großer Kohltriebrüßler
Ceutorrhynchus napi

Kleiner Kohltriebrüßler
C. quadridens

Bei Befall verkrümmen oder platzen die Stengel; außerdem unterbleibt die Kopfbildung, oder es werden mehrere kleine Köpfe aus Seitentrieben gebildet.
Bekämpfung: Gemüsefliegennetz

Kohlerdflöhe
Phyllotreta-Arten

Untrügliches Kennzeichen sind der ausgeprägte Loch- und Fensterfraß an den Blättern.
Bekämpfung: Boden lockern, feucht halten und mulchen – Mischkultur mit Spinat oder Salat – Rainfarn- beziehungsweise Wermuttee spritzen – stäuben mit Gesteinsmehlen

Mehlige Kohlblattlaus
Brevicoryne brassicae

Die Läuse, die unter den Blättern sitzen, verursachen weiß gefleckte und eingerollte Blätter. Trockene Witterung verstärkt den Befall. Besonders Wirsing ist wegen seiner Blattstruktur anfällig für den Befall von Läusen.
Bekämpfung: Boden feucht halten – seifenhaltige Brühen spritzen

Großer Kohlweißling
Pieris brassicae

Kleiner Kohlweißling
P. rapae

Der Lochfraß der Raupen an den Blättern kann bei starkem Befall so weit gehen, daß letztendlich nur noch die Blattskelette stehen bleiben.
Bekämpfung: Mischkultur mit Tomaten und Sellerie – Gemüsefliegennetz – Absammeln der Raupen

Kohleule
Mamestra brassicae

Gemüseeule
M. oleracea

Kennzeichen: Blattfraß der Raupen, später „wandern" die Raupen in den Kohlkopf ein; Fäulnisbildung.
Bekämpfung: Gemüsefliegennetz – Absammeln der Jungraupen

KRANKHEITEN

Kohlhernie
Plasmodiophora brassicae

Bei dieser Krankheit schwellen die Wurzeln knollig an, die Gallen sind jedoch im

Gegensatz zum Kohlgallenrüßlerbefall nicht hohl; Pflanzen welken.
Bekämpfung: weite Fruchtfolge – Aufkalken des Bodens auf neutralen pH-Wert – vor der Pflanzung die Schwärmsporen mit einem Sud aus Kohlblättern „ködern"

Kohlschwärze

Alternaria brassicae

Bei der Kohlschwärze zeigt sich ein samtartiger schwarzer Pilzbelag auf den Blättern. Die Infektion erfolgt über Wunden (Insektenfraß und mechanische Beschädigungen).
Bekämpfung: befallene Blätter entfernen

Blumenkohl

Brassica oleracea convar. *botrytis* var. *botrytis*

Brokkoli

B.o. convar. *botrytis* var. *italica*

Blumenkohl hat unter allen Gemüsekohlarten die größten Ansprüche an Boden und Klima; Bor- und Molydänmangel kann durch Algenmehl, das mitkompostiert wird, vorgebeugt werden.
Schädlinge und Krankheiten treten wie bei den Kopfkohlarten auf. Blumenkohl wird gern von den Kohlfliegenarten befallen. Brokkoli ist weniger anfällig.

Oben links: Kohlhernie an den Wurzeln von Chinakohl

Mitte oben: Blumenkohl

Oben rechts: Kohlweißlingraupen mit Fraßbild

Brokkoli

Grünkohl

Radieschen

Grünkohl

Brassica oleracea convar. *acephala* var. *sabellica*

Chinakohl

B. chinensis

Der anspruchslose und wenig anfällige Grünkohl erhält seinen besten Geschmack nach dem ersten Frost. Wer vorher erntet, kann die Blätter im Gefrierfach dem geschmacksgebenden Kältereiz aussetzen. Grünkohl enthält von allen Kohlarten die meisten Vitamine und Mineralstoffe. Er stellt eine hervorragende Nachkultur dar.
Chinakohl ist eine einjährige Pflanze und blüht im Langtag. Er sollte daher erst ab Juli gesät werden. Als besonders zartes Kohlgemüse ohne den typischen Kohlgeschmack findet er auch als Salat einen Platz in der Küche. Auch sein Anbau ist einfach, wenn er genügend Wasser zur Verfügung hat. Dieser Kohl bietet sich als Nachfrucht an.
Schädlinge und Krankheiten decken sich mit denen des Blumenkohls und Kohlrabis, treten aber seltener auf.

Kohlrabi

Brassica oleracea convar. *acephala* var. *gongylodes*

Kohlrübe

B. napus var. *napobrassica*

Radieschen

Raphanus sativus var. *sativus*

Der Kohlrabi hat auch den Namen Oberkohlrabi. Seine Blätter sind ebenfalls eßbar. Neben den üblichen Kohlschädlingen und -krankheiten treten oftmals Wachstumsstörungen, Platzen der Knollen, spindelartiger Wuchs und Verholzungen auf. Die Ursachen hierfür sind Kälte, Licht- und Wassermangel.
Im Gegensatz dazu nennt man die Kohlrübe auch Unterkohlrabi, Steckrübe oder Wrucke. Sie hat heute an Bedeutung verloren, obwohl sie eine alte Kulturpflanze ist, die nur geringe Standort- und Bodenansprüche besitzt.
Bormangel führt bei der Kohlrübe zu glasigem Knollengewebe; Abhilfe dagegen schaffen Algenmehl oder beispielsweise borhaltiger Dünger.
Radieschen benötigen reichlich Wasser und dürfen nicht zu spät geerntet werden, da sie sonst „pelzig" werden. Durch ständige Nachsaat hat man immer frische Ware. Eine Randsaat mit Kresse soll ihr Aroma steigern.

Schädlinge und Krankheiten treten wie bei den Kopfkohlarten auf. Wegen der schnellen Entwicklung bleiben Radieschen allerdings meist verschont. Eine Ausnahme bilden hier die Erdfloharten (siehe Weißkohl), die bei Trockenheit recht lästig werden können.

Rettich

Raphanus sativus var. *niger*

Mairübe

Brassica rapa var. *rapa*

Als Heimat des Rettichs wird Vorderasien angenommen, jedenfalls ist sein Anbau schon fast 5000 Jahre alt. In Süddeutschland werden scharfe Sorten bevorzugt, während im Rheinland größere, milde Rettiche beliebt sind. Rettich gilt als appetitanregend und wird bei Leber- und Gallenleiden empfohlen. Tiefgründiger, gleichmäßig feuchter Boden ist Voraussetzung für den Anbau.

Die Mairübe wird auch Wasserrübe, Stoppelrübe, Teltower Rübchen oder Weiße Rübe genannt, ihr Anbau ist einfach. Durch Folgesaaten hat man das ganze Jahr über einen Vorrat, da dieses schmackhafte Gemüse auf dem Markt selten zu finden ist.

Schädlinge und Krankheiten wie bei den Arten von Kopf- und Knollenkohl; der Rettich leidet darüber hinaus manchmal an der Rettichschwärze *(Aphanomyces raphani)*, die die Wurzel grauschwarz verfärbt. Als Bekämpfung bieten sich eine weite Fruchtfolge und die Vermeidung hoher Bodenfeuchtigkeit an.

Roter Kohlrabi

Rettich

Kohlrübe

Echter Gurkenmehltau

Kürbisgewächse

Cucurbitaceae

Kürbisgewächse sind wärmeliebende Pflanzen. Ihr Anbau ist daher auf warme Gegenden beziehungsweise Folienabdeckung oder das Gewächshaus beschränkt.
Als Gemüse werden (botanisch gesehen) Beeren geerntet, solange die Samen („Kerne") noch unreif sind.

Gurke

Cucumis sativus

Die Stammform unserer Gurken ist in Ostindien zu suchen. Die sehr wasserreichen Früchte sind wegen ihrer Kalorienarmut und ihres erfrischenden Geschmacks beliebt; ihre harnsäurelösenden Eigenschaften sind bekannt.

Gurke

SCHÄDLINGE

Gemeine Spinnmilbe

Tetranychus urticae

Die Milben und ihre Larven stechen das Blattgewebe an und ernähren sich vom Inhalt der Zellen. In der Folge treten kleine helle Blattflecken auf, die später dort braun werden, wo das Gewebe durch die Saugtätigkeit abgestorben ist. Trockenheit begünstigt die Vermehrung.
Bekämpfung: Seifenlauge oder Mineralölhaltige Mittel spritzen

Schwarze Bohnenlaus

Aphis fabae

Bei Befall hellen sich die Blätter auf und rollen sich anschließend ein; dieser Schädling ist für seine Übertragung von Gurkenviren bekannt.
Bekämpfung: Spritzmittel auf Kaliseifenbasis – Gemüsefliegennetz

Grüne Pfirsichblattlaus

Myzus persicae

Sie verursacht das gleiche Schadbild wie die Schwarze Bohnenlaus.
Bekämpfung: Siehe Bohnenlaus

KRANKHEITEN

Echter Gurkenmehltau

Erysiphe cichoriaceum

Auf der Blattoberseite bildet sich ein mehliger Belag; später werden die Blätter braun und sterben ab.
Bekämpfung: resistente Sorten wie „Bella", „Carnito", „Elena", „Imago" oder „Naf" anbauen – Spritzung mit lecithinhaltigen Mehltaumitteln

Grauschimmel

Botrytis cinerea

Der Pilz, ein Schwächeparasit, verursacht weichfaule Früchte, die von einem mausgrauen lockeren Pilzrasen bedeckt sind.
Bekämpfung: Hygiene – Bodenpflege – Entfernung befallener Pflanzenteile – Knoblauchauszug

Gurkenkrätze

Cladosporium cucumerinum

Diese Krankheit zeigt sich als dunkle, eingesunkene Flecken auf den Früchten; letztere sind oft mißgebildet.
Bekämpfung: resistente Sorten anbauen

Kürbis

Cucurbita maxima

Ein oder zwei Kürbisse, neben den Komposthaufen gesetzt, liefern reichlich Einmachgut. Kürbisse sollte man im Topf vorziehen; die Ernte erfolgt erst im späten Herbst.
Schädlinge und Krankheiten sind unerheblich und werden nur in seltenen Fällen beobachtet.

Zucchini

Cucurbita pepo

Ebenso wärmeliebend wie die anderen Kürbisgewächse ist die mittlerweile sehr beliebte Zucchini. Im jungen Zustand kann man sie in Scheiben geschnitten auch als Salat zubereiten. Auch die Blüten sind wohlschmeckend.
Schädlinge und Krankheiten stimmen mit denen der Gurke überein, treten aber seltener auf.

Links: Zucchini

Rechts: Kürbis

Liliengewächse

Liliaceae

Abgesehen vom Zuckermais, der zu den Gräsern gehört, sind Liliengewächse die einzige einkeimblättrige Pflanzenfamilie, die uns Gemüse liefert. Viele Arten kommen wild in den Steppengebieten der Erde vor. Zur Überdauerung der trockenkalten Jahreszeit bilden die *Allium*-Arten eine Zwiebel aus den Unterblättern, in denen Zukker gespeichert wird.

Knoblauch

Allium sativum

Eine der ältesten Heilpflanzen, die wir kennen, ist der in Zentralasien beheimatete Knoblauch. Er besitzt antimikrobielle Inhaltsstoffe (zum Beispiel das Allicin), die gegen Bakterien, Pilze und Würmer wirken; außerdem fördert er die menschliche Gesundheit, da er gegen Thrombosen vorbeugt und regulierend auf den Blutdruck wirkt.
Auch im Garten zeigt sich der Knoblauch gegen viele ungern gesehene Gäste wirksam, etwa gegen Wühlmäuse, aber auch

Knoblauch

Zwiebel

Zwiebelfliege

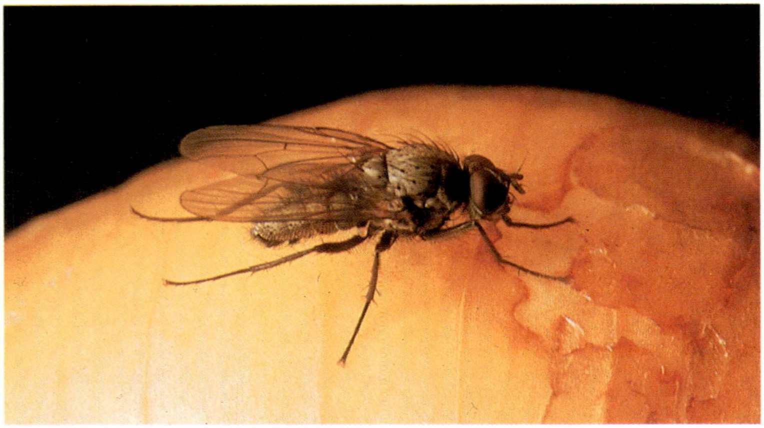

gegen Blattläuse und Milben. Der Geruch dieser Pflanze hemmt sogar die Keimung vieler Pilzsporen; gegen Grauschimmel ist er sehr wirksam.
Der Anbau ist einfach. Knoblauch wächst am besten auf „altgedüngtem", lockerem Boden in sonniger und trockener Lage.

SCHÄDLINGE

Lauchmotte
Acrolepia assectella

Schadbild ist der Minierfraß der Larven in den Blättern.
Bekämpfung: Jauche aus Ackerschachtelhalm – Gemüsefliegennetz

KRANKHEITEN

Falscher Zwiebelmehltau
Peronospora schleideni

Krankheitsbild sind graugrüne, später braune Flecken mit mehlartigem Belag; eine Wachstumshemmung ist die Folge.
Bekämpfung: gesundes Pflanzgut – Fruchtwechsel – lecithinhaltige Mittel

Zwiebel

Allium cepa

Die Zwiebel stammt aus Afghanistan und wird seit prähistorischer Zeit als Gemüse-, Gewürz- und Heilpflanze angebaut. Ihr Formenreichtum ist sehr groß.
Der Anbau von Zwiebeln kann zweijährig (Saat, Steckzwiebelgewinnung mit Lagerung, Auspflanzen und Zwiebelernte) oder einjährig verlaufen, wenn man Steckzwiebeln erwirbt. Die Bodenansprüche der Zwiebel ähneln denen des Knoblauchs.

SCHÄDLINGE

Zwiebelfliege
Phorbia antiqua

Schadbild sind vergilbte Blätter, die sich herausziehen lassen. Fraßgänge der Maden in der Zwiebel, die später verfault.
Bekämpfung: Mischkultur mit Möhren – Gemüsefliegennetz

KRANKHEITEN

Zwiebelbrand
Urocystis cepulae

An den Blättern treten beulenartige Anschwellungen auf.
Bekämpfung: Gesundes Pflanzgut – Fruchtwechsel

Falscher Zwiebelmehltau
siehe Knoblauch

Porree

Allium porrum

Der aus dem westlichen Mittelmeerraum stammende Porree, auch Lauch oder Breitlauch genannt, bildet keine Zwiebel, sondern einen Scheinsproß aus den Unterblättern. Zum Bleichen der „Stangen" häufelt man den Porree an. Schädlinge und Krankheiten stimmen mit denen der Zwiebel überein.

Schalotte

Allium ascalonicum

Viel zu selten angebaut wird die Schalotte. Sie ist würziger als die Küchenzwiebel und besser haltbar. An der Sproßachse der Mutterzwiebel entstehen zwischen vier und zehn Brutzwiebeln.

SCHÄDLINGE

Schädlinge treten wie bei der Zwiebel auf, jedoch seltener.

KRANKHEITEN

Gelbstreifigkeits-Virus
Allium-Virus 1

Die auch unter dem Namen Eschlauch bekannte Schalotte ist gegenüber diesem Virus besonders anfällig. Ihre Blätter sind bei einem Befall schlaff, gelblich verfärbt und gewellt.
Bekämpfung: gesundes Pflanzgut

Schnittlauch

Allium schoenoprasum

Allgemeiner Beliebtheit erfreut sich der Schnittlauch, der in Mitteleuropa auch wild vorkommt, als Würzkraut für Salate und Kräuterquark. Bis auf ihre Vorliebe für feuchten Boden und reichlich Nährstoffe ist die Pflanze sehr anspruchslos und wird nur selten „krank".

Blühender Schnittlauch

Schalotte

Porree

Spargel

Spargelhähnchen

Spargel

Asparagus officinalis

Diese ausdauernde Pflanze ist in Vorderasien heimisch. Gegessen werden die in der Erde wachsenden Triebe, die aus Lichtmangel bleich und zart bleiben. Spargel ist kalorienarm und reich an Mineralstoffen, er regt darüber hinaus die Nierentätigkeit an.
Der Anbau kann sinnvoll nur in besonderen Böden vorgenommen werden, sie sollen sandig sein mit einem gewissen Tonanteil, um haltbare Dämme zu erzielen. Die Erträge an den begehrten „Stangen" nehmen bis zum 5. Anbaujahr zu, um dann bis zum 12. Jahr etwa gleich zu bleiben. Spargelkultur ist etwas für Liebhaber. Mit weniger Mühe läßt sich Grünspargel anbauen, der kräftiger im Geschmack ist und außerdem über mehr wertvolle Inhaltsstoffe verfügt.

SCHÄDLINGE

Spargelfliege
Platyparea poeciloptera

Die Fraßgänge der Larven durchziehen die Triebe, die sich daraufhin krümmen und zu Krüppelwuchs neigen.
Bekämpfung: befallene Triebe vernichten

Spargelhähnchen
Ciroceris asparagi

Zwölfgepunkteter Spargelkäfer
C. duodecempunctata

Die graugrünen Larven fressen an den Blättern; später sind auch die recht hübschen Käfer zu sehen.
Bekämpfung: Larven und Käfer bei starkem Befall absammeln

KRANKHEITEN

Spargelrost
Puccinia asparagi

„Berostung" auf den Blättern; auf Trieben, Stengeln und Blättern erscheinen bleichgelbe Flecken. Später kommt es zur Ausbildung rostroter, dann braunschwarzer Sporenlager.
Bekämpfung: befallenes Pflanzenmaterial verbrennen

Nachtschattengewächse

Solanaceae

Wie bei keiner anderen Pflanzenfamilie ranken sich um die Nachtschattengewächse viele Legenden. Hexenzauber wird meist in Verbindung mit Bilsenkraut, Stechapfel und Tollkirsche gebracht, womit auch schon einige einheimische Arten genannt sind. Unsere Nutzpflanzen wie Tomate, Kartoffel und Tabak stammen dagegen aus dem subtropischen Süd- und Mittelamerika, von wo sie mit der Entdeckung der Neuen Welt über königliche und botanische Gärten ihren Einzug in europäische Felder und Gärten als neue Nutzpflanzen hielten. Auch sie besitzen unter Umständen giftige Pflanzenteile, wie zum Beispiel die Früchte (Beeren) der Kartoffelpflanzen.

Kartoffel

Solanum tuberosum ssp. *tuberosum*

Der „Erdapfel" ist eigentlich kein Gemüse, sondern eine landwirtschaftliche Nahrungspflanze. Die Kartoffel hat jedoch soviel Aufmerksamkeit verdient, daß wir

ihren Anbau im Garten für wichtig halten. Was die Vielseitigkeit in der Verwendung anbelangt, so wird die Kartoffel von kaum einer anderen im Garten angebauten Pflanze übertroffen. Dabei ist ihre Kultur einfach und ihr Wert für die Ernährung hoch. Manche „Kartoffelpäpste" halten gar eine ausschließliche Ernährung mit Kartoffeln für denkbar. Wie dem auch sei, das Kartoffeleiweiß gehört zu den hochwertigsten Proteinen überhaupt, die Kartoffelstärke ist leicht verdaulich und sättigend, Mineralstoffe und Vitamine, vor allem Vitamin C, sind darüber hinaus reichlich vorhanden.
Am interessantesten für kleine Gärten sind wohl frühe Sorten, wobei die Pflanzknollen im Keller etwa ab Mitte März vorgekeimt werden.
Als Starkzehrer verlangt die Kartoffel humusreichen, nährstoffhaltigen Boden. Organische Dünger sind vorteilhaft anzuwenden, wenn sie gut abgelagert sind; bei frischem Mist kann es Geschmackseinbußen und außerdem Schädlingsprobleme geben. Wegen der durch Virusinfektion verursachten möglichen Ertragseinbußen sollten stets gesunde Pflanzkartoffeln verwendet werden. Übliche Speisekartoffeln oder nachgebaute Kartoffeln können schnell die Freude am Anbau verderben.

Links: Kartoffel

Oben: Eigelege des Kartoffelkäfers

Unten: Larven des Kartoffelkäfers

SCHÄDLINGE

Eulenfalter
Noctuiden-Arten

Die Fraßschäden der Larven findet man an den Knollen. Kennzeichen sind ein vermindertes Triebwachstum und später Fäulniserscheinungen.
Bekämpfung: Bodenlockerung – kein Anbau nach Wiesenumbruch – Köder auslegen

Kartoffelkäfer
Leptinotarsa decemlineata

Larven und Käfer schädigen durch ausgeprägten Blattfraß. Die Käfer lassen sich bei Berührung fallen.
Bekämpfung: Absammeln

Kartoffelzystenälchen
Heterodera rostochiensis

Der in geballter Form, da nesterweise auftretende Befall verursacht eine starke Wachstumshemmung. Die Wurzeln mit den Zysten der Würmer sind sehr verzweigt.
Bekämpfung: weite Fruchtfolge – Anbau von Feindpflanzen (*Tagetes*-Arten) – Verwendung resistenter Sorten

Drahtwurm
siehe Möhre

Schadbild der Kraut- und Knollenfäule an Kartoffelblättern

KRANKHEITEN

Wurzeltöter
Rhizoctonia solani

Bei dieser Krankheit sind die obersten Blätter verfärbt und eingerollt, und an der Stengelbasis findet sich ein weißer Pilzbelag (Weißhosigkeit). Auf den Knollen treten später dunkelbraune pockenförmige Dauerkörper (Sklerotien) auf, die Pflanze kümmert oder fault.
Bekämpfung: gesundes Pflanzgut verwenden – Förderung des Bodenlebens

Kartoffelschorf
Streptomyces scabies

Kennzeichen dieser bakteriellen Kartoffelkrankheit ist die rissige Knollenschale. Die Krankheit kommt in feuchtkühlen Gebieten häufiger vor.
Bekämpfung: Bodensäuregrad erhöhen – Bodenleben fördern

Knollennaßfäule
Erwinia phytophthora

Eine schwarz verfärbte und faulende Stengelbasis ist das Merkmal dieser Krankheit. Typische Lagerkrankheit, bei der die Knollen naßfaul werden.
Bekämpfung: gesundes Pflanzgut verwenden – nur gesunde Knollen lagern – Kontrolle des Lagerbestandes

Kartoffelkrebs
Synchytrium endobioticum

Auf den Knollen und an der Stengelbasis bilden sich blumenkohlartige Wucherungen. Die Krankheit ist meldepflichtig!
Bekämpfung: Anbau resistenter Sorten – weite Fruchtfolge (6 Jahre)

Kraut- und Knollenfäule
Phytophthora infestans

Die Kraut- und Knollenfäule ist die wichtigste Kartoffelkrankheit. Die Knollen besitzen eine bleigraue Schale und werden braunfaul. An den Spitzen und Rändern der Blätter zeigen sich braune Flekken; auf der Blattunterseite findet man einen weißen Pilzbelag.
Bekämpfung: gesundes Pflanzgut – Wahl wenig anfälliger Sorten wie „Christa" als Frühkartoffel und „Datura" als mittelspäter Sorte – lockerer, weiter Anbau – vorbeugende Verwendung von Pflanzenstärkungsmitteln (Fettsäurepräparate)

Leichtes Mosaik
Kartoffel-X-Virus

Kräuselmosaik
Kartoffel-A-Virus

Typisch für das Leichte Mosaik ist die mosaikartige, hell- und dunkelgrüne Verfärbung kleiner Blattbereiche; das Kräuselmosaik ist dagegen eher „unsichtbar" und zeigt sich allenfalls in einer leichten Kräuselung der Blätter.
Bekämpfung: Blattläuse abhalten – Anbau in windigen Lagen – eine direkte Bekämpfung ist nicht möglich; größere Verluste treten nur bei Mischinfektion von A- und X-Virus auf

Strichelkrankheit
Kartoffel-Y-Virus

Kennzeichen der Krankheit sind gekräuselte Blätter sowie dunkle Striche auf den Blattnerven und -stielen. Die Strichelkrankheit ist eine seltene, aber sehr gefährliche Kartoffelvirose.
Bekämpfung: siehe Leichtes Mosaik und Kräuselmosaik

Blattrollkrankheit
Blattroll-Virus

Nach oben eingerollte, steife und spröde Blätter, die bei Berührung rascheln, sind das Merkmal der Blattrollkrankheit.
Bekämpfung: Blattläuse abhalten – Anbau in windigen Lagen

Tomate

Lycopersicon esculentum

Die wärmeliebende Verwandte der Kartoffel wird in unseren Breitengraden großflächig fast nur im Gewächshaus angebaut. Eine sonnige Stelle im Garten oder Folienabdeckung reicht jedoch für den hobbymäßigen Anbau in den meisten Jahren aus.
Als eine der wenigen Ausnahmen von der Regel gedeiht die Tomate am besten, wenn sie Jahr für Jahr auf derselben Stelle gepflanzt wird. Dünger und Jauche aus den Tomatenblättern und -trieben sollen sich positiv auf den Anbau auswirken.
Durch den sehr aromatischen Geruch frischer Tomatenblätter lassen sich viele Insekten abhalten, so zum Beispiel auch Stubenfliegen, wenn man ein paar Tomatenpflanzen vor das Fenster stellt.

KRANKHEITEN

Kraut- und Braunfäule
Phythophthora infestans

Der Pilz befällt die Blätter, die sich an Rändern und Spitzen braun verfärben. Später treten auch an unreifen Früchten vom Blattstiel her braune, harte Flecken auf.
Bekämpfung: siehe Kartoffel

SCHÄDLINGE

Schädlinge treten kaum auf. Gelegentlich sieht man an jungen Trieben Blattläuse.

Tomate

Braunfäule im fortgeschrittenen Stadium

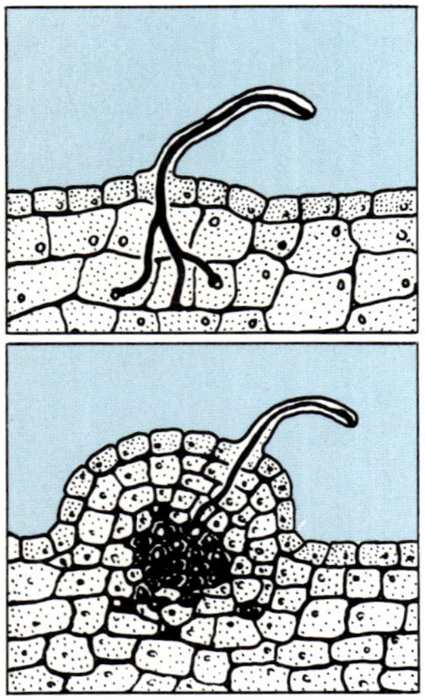

Knöllchenbakterien dringen über die Wurzelhaare in die Wurzel ein. Oben: Infektionsschlauch im Wurzelhaar einer Erbse; unten: Wurzelknöllchen (schematischer Querschnitt)

Reife Wurzelknöllchen. Links: Ausschnitt. Rechts: Gesamtansicht

Grauschimmel

Botrytis cinerea

Kennzeichen dieser Krankheit sind Faulstellen am Stielende der Früchte und eine graue „Pilzwatte". Der Grauschimmel ist ein Schwächeparasit, gegen dessen Befall man vorbeugend Stärkungsmittel auf Fettsäurebasis oder Knoblauchauszüge verabreichen kann.

Bekämpfung: befallene Pflanzenteile vernichten

Schmetterlingsblütler

Fabaceae

Weltweit verbreitet ist auch diese Pflanzenfamilie. In den warmen Zonen der Erde treffen wir auch verholzte Arten wie die Akazie an, in Mitteleuropa kommen besonders krautige Arten vor.

Viele Schmetterlingsblütler zeichnen sich durch ihre Symbiose mit den sogenannten Knöllchenbakterien aus. Diese im Boden lebenden Mikroorganismen infizieren die Haarwurzeln der Hülsenfrüchtler und leben zunächst parasitisch, indem sie ihrer Wirtspflanze Nährstoffe entziehen und sie zum Bau der späteren Knöllchen anregen. Zur Bildung sind kalzium- und magnesiumhaltige Böden notwendig, da diese Metallionen bestimmte Enzyme fördern. In einer darauffolgenden Phase erfolgt erst die echte Symbiose: Die Wirtspflanze stellt Kohlenhydrate zur Verfügung und die Bakterien „revanchieren" sich mit stickstoffhaltigen Verbindungen, die von der Pflanze aufgenommen werden. Der Stickstoff stammt aus der Bodenluft. Für den Anbau von Schmetterlingsblütlern ergibt sich daraus, daß der Boden die passenden Knöllchenbakterien (*Rhizobium*-Arten) enthalten sollte, und zwar *Rh. leguminosarum* für Erbse, Wicke, Linse und *Rh. phaseoli* für Bohnen. Sind diese Bakterien nicht vorhanden, empfiehlt es sich, den Boden mit ihnen zu impfen.

Der Boden an sich soll locker und gut durchlüftet sein, mit hohem Anteil an Kalzium und Magensium; notfalls kann man Basaltmehl einarbeiten oder – noch besser – über den Kompost zuführen.

Alle Hülsenfrüchte enthalten viel Eiweiß mittlerer Qualität, Kohlenhydrate und reichlich Mineralstoffe.

Ackerbohne

Vicia faba

Diese aus Vorderasien stamende Pflanze wird auch Dicke Bohne genannt; sie ist weitläufig mit den einheimischen Wicken verwandt. Im Gegensatz zu Busch- und Stangenbohnen ist die Ackerbohne nicht kälteempfindlich (sie verträgt sogar leichten Frost) und kann daher bereits im März gesät werden. Die Ackerbohne liebt etwas schwerere Böden und hat einen hohen Wasserbedarf.

SCHÄDLINGE

Schwarze Bohnenlaus
Aphis fabae

Durch die Saugtätigkeit der Tiere hellen sich die Blätter auf und deformieren sich. Wichtiger als der Saugschaden ist die Übertragung von Viruskrankheiten.
Bekämpfung: Spritzmittel auf Seifenbasis – Kaltwasserauszug von Brennesseln

Blattrandkäfer
Sitona lineatus

Diese Rüsselkäferart verursacht einen halbkreisförmigen Blattfraß.
Bekämpfung: Absammeln

KRANKHEITEN

Krankheiten kommen bei der Ackerbohne nicht in einem nennenswertem Umfang vor.

Buschbohne
Phaseolus vulgaris var. *nanus*

Stangenbohne
Ph. vulgaris var. *vulgaris*

Feuerbohne
Ph. coccineus

Alle drei Arten stammen aus Südamerika. Gemeinhin werden sie auch als Gartenbohnen bezeichnet. Die beiden zuletztgenannten Arten sind linkswindende Schlingpflanzen und benötigen daher eine Bohnenstange, die Buschbohne ist

Links: Ackerbohne

Rechts: Stangenbohne

Massiver Befall durch Schwarze Bohnenläuse

Erbse

Fraßlöcher der Larven des Speisebohnenkäfers

allerdings eine strauchig wachsende Zuchtform. Alle *Phaseolus*-Arten sind sehr kälteempfindlich; mann sollte beim Gießen nie die Blätter treffen.

In rohem Zustand gegessene Hülsen (der Begriff „Schote" ist ebenso häufig wie falsch) können zu Vergiftungserscheinungen führen. Beim Kochen wird das giftige Phasin zerstört.

SCHÄDLINGE

Speisebohnenkäfer

Acanthoscelides obtectus

Der Speisebohnenkäfer ist ein Lagerschädling. An Bohnensamen findet man die Fraßlöcher seiner Larven.
Bekämpfung: – gesundes Saatgut verwenden – kühle Lagerung der Samen – befallene Samen vernichten

Schwarze Bohnenlaus

siehe Ackerbohne

KRANKHEITEN

Brennfleckenkrankheit

Colletotrichum lindemuthianum

Auf den Blättern zeigen sich braune, etwas eingesenkte Flecken, die den Blattnerven folgen; außerdem treten rötliche Sporenlager auf. Die Hülsen weisen bei Spätbefall dasselbe Krankheitsbild auf; die Samen sind braun gefleckt.
Bekämpfung: Anbau resistenter Sorten

Fettfleckenkrankheit

Pseudomonas phaseolicola

Kennzeichen dieser Krankheit sind Blätter mit gelblichen Flecken; auf den Hülsen findet man dunkelgrüne „Fettflecken".
Bekämpfung: – gesundes Saatgut verwenden – befallene Pflanzen vernichten

Gemüseerbsen

Pisum sativum ssp. *sativum*

Bei dieser aus Vorderasien stammenden Pflanze werden drei Hauptgruppen unterschieden: Palerbsen (Schalerbsen) mit glattschaligen Samen, Markerbsen mit runzeligen Samen, und Zuckererbsen, die vorwiegend frisch und mit der Hülse gegessen werden. Palerbsen können etwas früher im Jahr gesät werden und eignen sich auch zum Trocknen, während Markerbsen nur als Frischgemüse genutzt werden, da ihre einmal getrockneten Samen nicht weich werden.
Erbsen sollten nur alle fünf bis sechs Jahre an der gleichen Stelle angebaut werden, da sie mit sich selbst unverträglich sind. Bei guten Erfolgen mit der Mischkultur können sie jedoch öfter angepflanzt werden, hier muß man eigene Erfahrungen sammeln.

SCHÄDLINGE

Erbsengallmücke
Contarinia pisi

Die weißen Larven der Erbsengallmücke entwickeln sich in den Hülsen, die durch den Fraßschaden später verkümmern.
Bekämpfung: frühe Sorten bevorzugen – Gemüsefliegennetz

Erbsenwickler
Laspeyresia nigricana

Auch die Raupen des Erbsenwicklers entwickeln sich im Hülseninnern; Befallsmerkmale sind der angenagte Samen und die Kotkrümel in den Spinnfäden.
Bekämpfung: Anbau früher beziehungsweise später Sorten in windigen Lagen – Gemüsefliegennetz

Larven des Erbsenwicklers

Erbsenkäfer
Bruchus pisorum

Fraßlöcher in den Samen, die oft mit einem „Fenster" verschlossen sind, weisen auf den Befall von Erbsenkäfern hin; stets nur eine Larve pro Erbse. Erbsenkäfer treten vor allem in wärmeren Lagen auf.
Bekämpfung: – gesundes Saatgut verwenden – Gemüsefliegennetz

KRANKHEITEN

Fußkrankheiten
Ascochyta- und *Fusarium*-Arten

Bei dieser Krankheit sind die Wurzel und die Stengelbasis bräunlich verfärbt und verfault. Das Stengelmark ist oft rötlich gefärbt.
Bekämpfung: Fruchtfolge – pflanzenstärkende Maßnahmen

Scharfes Adernmosaik
Pisum-Virus

Bei dieser Krankheit weisen die Blätter eine Mosaikfärbung auf. Die Pflanzen haben ein buschiges Aussehen; darüber hinaus können sich die Blätter und Hülsen deformieren.
Bekämpfung: kein Anbau neben anderen Schmetterlingsblütlern

DER ZIERGARTEN

Oben: Der naturbewußte Gärtner bietet Vögeln natürliche Nahrungsquellen an. Zusätzliches Futter sollte er nur in extremen Wintern geben

Unten: Wacholderdrossel auf Eberesche

Die Anlage eines Gartens drückt unseren individuellen Gestaltungswillen aus. Seit es Gärten gibt, wurden nicht nur Nutzpflanzen als Nahrungsmittellieferanten, sondern immer auch attraktive Blumen und repräsentative Bäume angepflanzt.

In früherer Zeit zeigten wohlhabende Bürger und Herrscher ihre Macht, indem sie sich Pflanzen aus fernen Ländern leisteten, – Pflanzen, die entsprechend selten und damit auch teuer waren. Das beste Beispiel hierfür sind die bekannten Schloßparks in aller Welt. Häufig haben sich daraus wegen der großen Artenfülle botanische Gärten entwickelt.

Heute können wir Atlaszeder, Blauglokkenbaum, Amberbaum, aber auch Palmen und Orchideen im Gartencenter, ja sogar im Kaufhaus erwerben; lebende Pflanzen degradiert zu einer x-beliebigen Ware. Manche exotischen Gewächse werden massenweise vermehrt, sie kosten dann als Standardsortiment nur ein paar Mark. Hierzu gehören etwa Mahonie, Kirschlorbeer und verschiedene Cotoneaster-Arten. Immergrüne, die sogenannten Koniferen, haben dazu noch den vermeintlichen Vorteil, daß sie im Herbst kein Laub abwerfen. Eine saubere Lösung für den keimfreien Garten – nur noch zu überbieten durch grünen Beton.

Der Biogärtner kann diesem Friedhofsaspekt keine rechte Freude abgewinnen, da er solche Pflanzen langweilig findet und weiß, daß sie als Nahrung für Insekten, Vögel und Kleinsäuger in den meisten Fällen ausscheiden. Imker in der Stadt sind aus diesen Gründen heute selten anzutreffen.

Wo im Winter Vögel mit gekauftem Futter ernährt werden, läßt man sie in der warmen Jahreszeit – wenn auch unbewußt – verhungern, weil sie weder Insekten noch Samen finden. Eine muntere Vogelschar wie auf einem fruchtenden

Schloßpark Insel Mainau

schwarzen Holunder wird man auf einem Tulpenbaum vermissen.
Da der umweltbewußte Gärtner aber nicht nur ästhetische Maßstäbe zugrunde legt, sondern auch ökologischen Erfordernissen Rechnung trägt, denkt er daran, daß jeder Pflanze eine bestimmte Aufgabe in der Natur zukommt (Stichwort: Nahrungsnetz). Folglich legt er auch seinen Ziergarten nach ökologischen Aspekten an. Es gibt eine Fülle einheimischer Blumen, Stauden und Bäume, die in Bezug auf Blütenpracht, Blattfärbung und Wuchs durchaus mit der exotischen Konkurrenz mithalten können und gleichzeitig Nützlinge aller Art fördern. Der beste Biogarten wird seinem hochgesteckten Ziel, Schädlinge durch Nützlinge zu regulieren, nicht gerecht werden können, wenn ausschließlich Gemüse angebaut wird, das zudem noch von einem kurzgeschorenen Rasen umgeben ist.
Nun werden zwar einheimische Zierpflanzen in manchen Jahren von pflanzenfressenden Insekten stark befallen, und so mancher hatte wohl schon einmal seine Hainbuchenhecke in Gedanken abgeschrieben. Da scheint es manchmal an ein Wunder zu grenzen, daß die Pflanzen die Freßattacken der Wicklerraupenarmee immer wieder überleben. Doch viele einheimische Laubgehölze treiben nach größerem Blattverlust neues Laub – eine Erscheinung, die wir „Junitrieb" nennen. Krankheiten und Parasiten der „Hainbuchenfresser", aber auch Kleinvögel, die Raupennahrung für ihre Brut suchen, leisten dabei ihren Teil in der biologischen Kontrolle.
Mit anderen Worten, einheimische Pflanzen sind robust und pflegeleicht, besonders dann, wenn sie am passenden Standort stehen. Die meisten Sträucher und Bäume können sogar einen starken Rückschnitt vertragen und eignen sich aus diesem Grund hervorragend für eine Heckenpflanzung.

In den meisten Gärten finden sich neben den eigentlich zu bevorzugenden einheimischen und standortgerechten Pflanzen auch Exoten oder anderweitig standortfremde Gehölze, Stauden und Einjährige. Da in vielen Fällen gerade diese krank werden, besprechen wir einige typische Vertreter dieser Gruppe.
Nicht standortangepaßte Pflanzen kränkeln oft. Dies gilt für einheimische wie fremdländische Gewächse. Darüber hinaus führt ein falsch gewählter Stand auch zu Krankheitserscheinungen, die nicht durch den Angriff parasitischer Organismen verursacht werden, sondern die Reaktion der betreffenden Pflanze auf unpassende Bodeneigenschaften wie zum Beispiel den pH-Wert sind. Da dies vielfach nicht erkannt wird, greift man im wahrsten Sinne des Wortes „sinnlos" zur Spritze. Wer auf kranken Pflanzen keine Tiere, Fraßspuren oder Anhaltspunkte für eine Pilzerkrankung (fremder Belag, Sporenlager oder Fruchtkörper) findet, sollte daher vor einer Behandlung auf jeden Fall eine Fachkraft zu Rate ziehen.

Hainbuchenhecke nach einer Freßattacke von Wickelraupen

Naturferne und geometrisch angelegte Ziergärten bieten Tieren weder Nahrung noch Lebensraum

Sitka-Fichtenläuse

Wollaus-Befall an Nadeln

Eigelege der Wollaus

Rechts: Grannenkiefer – ein typisches Ziergehölz

Nadelgehölze

Nadelbäume werden auch Koniferen oder Immergrüne genannt. Mit Ausnahme der Europäischen Lärche *(Larix decidua)* behalten sie ihre kleinen, je nach Art rundlichen oder abgeflachten, spitzen Blätter mehrere Jahre.
Wegen der Vielzahl der Arten und Sorten, die bei Ziergehölzen meist fremder Herkunft sind, verzichten wir auf eine gesonderte Aufzählung und nennen gleich die wichtigsten Schädlinge und Krankheiten.

SCHÄDLINGE

Sitka-Fichtenlaus
Liosomaphis abietinum

Besonders einzeln oder in kleinen Gruppen stehende Bäume werden geschädigt. Befallsmerkmale sind gelblich gefleckte Nadeln im späten Frühjahr, die später vollständig gelb und braun werden und dann abfallen. Vor allem die Blaufichte *(Picea pungens)*, fälschlicherweise auch „Blautanne" genannt, leidet darunter. Nur der jüngste, sich gerade entwickelnde Nadeljahrgang bleibt verschont. Beim Abklopfen auf ein weißes Papier finden sich 1 bis 2 Millimeter große Läuse. Zur Vorbeugung gegen einen Befall sollte man die Kalzium- und Magnesiumwerte im Boden kontrollieren und bei Bedarf Algenkalk oder Bittersalz (Magnesiumsulfat) düngen.
Bekämpfung: Austriebsspritzung mit „Promanal" (Weißöl) – nach dem Befall Schmierseifenlösung oder käufliche Seifenpräparate spritzen

Wolläuse
Pseudococcus-Arten

Diese Läuse schädigen durch ihr Saugen vor allem jüngere Pflanzen; es kommt zu Wachstumsdepressionen, zu Vergilbung und Blattfall. Bevorzugt treten die Tiere an Douglasien *(Pseudotsuga menziesii)*, Fichten (*Picea*-Arten) und auch Zedern (*Cedrus*-Arten) auf.
Bekämpfung: siehe Sitka-Fichtenlaus

Nadelholz-Spinnmilbe
Oligonychus ununguis

Die Nadelholz-Spinnmilbe schädigt bevorzugt Fichten (*Picea*-Arten), Scheinzypressen (*Chamaecyparis*-Arten) sowie Wacholder (*Juniperus*-Arten). Zunächst zeigen sich an den Nadeln kleine Aufhellungen um die Einstiche herum, dann verbraunen oder vertrocknen die Nadeln. Die winzigen, grüngelben oder bräunlichroten Milben sind mit bloßem Auge kaum zu erkennen. Im Winter kann man an einjährigen Trieben die grellroten Eier ausmachen.
Bekämpfung: siehe Sitka-Fichtenlaus

Kiefernknospentriebwickler
Rhyacionia buoliana

An im Frühjahr mangelhaft austreibenden oder hakenförmig gebogenen Trieben findet man die rotbraunen Räupchen dieses Falters. Die Eiablage letzterer erfolgt im Sommer.
Bekämpfung: siehe Sitka-Fichtenlaus – bei starkem Befall auch mit Pyrethrum (vergleiche Seite 107) behandeln

Laubgehölze und Rosen

Laubgehölze und Rosen sind in der Regel wegen ihrer Regenerationsfähigkeit nicht so stark gefährdet, daß eine Bekämpfung sinnvoll erscheint. Eine Ausnahme machen da vielleicht Rhododendren und Azaleen. Da diese Sträucher aber keinen ökologischen Nutzen haben, sondern nur hohe Pflegeansprüche stellen (zum Teil sauren Boden benötigen, der in der Praxis durch Torfgaben erzeugt wird), haben wir auf eine Besprechung verzichtet. Wer diese Gehölze trotzdem nicht missen will, sollte sich aus der Fachliteratur entsprechende Tips holen und daran denken, daß der Torfabbau die letzten Hochmoore unwiederbringlich zerstört.
Häufige nichtparasitäre Störungen bei Laubgehölzen sind Blattvergilbungen oder -verfärbungen, Blattrandverbraunung und Triebspitzendürre. Chlorosen, also Blattvergilbungen, können durch einen ungünstigen Witterungsverlauf hervorgerufen werden, darüber hinaus durch einen unpassenden Humus- oder Kalkgehalt, aber auch durch Eisenmangel im Boden. Andere physiologische Störungen können auf Wassermangel oder Staunässe beruhen; überhöhte Mineraldüngung (Versalzung) oder Lichtmangel sind weitere mögliche Ursachen.

Rosen

Die „Königin der Blumen" sollte in keinem Garten fehlen. Gemessen an ihrer meist langanhaltenden Blütenpracht, die sich durch geschickten Schnitt noch steigern läßt, und dem betörenden Duft, sind Rosen eigentlich recht anspruchslos in der Pflege. Wer ihnen im Garten einen sonnigen Platz in leicht luftiger Lage gönnt, wird viel Freude an ihnen haben. Das Sortiment, jährlich erweitert durch Neuzüchtungen, ist schier unendlich. Auch hier verweisen wir aus Platzgründen auf die entsprechende Fachliteratur.
Rosen werden grob in Wildrosen und Edelrosen unterschieden. Letztere sind veredelt, das heißt, sie bestehen aus einer Wurzelunterlage und einer darauf veredelten (okkulierten) Edelsorte.
Edelrosen werden eingeteilt nach ihrem Wuchs und der Blütenfülle. Zwergrosen und bodendeckende Rosen bleiben niedrig, Stammrosen und Kletterrosen wachsen dagegen hoch.

Chlorose an Rhododendron

Laubgehölze und Rosen verändern mit den Jahreszeiten ständig ihr Gesicht: Dadurch wirken Gärten lebendiger

Links: Rosen und Kornblumen

Rechts: Weiße Strauchrosen

Rosenmehltau

Rosenrost

In der Vielzahl des Angebots findet jeder die ihm zusagende Pflanze!
Diese Vielfalt verdeckt allerdings oft den Blick auf viele bewährte alte Sorten, die sich durch ihre Blühwilligkeit und Anspruchslosigkeit auszeichnen. Nicht immer sind Neuzüchtungen auch die bessere Alternative. Züchtungen auf Widerstandsfähigkeit und Resistenz sind allerdings zu begrüßen. Fachleute raten dazu, sich die verschiedenen Rosensorten in den „Rosarien" der entsprechenden Gartenschauen anzusehen. Sorten, die in den Monaten August/September „gesund" aussehen, sind sicherlich auch im eigenen Garten pflegeleicht.
Gegen die wichtigsten Rosenkrankheiten helfen Mulchen und die Unterkultur von Knoblauch und Lavendel. Gegossen werden sollte nur mit abgestandenem, angewärmtem Wasser und nie in die Blüte; auch die Blätter sind empfindlich.

SCHÄDLINGE

Rosenblattlaus
Macrosiphum rosae

Die Tiere schädigen durch ihre Saugtätigkeit, besonders an Knospen und jungen Trieben, aber auch an der Blattunterseite.

Bekämpfung: Mit Schmierseifenlösung, Brennessel- und Kaltwasserauszug spritzen – Mischungen aus Knoblauchextrakt, Seife und Alkohol (Brennspiritus) sprühen

KRANKHEITEN

Rosenmehltau
Sphaerotheca pannosa

Knospen und Blüten werden von dieser Krankheit bevorzugt befallen. Auf beiden Blattseiten ist dann ein gut sichtbarer „mehliger" Belag zu erkennen. Zur Vorbeugung sollte man den Kalziumgehalt des Bodens testen und gegebenenfalls Algenkalke hinzufügen. Im übrigen empfiehlt sich eine leichte Stickstoffdüngung, etwa mit Brennesseljauche.
Bekämpfung: Mehltaupräparate auf Lecithinbasis (zum Beispiel „Bio-Blatt-Mehltaumittel") spritzen – mehltauresistente Sorten bevorzugen

Rosenrost
Phragmidium mucroatum

Wenn an Holz und Trieben orangerote Sporenlager auftreten und die Blätter gelblich bis rötlich gefleckt sind, deuten diese Anzeichen auf den Rosenrost hin.

Gelbbraune, zum Herbst hin schwarz werdende Rostpusteln auf der Blattunterseite liefern die Gewißheit.
Bekämpfung: befallene Pflanzenteile vernichten – resistente Sorten pflanzen

Sternrußtau
Diplocarpon rosae

Krankheitsbild sind braune bis schwarze Flecken, die sich zum Spätsommer vergrößern; nachfolgend Blattfall. Die Krankheit wird durch Honigtau, die Ausscheidungen von Blattläusen, oder feuchte Witterung gefördert. Vorbeugend kann man Gelbsenf als Unterkultur säen.
Bekämpfung: siehe Rosenrost (leichter Befall sollte toleriert werden)

Stauden und Einjährige

Die meisten der Sommerblumen, die jedes Jahr neu ausgesät werden, lassen sich vorteilhaft in einer speziellen Anzuchterde vorziehen. Wenn die Saat aufgegangen ist und die Pflanzen etwa 5 Zentimeter groß sind, werden sie vereinzelt (pikiert) und nach einer weiteren Zeit an Ort und Stelle verpflanzt. Damit gewinnen wir nicht nur Zeit, sondern auch kräftigere Pflanzen, weil jedes Umpflanzen die Wurzelbildung anregt. Durch das Vorziehen in „gesunder Erde" unter optimalen Wärme- und Wasserverhältnissen haben Umfall- und Keimlingskrankheiten kaum eine Chance. Solchermaßen kräftig entwickelten Sommerblumen sind in ihrem vergleichsweise kurzen Leben recht anspruchslos.
Andere Arten müssen dagegen direkt ins Freiland ausgesät werden, etwa, weil sie auf das Umpflanzen empfindlich reagieren oder schon bald nach dem Keimen eine Pfahlwurzel bilden, deren Wachstum behindert würde. In diesen Fällen ist es besonders wichtig, die Ansprüche der Pflanzen genau zu kennen. Oft kann schon ein umgestülpter Blumentopf oder Folie die für das Keimen notwendigen Wärme- und Feuchtigkeitsverhältnisse positiv beeinflussen. Mit etwas Geschick lassen sich die Samen in lauwarmem Wasser vorquellen. So kann man auch bei Direktsaat das empfindliche Jugendstadium verkürzen. Während dieser Zeit ist Schneckenfraß für kleine Pflanzen besonders bedrohlich; auch verschiedene Vogelarten besitzen eine ausgesprochene Vorliebe für frisches Grün, besonders im Frühjahr. Hier helfen

Sternrußtau an Rosenblättern

Der Rittersporn ist eine Staude

Oben: Schlechte Wachstumsbedingungen fördern die Umfallkrankheit

Unten: Fressende Rote Wegschnecke

die bekannten, bereits erwähnten Bierfallen beziehungsweise das Abdecken mit Reisig, einer Folie oder einfach einem Blumentopf.
Es ist anzunehmen, daß es auch unter den Zierpflanzen gute und schlechte Kombinationen gibt, denen man in Form einer Mischkultur Rechnung tragen sollte. Wegen der Fülle an Arten und Sorten sollte man selber experimentieren oder erfahrene Gartenfreunde fragen.
Stauden sind mehrjährige Pflanzen, deren oberirdische Pflanzenteile zum Winter hin abtrocknen, wohingegen Speicherorgane wie Zwiebeln oder unterirdische Sproßachsen (Rhizome) überwintern. Statt im Herbst alle vertrockneten Stengel abzuschneiden, sollten wenigstens einige bis zum Frühjahr stehenbleiben, weil sie als Überwinterungsquartier für verschiedene Insektenarten dienen. Nicht winterharte Stauden wie Dahlien oder Gladiolen werden im Herbst vorsichtig geerntet, von der Erde und abgestorbenen Resten befreit und entsprechend mäusesicher gelagert.

SCHÄDLINGE

Blasenfüße

Thrips-Arten

Blasenfüße verursachen an den Blättern durch Saugtätigkeit helle, silbrig schimmernde Streifen oder Flecken. Häufiges Vorkommen bei Gladiolen.
Bekämpfung: auf den Knollen überwinternde Insekten entfernen

Die Pfingstrose ist eine mehrjährige Pflanze

Links: Dahlienüberwinterung. Vor dem Ausgraben der Knollen werden die Stengel zurückgeschnitten

Rechts: Die abgetrockneten Knollen werden mit Sand bedeckt und kühl, aber frostfrei gelagert

KRANKHEITEN

Welkekrankheiten

Pilze *Fusarium oxysporum, F. conglutinens*

Welkekrankheiten treten als Fruchtfolgekrankheiten auf. Astern und Sommerastern sind von ihnen ganz besonders häufig betroffen.

Bekämpfung: kranke Pflanzenteile vernichten – entsprechende Sortenwahl – geeigneter Standort

Mehltau

Erysiphe polyphaga, Oidium begoniae

Mehltau tritt bei vielen Stauden auf. Die Krankheit zeigt sich als mehlig-weißer Blattbelag, der bei starkem Befall zum Absterben der Blätter führt.

Bekämpfung: „Bio-Blatt-Mehltaumittel" spritzen – stark befallene Blätter entfernen und vernichten

Graufäule/Grauschimmel

Botrytis-Arten

Kennzeichen ist ein mausgrauer, lockerer Belag an Trieben und Blättern, die später absterben. Bei Zwiebelpflanzen (zum Beispiel Tulpen und Krokus) verfault die Zwiebel. Dort bilden sich in einem wattigweißen Pilzgeflecht schwarze Dauerformen (Sklerotien). Befallene Zwiebeln treiben nicht oder nur kümmerlich.

Bekämpfung: befallene Zwiebeln oder Triebe vernichten – Förderung des Bodenlebens durch reifen Kompost und Pflanzenextrakte

Rasen

Manch einer versucht, dem Ideal der Werbung nachzueifern, wenn es um „saftig grüne" Rasenflächen geht. Solche Wunschvorstellungen stehen meist in krassem Gegensatz zur Realität: Moos und „Wildkräuter" haben sich angesiedelt und mindern die Trittfestigkeit der Grasnarbe. Wo Rasen wirklich notwendig ist, zum Beispiel als Spielfläche, können viele

Durch Blasenfüße verursachtes Schadbild an Gladiolen

Ordnung muß sein!

Begleitkräuter in Rasenflächen

Wildkräuterwiese

Menschen Rasendünger mit Unkraut- und Moosvernichtern nicht widerstehen, ohne zu wissen, daß diese umweltschädlichen Stoffe gar nicht helfen. Jedenfalls nicht auf lange Sicht. Deswegen hier eine kurze Erklärung, warum Moos, Gänseblümchen, Breitwegerich, Löwenzahn und andere Kräuter sich unter die Gräser „mogeln": Sie zeigen uns durch ihre Anwesenheit an, daß der Boden für einen Rasen nicht geeignet ist. Moose bevorzugen staunasse, feuchte, saure oder schattige Standorte. Dort verdrängen sie das Gras, weil sie besser mit den genannten Standorteigenschaften zurechtkommen. Abhilfe gegen Moos schafft die gründliche Durchlüftung des Bodens mit einem Vertikutierer (einer Art Harke, die mit Messern besetzt ist). In besonders schwierigen Fällen können Geräte eingesetzt oder auch geliehen werden, die kleine runde, stiftförmige Teile aus der Grasnarbe herausstanzen, um den Boden im gesamten Wurzelhorizont zu belüften. Die entstehenden Löcher werden mit grobem Sand gefüllt und wirken als Drainage. Bei der Neuanlage eines Rasens sollte daher schon bei der Planung auf gute Drainage geachtet werden. Im Sommer muß eine solche Fläche allerdings oft gewässert werden. Im ursprünglichen Verbreitungsgebiet des Rasens, den Britischen Inseln, herrschen dagegen klimatische Verhältnisse vor, die ihm natürlich zusagen. Bei uns muß das durch sehr viel Pflege kompensiert werden. So läßt sich die Bodenreaktion durch ein vorsichtiges Aufkalken verändern und die Schattenanfälligkeit teilweise aufheben, indem schattentolerante Gräsersorten zur Verwendung kommen. Man sollte sich aber überlegen, ob es an solchen Stellen tatsächlich Rasen sein muß.

Wildkräuter im Rasen gehören immer zu Arten, die sich vegetativ, also ungeschlechtlich verbreiten (und eine Rosette bilden) oder innerhalb kürzester Zeit (zwischen den Mähterminen) zur Blüte kommen. Sie lockern in der Regel das triste Grün des Rasen auf, ziehen Insekten an und wirken belebend auf die Bodenfauna. Wenn sie im Einzelfall überhand nehmen, kann man sie mit einem Messer ausstechen. Die Blätter von Gänseblümchen *(Bellis perennis)* ergeben eine herzhafte Zutat für frische Salate, auch Löwenzahn *(Taraxacum officinale)* liefert Wildgemüse und mit der Pfahlwurzel zusätzlich noch eine gute Grundlage für Magenliköre. Rasenwildkräuter sind der Belastung durch Tritt und Mähen hervorragend angepaßt. Wer aufmerksam über seinen Rasen geht, erkennt, daß sich in der Artenzusammensetzung die kleinflächigen Standortunterschiede wiederspiegeln. „Wege" auf dem Rasen beispielsweise sind durch den Breitblättrigen Wegerich *(Plantago major)* gekennzeichnet, weswegen man diese Art auch zu den „Trittpflanzen" rechnet.

Hexenringe im Rasen werden im Gegensatz dazu durch verschiedene Hutpilze verursacht. Der Ring entsteht, indem sich der Pilz von einer Stelle strahlenförmig ausbreitet. Eine Schädigung der Gräser ist selten. Oft verschwinden die interessanten Wachstumsäußerungen nach einer bestimmten Zeit von alleine. Durch Lokkerung des Bodens und Wässern kann man etwas nachhelfen. Auf jeden Fall sollten keine Fungizide eingesetzt werden.

Bevor solch ein „Musterrasen" mit viel Aufwand gleichsam gegen die Natur erhalten wird, sollte sich der Biogärtner einmal mit dem Gedanken befassen, zumindest den Teil des Rasens, der nicht zum Spielen benötigt wird, in eine Wildkräuterwiese umzuwandeln. Damit ist man viele Mühen los und wird dazu noch mit tausendfacher Blütenpracht entschädigt. Daß blühende Kräuter Insekten – und damit auch Nützlinge wie etwa Schwebfliegen und Florfliegen – anlokken, dürfte bekannt sein.

Pflanzen auf Wegen, Treppen und Terrassen

Wege, Treppen und Terrassen sollten sich möglichst harmonisch in den Biogarten einfügen. Beton und Kunststein können fast immer vermieden werden, aber auch Natursteine sollten nur sparsam verwendet werden. Gesteinsarten, die in der Nähe natürlich vorkommen, ist dabei der Vorzug zu geben.

Hauptwege können aus Platten oder Backsteinen (wenn landschaftstypisch) angelegt werden. Auch Kies- oder Schotterwege sind reizvoll. Sie sollten aber in jedem Fall wassergebunden sein, das heißt, ein Schotterfundament besitzen und in Sand verlegt sein. Bei Plattenwegen läßt eine leichte seitliche Neigung das Regenwasser ablaufen, was den späteren Einsatz von Chemikalien gegen Moose und Algen überflüssig macht.

Nebenwege können aus einzeln verlegten Trittsteinen bestehen oder einfach aus Rindenmulch. Das angenehm federnde Gehen auf solchen Wegen ist allerdings eher hinderlich, wenn dort oft mit der Schubkarre gefahren wird. Man sollte nur darauf achten, daß Rindenmulchwege nicht zu nah an empfindlichen Kulturen liegen, da sie wuchshemmende Substanzen absondern.

Wildkräuter auf Wegen, besonders in den Ritzen zwischen einzelnen Steinen, sind selten wirklich störend. Je stärker sie vorkommen, desto weniger sinnvoll war die Anlage des Weges, weil sie nur an solchen Stellen wachsen, wo sie nicht dauernd „getreten" werden.

Wenn das eine oder andere Wildkraut doch stören sollte, kann es auch mechanisch entfernt werden. Wir reißen es einfach aus oder nehmen ein Messer. Auf keinen Fall sollten Herbizide angewendet werden. Auch auf Wegen haben sie nichts zu suchen. Außerdem ist der Einsatz von Wildkrautvernichtungsmitteln auf Wegen nicht erlaubt.

Wer die Ritzenvegetation dagegen fördern möchte, baut am besten eine Trokkenmauer. Diese besteht aus locker zusammengefügten Natursteinen ohne Mörtel. In die Ritzen füllen wir nährstoffarme Erde ein. Je nach Anlage und Höhe (dies sind wichtige mikroklimatische Faktoren) wachsen dort nach kurzer Zeit (zum Teil gibt es auch Samen oder Pflanzen zu kaufen) Spezialisten unter den Pflanzen, die wiederum entsprechende Tiere, vor allem Insekten, anziehen. Darüber hinaus siedeln sich verschiedene wärmeliebende Wildbienen- und Ameisenarten an, weil sie dort günstige Voraussetzungen zum Bau ihrer Nester vorfinden. Trockenmauern in sonnigen Lagen, beispielsweise im Weinbauklima, ziehen auch Eidechsen an, die dort hervorragende Lebensbedingungen finden.

Vegetation an Schotterwegen

Links: Dieses Beispiel zeigt eine dekorative Ritzenvegetation

Rechts: Wildkräuter in den Fugen zwischen Pflastersteinen

LITERATURVERZEICHNIS

Allgemeine Literatur

Carson, R., Der Stumme Frühling, Frankfurt 1962

Eichler, W., Gift in der Nahrung – Die Brisanz der Umweltgifte in Nahrungsketten, Greven 1982

Kickuth, R., Die ökologische Landwirtschaft, Karlsruhe 1987

Stürmer, H.-D. (Hrsg.), Chemikalien in der Umwelt, BUND information 8, Freiburg 1984

Pestizide im Überblick

Heddergott, H.; Thiede, H., Taschenbuch des Pflanzenarztes '87, Münster-Hiltrup 1987

Heitefuß, R., Pflanzenschutz – Grundlagen der praktischen Phytomedizin, Stuttgart 1987

Pestizidbelastete Umwelt und Natur

Bundesministerium für Ernährung, Landwirtschaft und Forschung (Hrsg.), Statistisches Jahrbuch über Ernährung, Landwirtschaft und Forsten der Bundesrepublik Deutschland 1986, Münster-Hiltrup 1986

Neitzel, M., Erhebung über Art und Menge der in Kleingärten eingesetzten Pflanzenbehandlungsmittel. In: Texte 11/87 (Hrsg.: Umweltbundesamt Berlin), Berlin 1987

Pestizid Aktions-Netzwerk (PAN) (Hrsg.), Pestizid-Briefe 1988, Hamburg 1988

Der Rat von Sachverständigen für Umweltfragen (Hrsg.), Umweltprobleme der Landwirtschaft (Sondergutachten) März 1985, Berlin 1985

Pestizide und die Folgen

BUND Arbeitskreis Umweltchemikalien/Toxikologie (Hrsg.), Chemikalien in Lebensmitteln – Lücken im Verbraucherschutz. In: BUND Positionen 6, Bonn 1987

Dierks, R., Der Einsatz von Pflanzenbehandlungsmitteln und die dabei auftretenden Umweltprobleme, Stuttgart 1988

Greunke, G.; Heimbrecht, J., Der Tod, der von den Feldern kam. Die spanische Giftkatastrophe, Köln 1988

Blab, J. (Hrsg.), Rote Liste der gefährdeten Tiere und Pflanzen in der Bundesrepublik Deutschland, Greven 1984

Jacobi, H. (Hrsg.), Gefährdungen der Gesundheit durch Pestizide, Frankfurt 1988

Ausstieg aus der agrochemischen Giftwirtschaft

Franck, G., Gesunder Garten durch Mischkultur, München 1986

Hoffmann, M.; Geier, B. (Hrsg.), Beikrautregulierung statt Unkrautbekämpfung. Reihe Alternativer Konzepte 58, Karlsruhe 1987

Steiner, H., Nützlinge im Garten, Stuttgart 1985

Wohlers, R. (Hrsg.), Kalender für den biologischen Garten, Oldenburg (erscheint jährlich)

Ökologisch verträglicher Pflanzenschutz

Bund Naturschutz in Bayern, Ökologischer Garten, Frankfurt 1987

Franck; G., Gesunder Garten durch Mischkultur, München 1987

Franz, J. M.; Krieg, A., Biologische Schädlingsbekämpfung, Hamburg 1982

Schmid, O.; Henggeler, S., Biologischer Pflanzenschutz im Garten, Stuttgart 1984

Obstgarten, Gemüsegarten, Ziergarten

Buishand, T., Knaurs Gemüsebuch. Gemüse und Kräuter aus dem eigenen Garten, München 1978

Gabriel, I., Gesunde Pflanzen im Biogarten, Niedernhausen 1984

Heynitz, von K.; Merchenz, G., Das biologische Gartenbuch, Stuttgart 1981

Riess, H. W., Obstbaumschnitt in Bildern, München 1982

Witt, R., Wildsträucher in Natur und Garten, Stuttgart 1985

BEZUGSQUELLEN UND ADRESSEN

Der BUND und seine Landesverbände

Bremen
Schmidtstr. 9
2800 Bremen 1
04 21/7 10 03

Nordrhein-Westfalen
Im Rheingarten 7
5300 Bonn 3
02 28/4 00 97-0

Rheinland-Pfalz
Friedrich-Ebert-Str. 10
6522 Osthofen
0 62 42/46 46

Saarland
Futterstr. 14
6600 Saarbrücken
06 81/3 39 57

Baden-Württemberg
Rotebühlstr. 84/1
7000 Stuttgart 1
07 11/61 33 32

Bayern
Theresienstr. 21
8000 München 2
0 89/28 86 54

Schleswig-Holstein
Lerchenstr. 22
2300 Kiel
04 31/67 30 31

Hamburg
Lange Reihe 29
2000 Hamburg 1
0 40/24 44 11

Berlin
Jagowstr. 12
1000 Berlin 21
0 30/3 92 60 89

Niedersachsen
Goebenstr. 3A
3000 Hannover 1
05 11/66 30 95

Hessen
David-Stempel-Str. 1
6000 Frankfurt 70
0 69/61 44 44

Grüne Telefone – Erste Hilfe für Ratsuchende

Landesanstalt für Umweltschutz
Griesbachstraße 3
7500 Karlsruhe 21
07 21/8 40 61

Landesamt für Umweltschutz
Rosenkavalierplatz 3
8000 München 81
0 89/9 21 41, 92 14 31 66

Senator für Stadtentwicklung und Umweltschutz
Lindenstraße 20–25
1000 Berlin 61
0 30/2 58 60, 25 86 25 25

Bremer Umwelt-Institut
Wielandstr. 25
2800 Bremen 1
04 21/7 60 78

Behörde für Bezirksangelegenheiten, Naturschutz und Umweltgestaltung
Steindamm 22
2000 Hamburg 1
0 40/2 48 25-1, 34 35 36

Naturschutzzentrum Hessen e.V.
Friedenstr. 38
6330 Wetzlar
0 64 41/2 40 75

Landesanstalt für Ökologie, Landschaftsentwicklung und Forstplanung
Leibnitzstr. 10
4350 Recklinghausen
0 23 61/3 05-1

Landesamt für Umweltschutz
Amtsgerichtsplatz 2
6504 Oppenheim
0 61 33/20 12

Staatliches Institut für Hygiene und Infektionskrankheiten
Malstatter Straße 17
6600 Saarbrücken
06 81/59 65, 5 01 51 06

Der Rat von Sachverständigen für Umweltfragen
Gustav-Stresemann-Ring 11
6200 Wiesbaden
0 61 21/75 21 77

Organisationen

Pestizid Aktions-Netzwerk (PAN) e. V.
Gaußstraße 17
2000 Hamburg 50
0 40/39 39 78

Ernst-Otto Cohrs
Arbeitskreis biologisch-ökologischer Pflanzenbau
Postfach 11 65
2720 Rotenburg/Wümme
0 42 61/31 06

Lehrstuhl für Methoden des alternativen Landbaus
Nordbahnhofstraße 1 a
3430 Witzenhausen
0 55 52/50 35 65

ANOG/AG für naturnahen Obst-, Gemüse- und Feldfruchtanbau
Anton-Reuter-Straße 18
5400 Koblenz
02 61/2 36 33

Forschungsring für biologisch-dynamische Wirtschaftsweise e. V.
Baumschulenweg 11
6100 Darmstadt
0 61 55/26 73

Stiftung Ökologischer Landbau
Eisenbahnstraße 28–30
6750 Kaiserslautern
06 31/6 42 65

Bioland-Verband für organ.-biol. Landbau
Barbarossastraße 14
7336 Uhingen
0 71 61/3 10 12

Verband für naturgemäßen Landbau e. V. (NATURLAND)
Kleinhaderner Weg 1
8032 Gräfeling
0 89/8 54 50 71

Biokreis Ostbayern e. V.
Rosensteig 13
8390 Passau
08 51/4 23 45

REGISTER

Halbfette Seitenzahlen verweisen auf Abbildungen.